Anette Frankenberger ist gebürtige Münchnerin, Jahrgang 1964. Nach dem Abitur Ausbildung zur staatlich anerkannten Erzieherin, verheiratet und Mutter von zwei Kindern. Seit 1982 intensive Arbeit und Selbsterfahrung mit den Bachblüten. 1984 Begegnung mit den kalifornischen Blütenessenzen; praktizierendes Mitglied der Flower Essence Society, Kalifornien. Vortrags- und Seminartätigkeit in der Erwachsenenbildung. Die Autorin lebt in Gröbenzell bei München und gibt dort Einzelberatungen mit Schwerpunkt Erziehung und Familie.

Dieses Buch wurde auf chlor- und säurefreiem Papier gedruckt.

Originalausgabe August 1993
© 1993 Droemersche Verlagsanstalt Th. Knaur Nachf., München
Das Werk einschließlich aller seiner Teile ist urheberrechtlich geschützt.
Jede Verwertung außerhalb der engen Grenzen des Urheberrechts-
gesetzes ist ohne Zustimmung des Verlages unzulässig und strafbar.
Das gilt insbesondere für Vervielfältigungen, Übersetzungen,
Mikroverfilmungen und die Einspeicherung und Verarbeitung
in elektronischen Systemen.
Umschlaggestaltung Susannah zu Knyphausen
Satz MPM, Wasserburg
Druck und Bindung Ebner Ulm
Printed in Germany   5   4   3   2   1
ISBN 3-426-76036-3

ANETTE FRANKENBERGER

Die kalifornischen Blütenessenzen

Energien zur Entfaltung der Persönlichkeit

Danksagung

An dieser Stelle möchte ich mich bei allen Menschen bedanken, die mich bei der Fertigstellung dieses Buches unterstützt haben: mein Mann, der mich in allen gestalterischen und technischen Fragen unterstützt hat; Marion und Tiki Küstenmacher, die mich zu diesem Buch animiert haben und mir mit ihren Ratschlägen zur Seite standen; Peter Ekl und Brigitte Thema, die mir einige ihrer Fotos zur Verfügung stellten; Fam. Keilholz und Margitta Amler für ihre liebenswürdige Unterstützung; Thomas Reuter für die Korrekturhilfe, Sibylle Hemme für ihre Hilfe bei der Korrespondenz mit Kalifornien; Richard Katz und Patricia Kaminski für die freundliche Erlaubnis, einen Teil ihrer Fotos verwenden zu dürfen.

Und schließlich möchte ich meiner Familie danken, ohne deren Geduld und Unterstützung dieses Buch nicht hätte entstehen können.

Inhalt

Vorwort

Die Wissenschaften, insbesondere die Atomphysik, entdecken immer mehr das, was metaphysische und spirituelle Lehren schon seit Jahrtausenden wissen: Unser physisches Universum besteht neben der augenfälligen materiellen Beschaffenheit im wesentlichen aus einer Art Kraft oder Geist (Essenz), die wir Energie nennen.

Die Dinge erscheinen fest und voneinander getrennt auf der Ebene, auf der wir sie mit unseren Sinnesorganen normalerweise wahrnehmen. Auf feinstofflicheren Ebenen jedoch, etwa auf der atomaren und subatomaren, wird scheinbar feste Materie zu immer kleiner werdenden Teilchen innerhalb jeweils anderer Teilchen, und am Ende stellt sich heraus, daß es sich um reine Energie handelt. Biophysikalisch gesehen, sind auch wir Energie, und alles in uns und um uns herum besteht aus Energie in unterschiedlich differenzierten Formen. Die Energie schwingt mit verschieden hoher Geschwindigkeit und ist deshalb auch von differenzierter Qualität, feiner oder dichter. Gedanken sind eine relativ feine Form von Energie und daher sehr schnell und leicht zu ändern. Felsgestein hat eine viel dichtere Form, seine Veränderung dauert länger. Dennoch wird sogar ein Felsen verändert, etwa durch die feine und leichte Energie des Wassers. Alle Energieformen stehen in wechselseitiger Beziehung zueinander und können gegenseitig aufeinander einwirken.

Die Pflanzen haben offensichtlich ein direktes Verhältnis zum menschlichen Seelenleben. Jeder kennt beispielsweise die »Blumensprache«, in der frühere Generationen subtile Gefühle auszudrücken pflegten.

Für C. G. Jung, der in seinen alchimistischen Studien die Pflanzen als »Lichtwesen« bezeichnet, ist die Blüte das Symbol des geistigen Selbst. Das höchste, energiereichste Potential der Pflanze ist in ihrer Blüte verkörpert, und zwar besonders im Stadium der Vollreife. In diesem Zusammenhang wird die Beschreibung klar, die Edward Bach selbst über die Wirkung seiner Blütenessenzen gemacht hat: »Bestimmte wildwachsende Blumen, Büsche und Bäume höherer Ordnung haben durch ihre hohe Schwingung die Kraft, unsere menschliche Schwingung zu erhöhen und unsere Kanäle für die Botschaften unseres geistigen Selbst zu öffnen und unsere Persönlichkeit mit den Tugenden, die wir nötig haben, zu überfluten und dadurch die Charaktermängel auszugleichen, die unsere Leiden verursachen. Wie schöne Musik oder andere großartige, inspirierende Dinge sind sie in der Lage, unsere ganze Persönlichkeit zu erheben und uns unserer Seele näherzubringen. Dadurch schenken sie uns Frieden und entbinden uns von unserem Leiden. Sie heilen nicht dadurch, daß sie die Krankheit direkt angreifen, sondern dadurch, daß sie unseren Körper mit den schönen Schwingungen unseres höheren Selbst durchfluten, in deren Gegenwart Krankheit hinwegschmilzt wie Schnee an der Sonne.«

Eine wirkliche Bereicherung und Ergänzung der Bachblütenessenzen stellen die kalifornischen Blütenessenzen dar.

Die Blütentherapie ist aus meiner täglichen Praxis nicht mehr wegzudenken. Hinsichtlich der psychotherapeutischen Arbeit treten durch die Unterstützung der Blüten die Persönlichkeitsprobleme stärker ins Bewußtsein und können bearbeitet werden. Häufig werden Patienten durch die Unterstützung der Blüten erst therapiefähig. Eine wichtige Ergänzung stellt die Blütentherapie bei der Begleitung chronischer Krankheiten, zum Beispiel fortschreitender Krebsleiden, dar, weil sie häufig noch eine Einstellungsänderung gegenüber der Krankheit und dem eigenen Schicksal bewirkt.

Da es für den Anwendungs- und Indikationsbereich der kalifornischen Blütenessenzen wenig einführende Literatur in deutscher Sprache gibt, ist es notwendig und dankenswert, daß Anette Frankenberger, die ich als erfahrene Blütentherapeutin kennengelernt habe, mit ihren Ausführungen einen Überblick in klarer Form geschaffen hat. Ich wünsche mir, daß dieses Buch eine weite Verbreitung finden wird.

Dr. med. KARL-HEINZ GUNZELMANN
Arzt für Naturheilverfahren,
Homöopathie und Psychotherapie
München, den 17. 9. 1992

Einführung

Allgemeines über die Therapie mit Blütenessenzen

Der englische Arzt und Homöopath Dr. Edward Bach (1886–1936) entdeckte um 1930, daß die wildwachsenden Blumen in der Natur die Kraft haben, die menschliche Seele positiv zu beeinflussen.

Er ging von der Grundhaltung aus, daß jede Krankheit und jedes körperliche Unwohlsein letztendlich durch einen negativen Seelenzustand verursacht werden. Das kann ein lange unterdrückter Zorn oder eine quälende Angst sein, aber auch ein nie ausgesprochenes Bedürfnis etc.

Krankheit ist demnach nichts Bedrohliches, das es zu bekämpfen gilt. Vielmehr ist sie als ein Warnsignal anzusehen, das den einzelnen darauf hinweisen kann, daß er vom richtigen Weg abgekommen ist und daß irgend etwas nicht mehr in Ordnung ist.

»Krankheit ist einzig und allein korrektiv. Sie ist weder rachsüchtig noch grausam; vielmehr ist sie ein Mittel, dessen sich unsere Seele bedient, um uns auf unsere Fehler hinzuweisen, um uns davor zu bewahren, größeren Irrtümern zu verfallen, um uns daran zu hindern, größeren Schaden anzurichten, und um uns auf jenen Pfad der Wahrheit und des Lichtes zurückzuführen, den wir nie hätten verlassen sollen« (Edward Bach, Gesammelte Werke, Aquamarin Verlag, Grafing).

Behandelt man also unabhängig von der jeweiligen Krankheit und vom Symptom den dazugehörenden Gemütszustand, kann davon dann auch der Körper profitieren und schneller genesen.

Die einzelnen Blütenessenzen haben die Eigenschaft, solche unharmonischen und negativen Seelenzustände wieder zu harmonisieren. Sie lösen die Blockaden, die durch eine negative Gemütsverfassung entstehen, und ermöglichen jedem, der die Blütenessenzen einnimmt, sein Leben wieder freier, offener und vitaler zu gestalten.

Allerdings erfordert diese Art der Therapie die Bereitschaft, sich mit seinen Problemen aktiv auseinanderzusetzen und aufmerksam für seine Gemütsverfassung zu werden. Die Entscheidung, seinen Zustand verändern zu wollen und damit die Verantwortung für sich selbst zu übernehmen, ist schon ein wichtiger Schritt auf dem Weg zu innerem Wachstum und Heilung. Dann können die Blütenessenzen helfen, die Blockaden und Ängste zu lösen, die uns bisher daran gehindert haben, ein freies, glückliches Leben zu führen. Die Blüten wecken die schlummernden positiven Eigenschaften und Fähigkeiten in uns und tragen damit zur vollständigen Entfaltung der Persönlichkeit bei.

Man muß nicht an die Kraft der Blütenessenzen glauben, damit sie überhaupt wirken können; denn sie wirken auch bei sehr kleinen Kindern und sogar bei Haustieren. Aber eine bewußte Auseinandersetzung mit den Schattenseiten der Seele kann bei einem erwachsenen Menschen den Verlauf der Blütentherapie positiv unterstützen. Das passive »Arzt-Patient-Verhalten« kann hier nicht lange aufrechterhalten werden, weil die Blütentherapie eine liebevolle Aufmerksamkeit für die eigenen Verhaltensweisen, Absichten und Gefühle erfordert. Das gilt für den Blütentherapeuten genauso wie für den interessierten Laien.

Blütenessenzen sind völlig unschädlich und können als seelische Unterstützung zusammen mit anderen Medikamenten oder Therapien angewendet werden. Sie können aber auf keinen Fall eine ärztliche Diagnose oder Behandlung ersetzen.

Vielmehr sollte die Blütentherapie zur ganzheitlichen Behandlung der inneren und äußeren Gesundheit dienen, wozu auch eine vollwertige Ernährung, ausreichende körperliche Bewegung und Methoden zur Entspannung und Streßreduzierung gehören.

Die Entdeckung der kalifornischen Blütenessenzen

Nach langjährigen Erfahrungen mit Pflanzenheilkunde und der Bachblütentherapie fühlten sich die beiden kalifornischen Therapeuten Richard Katz und Patricia Kaminski sehr stark von den einheimischen Wildpflanzen angesprochen. 1978 stellten sie die ersten Blütenessenzen aus den blühenden Pflanzen ihrer unmittelbaren Umgebung her. Die ersten Erfahrungen mit den neuen Blütenessenzen gewannen sie auf meditative Weise, indem sie sich neben die Pflanzen setzten und sich ganz auf das Wesen und die Energie der Blüten einließen. Im folgenden verteilten sie ihre Essenzen an andere Bachblütentherapeuten, um eine Kontrolle über die eigenen Ergebnisse zu erhalten. Nachdem die neuen Blütenessenzen weltweit getestet waren und sich als sehr wirkungsvoll erwiesen, entstanden bis heute drei sogenannte »Kits« zu je 24 Blütenessenzen.

Die Flower Essence Society wurde 1979 von Richard Katz gegründet und ist seit 1983 ein Teil der gemeinnützigen Organisation »Earth-Spirit«. FES ist eine weltweite Organisation, die Menschen in heilenden Berufen und interessierte Laien, die sich der Entwicklung und Anwendung von Blütenessenzen verpflichtet fühlen, unter ihrem Dach vereinigt. Die Society wird derzeit von dem Ehepaar Richard Katz und Patricia Kaminski geleitet.

FES hat sich drei Hauptziele gesetzt.

1. Förderung von botanischen, klinischen und empirischen Forschungen; Sammlung von Fallstudien über die therapeutischen Auswirkungen von Blütenessenzen,
2. Organisation und Leitung eines jährlichen Programms zur Ausbildung und Zulassung von Blütentherapeuten; sowie Leitung von Seminaren in der ganzen Welt,
3. Errichtung eines Netzes zum Austausch von Erfahrungen und Materialien für alle, die heilende, lehrende oder forschende Aufgaben im Bereich der Blütentherapie ausüben.

Kontaktadresse: Flower Essence Society, P. O. Box 1769, CA 95959 USA. Tel. aus Deutschland. 0 01/91 62 65 91 63, Fax 0 01/91 62 05 64 67.

Der Unterschied der kalifornischen Blütenessenzen zu den Bachblüten

Die kalifornischen Blütenessenzen sind in der Herstellung und in der Anwendung vollkommen identisch mit den Bachblütenessenzen. Seit Bachs Entdeckung der Blütenessenzen sind jedoch sechzig Jahre vergangen, und der Mensch ist heute mit Themen konfrontiert, die zu Bachs Zeiten noch nicht aktuell waren.

Die kalifornischen Blütenessenzen bieten ganz speziell Themen, die über die Bereiche der Bachblüten hinausgehen oder diese verfeinern. Die Bachschen Blütenessenzen behalten aber weiterhin ihre Bedeutung und sollen auch keineswegs von den neuen Essenzen abgelöst werden.

Ein wesentlicher Unterschied zu den Bachblüten bildet jedoch die Tatsache, daß man kalifornische Essenzen auch einnehmen kann, ohne sich in einem bestimmten negativen Seelenzustand zu befinden. Vielmehr dienen die Essenzen in diesem Fall dazu, bestimmte vorhandene Eigenschaften zu unterstützen und zu fördern. Das gilt besonders im Bereich der Spiritualität und der Kreativität.

Entsprechende Essenzen erleichtern die Meditation oder öffnen den Zugang zu den Träumen (Lotus, Star Tulip), andere unterstützen die Konzentrationsfähigkeit und das Durchhaltevermögen (Madia, Shasta Daisy). So können die kalifornischen Essenzen nicht nur negative Gemütszustände harmonisieren, sondern sie können auch ganz gezielt zur Entwicklung bestimmter Eigenschaften und Fähigkeiten eingesetzt werden.

Herstellung, Anwendung und Dosierung

Da für die kalifornischen Blütenessenzen das gleiche gilt wie für die Bachblütenessenzen und es zu diesem Thema bereits umfassende Literatur gibt, möchte ich hier nur kurz die wichtigsten Punkte zusammenfassen.

HERSTELLUNG

Die kalifornischen Blütenessenzen werden ausschließlich nach der sogenannten »Sonnenmethode« hergestellt. Man begibt sich an einem sonnigen, wolkenlosen Tag an den Ort, an dem die Pflanze steht, aus deren Blüten man eine Essenz herstellen möchte. Es ist darauf zu achten, daß die Pflanzen möglichst wildwachsend und gesund sein sollten. Dann füllt man ein kleines Glasschälchen (aus hochwertigem lichtdurchlässigem Glas) mit Quellwasser und bedeckt die Wasseroberfläche vollständig mit Blüten von möglichst vielen verschiedenen Pflanzen einer Gattung. Um die Blüten beim Pflücken nicht mit der Hand zu berühren, nimmt man ein Blatt oder ein Zweiglein derselben Pflanze und pflückt damit die Blüten ab.

Nun setzt man dieses mit Blüten gefüllte Wasserschälchen vier bis fünf Stunden der Sonne aus. Die Essenz ist fertig, wenn die Blüten leichte Verwelkungserscheinungen zeigen, weil sie ihre Energie an das Wasser abgegeben haben. Dann entnimmt man vorsichtig – wieder unter Zuhilfenahme eines Blattes – die Blüten.

Das Wasser im Schälchen ist die sogenannte »Urtinktur« oder »Mutteressenz« und wird zur Konservierung zu gleichen Teilen mit Alkohol (43 Prozent: Brandy, Obstler etc.) versetzt. Diese Urtinktur muß nun auf Einnahmestärke zweimal verdünnt werden.

Erste Verdünnung (Depotflasche): Man nimmt ein 5- oder 10-ml-Fläschchen, das ganz mit Alkohol gefüllt ist. In dieses Fläschchen gibt man in der Regel zwei Tropfen der Urtinktur und erhält damit eine »Stockbottle« oder Depotflasche. Dies sind die Flaschen, mit denen man dann arbeitet (in der Apotheke erhältlich).

Zweite Verdünnung (Einnahmeflasche): Nach der Auswahl der passenden Essenzen gibt man von jeder gewählten Essenz zwei bis sieben Tropfen aus der Depotflasche in ein 30-ml-Fläschchen, das zu zwei Dritteln mit Quellwasser und zu einem Drittel mit Alkohol gefüllt ist.

ANWENDUNG

Man sollte nicht mehr als sechs Essenzen zusammenmischen, um den Überblick über den Therapieverlauf nicht zu verlieren. Es ist jedoch in den meisten Fällen besser, sich auf weniger Essenzen zu beschränken, um ein möglichst klares Ergebnis zu erhalten.

Die Auswahl der richtigen Blütenessenzen erfolgt normalerweise durch ein ausführliches Gespräch, in dem die wichtigsten Probleme und Gemütszustände herausgearbeitet werden. Dies kann mit einem Therapeuten oder auch mit einem guten Freund durchgeführt werden. Danach stimmt man die Essenzen auf die jeweilige Problematik ab. Viele Therapeuten verwenden zur Unterstützung ihrer Diagnose auch Methoden aus der Kinesiologie oder Radiästhesie.

DOSIERUNG

Normalerweise werden viermal täglich vier Tropfen aus der Einnahmeflasche genommen. Wenn man das Bedürfnis hat, die Essenzen öfter als viermal einzunehmen, soll man diesem »Bedürfnis der Seele« ruhig nachgeben.

Das wichtigste ist die Einnahme der Essenzen am Morgen nach dem Aufstehen und am Abend vor dem Schlafengehen. Die übrigen Male können sich nach dem Tagesrhythmus richten.

Die Essenzen können auch äußerlich in einer Salbe oder einem Öl angewendet werden. Es ist auch möglich, Blütenessenzen in das Badewasser zu geben. Hier werden dann einige Tropfen Essenz direkt aus der Depotflasche in das Bad gegeben.

Der Gebrauch der Fotokarten

Die Abbildungen der einzelnen Blüten transportieren bereits einen Teil der Energie der Blütenessenz. Darum ist es möglich, alle Karten vor sich aufzulegen und sich die Blüten auszusuchen, die einem am besten gefallen oder die einem sofort ins Auge springen. Meistens entspricht die Wahl der Blütenbilder auch den benötigten Essenzen. Umgekehrt kann es auch sein, daß gerade jene Blüten, die einem besonders mißfallen, jenen Energien entsprechen, die man aus seinem Leben auszugrenzen versucht. Natürlich sollte man bei dieser Art der Essenzenauswahl alle Themen noch einmal mit einem vertrauten Menschen durchsprechen, um zu überprüfen, ob auch wirklich alle ausgesuchten Blüten dem gegenwärtigen Seelenzustand entsprechen.

Es ist auch möglich, die Karten verdeckt aufzulegen und intuitiv die richtigen Karten zu ziehen. Dabei ist es hilfreich, vorher in die Stille zu gehen und sich einige Fragen zur gegenwärtigen Situation zu stellen, zum Beispiel:

– »Welche Energie oder Blüte kann mir bei den Schwierigkeiten mit … (Partner, Beruf, Schule, etc.) helfen?«

– »Welche Blüte unterstützt meine Kreativität? … Lebensfreude? … mein Durchsetzungsvermögen?« Und so weiter.

– »Welche Essenz unterstützt mich in einer Gemeinschaft?«

Um die Einnahme einer Blütenessenz zu unterstützen, kann es sinnvoll sein, die entsprechende Blütenkarte in einem Wechselrahmen für die Dauer der Einnahme an einem gut sichtbaren Platz aufzuhängen. Hier dient die Blütenkarte als eine Art »visuelle Affirmation« und erinnert zudem an die regelmäßige Einnahme der Essenz.

Zuletzt lassen sich die Karten natürlich auch als Wegweiser in der Natur verwenden und ermöglichen das Wiedererkennen wildwachsender Blüten. Bei Unklarheit, ob eine bestimmte Pflanze zu den Blütenessenzen gehört, sollte man unbedingt das Buch zur Pflanze tragen und nicht umgekehrt.

Zum Aufbau dieses Buches

Die einzelnen Blütenbeschreibungen sind in diesem Buch nicht alphabetisch, sondern nach Themenbereichen geordnet, wie Lebendigkeit, Kreativität, Spiritualität. Aus der Erfahrung in meinen Seminaren und Vorträgen hat die Gruppierung der Essenzen nach Themen gezeigt, daß sich die Thematik dem Zuhörer – in diesem Fall dem Leser – besser erschließt, weil die Zuordnung der einzelnen Essenzen logisch zusammenhängt. Die Unterschiede ähnlicher Symptome und Themen können so leichter dargestellt werden, und der Leser gewinnt einen besseren Überblick als bei einer alphabetischen Auflistung der Blütenessenzen.

Diese Zusammenstellung ist nur aus Gründen der Übersichtlichkeit erfolgt und will keine neue, feststehende Systematik für die Blütenessenzen aufstellen.

Die Kombinationsmöglichkeiten der Blütenessenzen sind natürlich themenübergreifend und richten sich nach den bekannten Regeln und nach den individuellen Gemütszuständen und Bedürfnissen der jeweiligen Person.

1. Sinnfindung, Selbstentfaltung

Buttercup
California Poppy
Deer Brush
Morning Glory
Mullein
Sagebrush
Scotch Broom
Trumpet Vine

Buttercup
Hahnenfuß, Ranunculus occidentalis

Der Hahnenfuß gehört zur Familie der Hahnenfußgewächse. Er ist in Europa weit verbreitet und wächst auf Wiesen,
Weiden, an Wegrändern und Hecken. Die langstielige
Pflanze trägt von Mai bis Juni kleine leuchtendgelbe Blüten.

Die Buttercup-Essenz unterstützt Menschen, die schüchtern und zurückhaltend sind, weil sie von sich denken, daß
ihr Beitrag völlig wertlos sei. Der Buttercup-Typ erledigt
still und fast unsichtbar seine tägliche Arbeit, immer in
dem Bewußtsein, daß seine Fähigkeiten unbedeutend und
minderwertig sind. Häufig handelt es sich um Menschen,
deren wahre Begabung von den Eltern nicht gefördert
oder sogar unterdrückt wurde.

Mit Hilfe der Buttercup-Essenz kann der Betroffene lernen, seine Begabungen und Fertigkeiten richtig einzuschätzen. Ihm wird klar, daß nicht nur »große Taten«
zählen, sondern daß gerade auch die kleineren alltäglichen Tätigkeiten den einzelnen wertvoll machen. Damit
verbessert sich das Selbstvertrauen, der Mensch kann seine
Schüchternheit überwinden und lernt, sich aktiv und voller Überzeugung in einer Gruppe einzubringen.

Differenzierung von ähnlichen Essenzen

Die Bachblüte *Larch* behandelt auch ein mangelndes
Selbstvertrauen. Der Larch-Typ hat jedoch große Angst
davor, mit seinen Fähigkeiten zu scheitern oder sich lächer-
lich zu machen; während mit Buttercup ein tiefes Gefühl
des »Unwertseins« verbunden ist.

Auch die *Violet*-Menschen sind schüchtern. Sie sind sehr sensibel und haben Angst, in einer Gruppe ihre eigene Persönlichkeit zu verlieren oder vom Geschehen in der Gruppe einfach weggeschwemmt zu werden. Im Gegensatz zu Buttercup ziehen sich die Violet-Menschen zurück, weil sie sich vor anderen Menschen schützen wollen.

California Poppy
Goldmohn, Eschscholzia californica

Der Goldmohn ist die Nationalblüte Kaliforniens. Es gehört zur Familie der Mohngewächse und trägt im Sommer vierblättrige goldorangefarbene Blüten. Die spanischen Siedler nannten den Goldmohn »Copa de Ora« – Becher aus Gold. California Poppy ist eine essentielle Blüte für all jene, die auf der Suche nach spiritueller Erfahrung sind und dabei nur in der Außenwelt nach geistiger Erfüllung suchen. Sie sind offen für alle Angebote, die spirituelle Reife und neue psychische Erfahrungen (wie okkulte Gruppen, Gurus bis hin zur Wirklichkeitsflucht im Gebrauch von halluzinogenen Drogen) versprechen. Dabei sind sie nicht bereit, auch in sich nach Wachstums- und Veränderungsmöglichkeiten zu suchen. Der California-Poppy-Typ kann aber auch von dem Glanz in den Massenmedien oder im Showgeschäft fortgerissen werden und verliert sich dabei selbst.

Auch Kinder, die zuviel fernsehen und nicht mehr aus eigener Initiative heraus spielen können, entdecken mit Hilfe der California-Poppy-Essenz ihre eigenen inneren Bilder und ihre Phantasie wieder.

California Poppy bringt geistige und seelische Balance und hilft dabei, sich wieder seiner inneren Quelle zu besinnen. Der Mensch entdeckt den eigenen inneren Reichtum und kann sich dann von der Abhängigkeit von äußeren Erfahrungen lösen. Es entsteht die Möglichkeit zu einer inneren Wandlung, die sich in aller Ruhe entfalten kann. Dabei kann der einzelne zu der Erkenntnis kommen, daß spirituelles Wachstum nur innerhalb der Seele stattfinden kann und daß verschiedene Techniken und Übungen höchstens einen Anstoß dazu geben können.

Differenzierung von ähnlichen Essenzen

Die *Morning-Glory*-Essenz läßt destruktive Gewohnheiten und suchtartige Abhängigkeiten erkennen, und bringt Vitalität und Frische, um sich von solchen Süchten zu befreien.

Lavender ist für alle Menschen gut, die ihre spirituelle Entwicklung krampfhaft voranbringen wollen. Sie stellen an sich sehr hohe Ansprüche, auf die die Seele dann mit Nervenanspannung und eventuell auch mit Schlafstörungen reagiert.

Deer Brush
Säckelblume, Ceanothus integerrimus

Die Säckelblume ist in Nordamerika beheimatet. Dort existieren von der Gattung Ceanothus über vierzig Sorten. Die Größe variiert von einem kleinen Busch bis hin zu einem großen, weit ausladenden Strauch. Die kleinen weißen oder leicht rosa Blüten sind in der Art einer Fliederblüte angeordnet. Darum nennt man die Ceanothus-Arten auch »Kalifornischen Flieder«.

Das Thema von Deer Brush ist die Einheit von Herz und Verstand. Menschen, die Deer Brush brauchen, haben Schwierigkeiten, ihre Handlungen mit ihren Gefühlen in Einklang zu bringen. Meist ist die Tat schon ausgeführt, ehe sich der Verstand über die eigentliche Motivation im klaren ist. Dem Deer-Brush-Typ passiert es häufig, daß er Dinge tut, die er nachträglich selbst nicht mehr versteht und die er bereut. In Beziehungen kann es problematisch werden, wenn die Absichten des einzelnen unklar sind und seine Handlungen im Widerspruch zu seinen Gedanken und Gefühlen stehen.

Die Deer-Brush-Essenz kann den Konflikt zwischen Herz und Verstand auflösen und bringt Klarheit in die unbewußten Motive und Absichten. Sie steigert die Selbstwahrnehmung und macht ehrlicher zu sich selbst und zu anderen. Das ermöglicht dann eine klare Linie in zwischenmenschlichen Beziehungen. Deer Brush fördert die Entscheidungsfähigkeit und hilft, die wahren Gefühle zu erkennen, bevor man handelt. Es entsteht eine Reinheit der Gedanken und Gefühle, die die äußeren Handlungen mit der inneren Einstellung verbindet.

Differenzierung von ähnlichen Essenzen

Mullein steigert auch die Wahrnehmung der eigenen Person. Im Unterschied zur Deer Brush geht es bei der Königskerze um die Entwicklung von Gewissen und einer inneren Moral. Der Mullein-Typ hat die Neigung, zu lügen und anderen Falsches als Tatsachen vorzuspielen.

Bei der Bachblüte *Scleranthus* findet man auch eine Entscheidungsunfähigkeit. Diese hängt jedoch mit einer inneren Zerrissenheit und stark wechselnden Stimmungen zusammen, nicht mit einem Konflikt zwischen Herz und Verstand.

Morning Glory
Trichterwinde, Ipomoea purpurea

Die Trichterwinde gehört zur Familie der Windengewächse. Sie ist in den warm-gemäßigten Zonen weltweit verbreitet. Die Pflanze trägt den ganzen Sommer strahlendblaue oder violette Trichterblüten, deren Mitte weiß leuchtet.

Die Morning-Glory-Essenz hilft jedem Menschen, die sich in irgendeiner Weise in einer suchtartigen Abhängigkeit befinden, sei es seelisch oder körperlich. Es muß sich hier nicht um eine anerkannte Suchtkrankheit handeln – obwohl Morning Glory in so einem Fall zur Unterstützung einer Therapie verwendet werden kann. Vielmehr geht es hier um die vielen kleinen Abhängigkeiten und sogenannten Notwendigkeiten des Alltags, die der einzelne unbedingt zu brauchen meint, die ihn aber in seinen Entfaltungsmöglichkeiten einschränken und die seine spritituelle Entwicklung behindern können.

Die Morning-Glory-Essenz läßt selbstzerstörerische und krankmachende Gewohnheiten (wie bei Konsum von Nikotin, Alkohol, Opiaten) und Abhängigkeiten als solche erkennen und gibt damit die Möglichkeit, sich davon zu lösen. Jede Vernebelung wird als Einschränkung der Vitalität und als Entwicklungsbremse erkannt.

Morning Glory verleiht – wie ihr Name schon sagt – Frische und Stehvermögen für das Tagesgeschehen. Sie lindert psychische und nervöse Symptome, die mit einem Suchtverhalten einhergehen können, und belebt die Lebenskräfte.

Differenzierung von ähnlichen Essenzen

Die Bachblüte *Chestnut Bud* kann auch bei Suchtverhalten unterstützend eingesetzt werden. Im Unterschied zu Morning Glory hilft Chestnut Bud, aus den Lebenserfahrungen zu lernen und nicht immer wieder in gleiche Verhaltensmuster zurückzufallen.

California Poppy ist hilfreich für Menschen, deren Phantasie zum Beispiel durch Fernsehen oder Halluzinogene so ausgetrocknet ist, daß sie von Außenreizen völlig abhängig geworden sind.

Zur Reinigung von psychischen Giften dient die *Caparral*-Essenz. Sie wird verwendet, wenn sich durch Drogenmißbrauch oder andere traumatische Erlebnisse seelische Belastungen aufgebaut haben.

Mullein
Königskerze, Verbascum thapsus

Die kleinblütige Königskerze gehört zu den Braunwurzgewächsen. Sie wächst in Europa wild; man findet sie auf Brachland, an Wegrändern und Bahndämmen. Schon von weitem kann man die bis zu 150 cm großen kerzenartigen Blütenstände erkennen, die zahlreiche schwefelgelbe Blüten tragen. Die heilige Hildegard von Bingen empfahl die Königskerze bei einem »schwachen und traurigen Herzen«.

Mullein ist eine Essenz für Menschen, die ihre eigenen Fähigkeiten und Begabungen nicht kennen oder völlig falsch einschätzen. Aus diesem Mangel heraus spielen sie anderen etwas vor und lassen sich dann auch nicht auf vorher besprochene Sachverhalte festlegen. Sie machen widersprüchliche Aussagen oder lügen sich und anderen etwas vor. Anderen Menschen fällt es schwer, den Mullein-Typ richtig einzuschätzen und sich auf ihn zu verlassen. Häufig fängt der Mullein-Typ Dinge mit viel Schwung und Begeisterung an, aber wenn er merkt, daß es ihm doch nicht entspricht, gibt er sein Vorhaben sofort wieder auf.

Die Mullein-Essenz unterstützt Menschen darin, daß sie Vorhaben und Projekte, für die sie die Verantwortung übernommen haben, auch zu Ende bringen. Mullein fördert Aufrichtigkeit und Ehrlichkeit. Die Essenz stellt den Kontakt zur inneren Stimme oder zum Gewissen her, so daß der Mullein-Typ seine Ansichten offen und standhaft vertreten kann, auch wenn er sich unter gesellschaftlichem Druck befindet. Er erkennt sein inneres Potential und bleibt sich selbst treu.

Differenzierung von ähnlichen Essenzen

Bei der *Deerbrush*-Essenz geht es um die Reinheit der Absichten und Motive. Es ist eine Essenz für Menschen, die häufig unter einem Konflikt zwischen ihrem Verstand und ihren Gefühlen leiden. Sie handeln, bevor sie ihr Herz befragt haben, und bereuen dann ihre Taten.

Auch die *Agrimony*-Menschen (Bachblüte) sind in Gegenwart anderer Menschen nicht authentisch. Sie verbergen ihre Sorgen, aber auch ihre Schattenseiten hinter einer Maske aus Fröhlichkeit. Sie spielen häufig den Gruppenclown und neigen dazu, die inneren Qualen mit Alkohol und Drogen zuzudecken.

Sagebrush
Wermut, Artemisia tridentata

Der Wermut ist ein Korbblütengewächs, das in ganz Europa beheimatet ist. Er wächst auf steinigen, trockenen Plätzen, an Straßenrändern und auf Ödland. Die Pflanze hat stark verästelte Zweige; ihre silbergrauen, behaarten Blätter sind gefiedert. Im Sommer entwickeln sich lockere Rispen mit kleinen rundlichen, gelben Blüten. Schon die Griechen und Römer schätzten den Wermut als heilkräftiges Kraut.

Die Sagebrush-Essenz hilft, sich von einem alten, nicht mehr zeitgemäßen Selbstbild zu lösen. Der Sagebrush-Typ hängt immer noch an Charakterzügen oder Verhaltensweisen, die der Vergangenheit angehören und vielleicht Erinnerungen an eine schöne oder erfolgreiche Zeit widerspiegeln. Er benimmt sich zum Beispiel als erwachsener Mensch immer noch wie der Student, der er einmal war, und hängt damit an einer alten Rolle, die nicht mehr dem gegenwärtigen Entwicklungsstand entspricht. Manche sagen: »Ich kann mich nicht mehr mit bestimmten Leuten treffen, weil ich dann wieder meine alte Rolle spielen muß.«

Aber auch wenn Menschen an einem negativen Bild von sich selbst festhalten, kann Sagebrush hilfreich sein. Die längst überholte negative Meinung von sich selbst hindert sie daran, zu ihren inzwischen gewonnenen Fähigkeiten und Eigenschaften zu stehen. Sie spielen vielleicht immer noch das Spiel vom »unmündigen Kind«, obwohl sie mit ihrem Leben gut aus eigener Kraft zurechtkommen.

Sagebrush läßt dieses alte Selbstbildnis erkennen und hilft, unnötig gewordene Verhaltensweisen abzulegen. Die wahren Wesenszüge können sich voll entfalten, und der Mensch lernt, sich so zu zeigen, wie er ist.

Differenzierung von ähnlichen Essenzen

Auch der *Fuchsia*-Typ spielt anderen etwas vor. Im Unterschied zu Sagebrush dramatisiert und übertreibt der Fuchsia-Typ seine Gefühle, um die echten zugrunde liegenden Emotionen zu verbergen.

Die Bachblüte *Walnut* stärkt die Persönlichkeit des Menschen, so daß er sich nicht mehr von anderen beeinflussen oder dominieren läßt. Walnut schützt vor starken Einflüssen in Beziehungen, die die Persönlichkeit zu überschwemmen drohen.

Scotch Broom
Besenginster, Cytisus scoparius

Der Besenginster gehört zur Familie der Schmetterlings-
blütengewächse. Er ist in ganz Europa verbreitet und gedeiht vorzugsweise auf Sandböden an Wegen, Böschungen
und Waldrändern. An den kantigen, gerillten Zweigen des
Rutenstrauchs erscheinen von Mai bis August die großen
leuchtendgelben Blüten. Die Zweige des Besenginsters
wurden zur Herstellung von Besen verwendet.

Scotch Broom bringt solchen Menschen Hoffnung, die
unter Verzweiflung über die Weltlage leiden. Diese Menschen haben ein tiefes Gefühl der Sinnlosigkeit angesichts
der weltweiten Zerstörung der Umwelt oder der Hungers-
nöte in anderen Teilen der Erde. Sie haben das Bedürfnis
zu helfen, doch sie fühlen sich klein und unbedeutend.
Aus diesem Gefühl heraus geben sie sich häufig ganz ihrer
Depression und Verzweiflung hin und verkriechen sich vor
der Ungerechtigkeit in der Welt. Andere reagieren mit
Zynismus und verleihen auf diese Weise ihrem Pessimismus
und ihren dunklen Ahnungen Ausdruck.

Die Energie des Scotch Broom kann in den Menschen
Hoffnung und Stärke wecken, so daß der einzelne auch
schwere Hindernisse und Herausforderungen als Gelegenheit zu innerem Wachstum annehmen kann. Er begreift,
daß auch sein kleiner Beitrag in der Welt einzigartig und
bedeutungsvoll ist, und kann so wieder Motivation und
Zielstrebigkeit erlangen.

Mit der Scotch-Broom-Essenz löst sich der »Weltschmerz«,
und der Mensch erlangt Hoffnung und Zuversicht in die
Existenz.

Differenzierung von ähnlichen Essenzen

Scotch Broom ist ein naher Verwandter der Bachblüte *Gorse.* Im Unterschied zu Scotch Broom geht es bei Gorse um die Hoffnungslosigkeit über den eigenen Zustand oder die eigene Situation. Gorse ist die Essenz für Menschen, die schon sehr lange ein seelisches oder körperliches Leiden haben und die – auch nach vielen Versuchen – bisher keine Heilung gefunden haben.

Auch bei dem *Mountain-Pride*-Typ fehlt die Motivation zur Auseinandersetzung mit akuten Problemen. Diese Konfliktscheu wird jedoch nicht von Depression oder Verzweiflung begleitet, wie das bei Scotch Broom der Fall ist.

Penstemon schenkt Ausdauer und Kraft für Menschen, die sich in sehr schwierigen Lebensumständen befinden, wie bei einer schweren Krankheit oder bei einer Behinderung. Die Penstemon-Essenz verleiht Durchhaltevermögen, um schwere Krisen im Leben zu überstehen.

Trumpet Vine
Trompetenblume, Campsis tagliabuana

Die Trompetenblume ist ein Trompetenblumengewächs. Sie ist ursprünglich in Nordamerika beheimatet. Die Kletterpflanze trägt im Spätsommer leuchtendorangerote trompetenförmige Blüten, die in Büscheln zusammenstehen.

Trumpet Vine behandelt das Thema des Selbstausdrucks, vor allem im sprachlichen Bereich. Sie ist eine hilfreiche Essenz für Menschen, die im sprachlichen Ausdruck gehemmt oder behindert sind. Solche Menschen, fürchten sich, ihre Stimme zu erheben und ihre eigenen Bedürfnisse anderen mitzuteilen. In Gruppen oder bei Diskussionen sind sie meistens die schweigenden Zuhörer, die sich unter Streß noch mehr eingeschränkt fühlen. Trumpet Vine hilft bei der Überwindung von Sprachstörungen – wie Stottern und anderen Ausdrucksfehlern.

Außerdem kann sie die Entwicklung einer lebendigen und ausdrucksstarken Sprache fördern. Dies kann vor allem für Redner und Sprecher in den Medien unterstützend sein. Die Trumpet-Vine-Essenz bringt eine gesunde Selbstbehauptung und ein gutes Durchsetzungsvermögen, sie verhilft buchstäblich dazu, die eigenen Bedürfnisse »hinauszuposaunen« – wie die Form der Blüten schon andeutet.

Trumpet Vine unterstützt auch ganz allgemein den Selbstausdruck in Mimik und Gestik und hilft bei der Überwindung von Unbeholfenheit und Leblosigkeit im ganzen Körper.

Differenzierung von ähnlichen Essenzen

Auch bei der *Calendula*-Essenz geht es um den sprachlichen Ausdruck, im Unterschied zur Trumpet Vine gebraucht der Calendula-Typ seine Sprache in einer sehr groben verletzenden Art und Weise. Hier besteht die Schwierigkeit nicht im Selbstausdruck, sondern darin, den richtigen Ton zu treffen.

Die *Buttercup*-Essenz behandelt das Selbstwertgefühl. Während der Trumpet-Vine-Typ Schwierigkeiten hat, sich selbst auszudrücken, kann der Buttercup-Typ seine eigenen Fähigkeiten nicht erkennen.

Die Bachblüte *Larch* unterstützt allgemein die Entwicklung eines gesunden Selbstvertrauens. Sie wird bei Versagensängsten gegeben, wie sie auch bei Trumpet Vine auftreten können. Diese beiden Essenzen lassen sich deshalb gut miteinander kombinieren.

2. Ruhe, Sammlung, Schutz

Chamomile
Corn
Dill
Indian Pink
Lavender
Mountain Pennyroyal
Pink Yarrow
Yarrow
Red Clover
Saint John's Wort
Shooting Star

Chamomile

Hundskamille, Anthemis cotula

Die Hundskamille gehört zur Familie der Korbblütler. Sie wächst in ganz Europa wild. Man findet sie an ungedüngten Ackerrändern und auf Ödland. Die Blätter der verzweigten Pflanze sind zart gefiedert. An den Enden der Stiele öffnen sich die kleinen Blüten, deren gelbe Röhrenblüten von einem Kranz aus weißen Zungenblütenblättern umgeben sind. Der Hundskamille werden keine Heilkräfte nachgesagt, wie der echten Kamille.

Chamomile ist für Menschen geeignet, die häufig mißmutig und schlecht gelaunt sind und die schnell verärgert sind. Sie haben übersteigerte Ansprüche und sind nur schwer zufriedenzustellen. Nervosität und Streß legen sich beim Chamomile-Typ leicht auf den Magen oder auf die Verdauung.

Chamomile ist eine wichtige Essenz für Kinder, die viel nörgeln und aus jedem Anlaß sofort zu weinen anfangen. Aber auch bei überreizten und hyperaktiven Kindern kann die Chamomile-Essenz zur inneren Beruhigung beitragen.

Die Kamillen-Essenz bringt Gleichmut und emotionale Stabilität. Man reagiert nicht mehr so gereizt auf jede Kleinigkeit, weil man innerlich gelassener und objektiver geworden ist. Chamomile löst emotionale Spannung und Übererregung und fördert einen harmonischen Schlaf.

Differenzierung von ähnlichen Essenzen

Die *Lavender*-Essenz trägt auch zur Beruhigung bei. Hier handelt es sich aber mehr um eine mentale Ruhe, die jene Menschen brauchen, die ihre spirituelle Reife krampfhaft vorantreiben wollen.

45

Dandelion löst emotionale Verspannungen, die sich in den Muskeln festgesetzt haben. Für ehrgeizige, strebsame Menschen, die ihre Gefühle völlig außer acht lassen. Chamomile wirkt dagegen auf reizbare, griesgrämige Menschen lösend und stabilisierend.

Die Bachblüte *Impatiens* hilft Menschen, die sehr schnell arbeiten können und es kaum aushalten, wenn andere langsamer als sie selbst sind. Sie reagieren mit Ungeduld und Streß auf die Fehler anderer.

Corn
Mais, Zea mays

Der Mais gehört zu den Getreidepflanzen. Für die Essenz wird der Hopi-Mais verwendet, der zu den Urpflanzen gehört. Der Mais trägt an seiner Spitze die länglichen männlichen Blüten und an der Spitze der Kolben die haarigen weiblichen Blüten. Er ist von menschlicher Kultivierung abhängig, da die große Anzahl der Samen sich sonst selbst behindern würde. Bei den Indianern ist die Pflanze als »maiz« bekannt, was »universelle Mutter« bedeutet.

Corn ist die »Großstadt-Essenz«. Sie hilft Menschen, die innerhalb von dichtbesiedelten Städten und in großen Menschenansammlungen ihr inneres Gleichgewicht verloren haben und sich bedrängt und verwirrt fühlen. Solche Menschen haben den Eindruck, daß das Großstadtleben mit viel Verkehr und vielen Menschen Energie von ihnen abzieht. Am Ende eines Tages in der Stadt fühlen sie sich leer und müde und finden den Zugang zu innerer Ruhe und Kraft nicht mehr.

Die Corn-Essenz stellt den Kontakt zur »Mutter Erde« her, das heißt, sie erdet uns und verbessert den Energiefluß zwischen »Himmel und Erde«. Der Mensch erinnert sich seiner inneren Kraft und kann sich so besser auf andere Menschen einstellen, ohne sich von ihnen beengt oder bedroht zu fühlen. Corn ist hilfreich für gestreßte Manager, die keinen Bezug mehr zu sich selbst haben; aber auch für »New Ager«, die den Boden unter den Füßen verloren haben.

Corn verhilft zu innerem Frieden, Überblick und Erdverbundenheit und kann so das Leben in der Stadt erleichtern.

Differenzierung von ähnlichen Essenzen

Yarrow bietet Schutz vor negativen Umwelteinflüssen und stärkt die Aura. Während der Yarrow-Typ sich zu weit öffnet und damit die Eigenschaften seiner Umwelt buchstäblich in sich hineinsaugt, verschließt sich der Corn-Typ vor den Menschen und läßt niemanden mehr zu nahe kommen, weil er sich bedrängt und bedroht fühlt.

Die *Indian-Pink*-Essenz hilft Menschen, die sich leicht von äußerer Hektik und Betriebsamkeit anstecken lassen und dann mit Nervosität und Überforderung reagieren. Der Corn-Typ reagiert dagegen in chaotischen Situationen, indem er sich voller Feindseligkeit abwendet und sich noch mehr in sich zurückzieht.

Dill
Dill, Anethum graveolens

Der Dill ist ein Doldenblütengewächs und stammt ursprünglich aus Südeuropa. Die Pflanze wird etwa 120 cm groß. An dünnen, hohen Stengeln erscheinen große strahlenförmige Dolden, die mit vielen kleinen gelben Blüten besetzt sind. Der Dill blüht von Juni bis August. Schon früh brachten die Mönche den Dill über die Alpen in die Klostergärten, wo er als Heil- und Küchenpflanze verwendet wurde.

Die Dill-Essenz unterstützt jene Menschen, die sich vom Tempo des Lebens überwältigt fühlen und den Eindruck haben, ihre Sinne seien mit Reizen von außen völlig zugedeckt. Sie können die Vielzahl von Eindrücken, die während des Alltags auf sie einströmen, nicht mehr verarbeiten. Solche Menschen fühlen sich müde und überfordert, und als Reaktion auf die Reizüberflutung schalten sie ganz ab. Kinder reagieren häufig aggressiv, wenn sie mit der Vielzahl der Erlebnisse und Eindrücke des Tages nicht mehr zurechtkommen.

Dill hilft bei der Verarbeitung der täglichen Anforderungen und Sinneswahrnehmungen. Die Essenz klärt das Gefühlsleben und hilft, die einzelnen Gefühle und Eindrücke voneinander abzugrenzen. So entsteht eine größere Distanz zu den eigenen Sinneswahrnehmungen, und der Mensch ist nicht mehr so stark involviert in die täglichen Geschehnisse.

Dill ist eine ausgezeichnete Essenz, um dem Streß des Stadtlebens zu begegnen und auf Reisen mit den vielen verschiedenen Eindrücken und Erlebnissen fertig zu werden. Die Dill-Essenz fördert nicht nur die Verdauung auf der psychischen Ebene, sondern sie kann sich auch unterstützend auf die körperliche Verdauung auswirken.

Differenzierung von ähnlichen Essenzen

Während die Dill-Essenz die Verarbeitung von vielen Eindrücken fördert, hilft die *Corn*-Essenz, das Gefühl der Verwirrung und der Desorientierung in einer Großstadt zu harmonisieren. Corn stellt das innere Gleichgewicht inmitten von Menschenmassen wieder her.

Die *Indian-Pink*-Essenz bringt innere Stabilität und Ruhe, während man von ständiger Aktivität und Hektik umgeben ist. Während Dill die Verarbeitung von einer Vielzahl von Sinneseindrücken erleichtert, ermöglicht Indian Pink innere Ruhe und Harmonie trotz erhöhter Aktivität.

Auch der *Filaree*-Typ fühlt sich von den Anforderungen des Tages überfordert. Im Unterschied zu Dill geht es bei Filaree um die Differenzierung zwischen verschiedenen Problemen und die Möglichkeit, die richtigen Prioritäten zu setzen.

Indian Pink
Leimkraut, Silene californica

Das Leimkraut ist ein Nelkengewächs und wächst an feuchten Stellen in Laubwäldern, Mischwäldern und in lichten Nadelwäldern. Es ist in Europa und Asien weit verbreitet. Die Pflanze wird bis zu 80 cm hoch und trägt an drüsig behaarten Stengeln die roten »Stieltellerblüten«, die in lockeren Blütenständen zusammenstehen.

Indian Pink unterstützt Menschen, die sehr empfindlich auf Hektik und verstärkte Aktivität in ihrer Umgebung reagieren. Sie fühlen sich durch die chaotische Umgebung verwirrt und aus der Bahn geworfen. Die Konzentrationsfähigkeit leidet, und die Leistungsfähigkeit läßt mit steigendem Druck von außen immer mehr nach. Manche berichten, daß sie sich am liebsten aus ihrem chaotischen Umfeld zurückziehen und sich irgendwo verkriechen möchten.

Diese Essenz ist sehr hilfreich, wenn viele Anforderungen an einen Menschen gestellt werden oder man unter großem Druck lebt. Indian Pink unterstützt die Fähigkeit, auch in chaotischen, stark fordernden Situationen gesammelt und leistungsfähig zu bleiben. Äußeren Druck und hohe Anforderungen können den Betroffenen dann nicht mehr aus dem Gleichgewicht bringen.

Für Kinder, die in chaotischen Familien leben oder die mit der Schulsituation nicht fertig werden, kann Indian Pink eine Stütze sein, die ihnen hilft, trotz alledem in ihrer Mitte zu bleiben und sich in ihrer Umgebung besser zurechtzufinden.

Differenzierung von ähnlichen Essenzen

Während Indian Pink einem Menschen hilft, in einem chaotischen und anstrengenden Umfeld gelassen und leistungsfähig zu bleiben, stellt die *Corn*-Essenz die Verbindung zur Erde her und stärkt Menschen, die in der Großstadt oder in dichtbesiedelten Ortschaften leben.

Die Bachblüte *Elm* wird bei dem vorübergehenden Gefühl der Überforderung eingesetzt. Hier geht es um Menschen, die eigentlich sehr viel bewältigen können, die sich aber aufgrund der Umstände überlastet fühlen und den Überblick verloren haben.

Die *Yarrow*-Essenz bietet einen allgemeinen Schutz vor negativen Umwelteinflüssen; Indian Pink bezieht sich allein auf Situationen von erhöhter Aktivität und Hektik, von denen der einzelne sich anstecken und aus seiner Mitte bringen läßt.

Lavender
Lavendel, Lavandula officinalis

Der Lavendel gehört in die Familie der Lippenblütler. Er stammt ursprünglich aus den Mittelmeerländern, wo er auf trockenen Hängen wächst. Heute ist er als Duft- und Heilpflanze in ganz Europa verbreitet. Der Lavendel bildet einen verzweigten Halbstrauch von 30 bis 60 cm Höhe. An den jungen graugrünen Trieben erscheinen von Juli bis September die violetten Blütenähren.

Die Lavender-Essenz ist für Menschen geeignet, die sehr sensitiv und offen sind. Es sind häufig sehr wache Menschen, die sich sehr hohe spirituelle Ziele gesetzt haben und die ihre spirituelle Entwicklung zwanghaft vorantreiben wollen. Durch Meditation und andere geistige Übungen nehmen sie häufig viel mehr Energie auf, als sie verkraften können, und leiden dann unter extremer Nervenanspannung und -überreizung oder Schlaflosigkeit.

Lavender hat die Aufgabe, diese Menschen innerlich zu besänftigen und ihnen Entspannung und emotionale Ausgeglichenheit zu ermöglichen. Außerdem hilft der Lavendel, die spirituellen Ansprüche gegenüber sich selbst loszulassen und maßvoller damit umzugehen. Die Lavender-Essenz harmonisiert ein verbissenes Streben nach spiritueller Reife, sie kühlt und beruhigt einen »heißgelaufenen Geist«.

Differenzierung von ähnlichen Essenzen

Die Bachblüte *Impatiens* wird bei großem Streß eingesetzt. Impatiens behandelt den Ehrgeiz und die Ungeduld in bezug auf die Arbeitswelt und auf materielle Dinge; Laven-

der jedoch wirkt auf spirituellen Ehrgeiz und Nervenüber-
beanspruchung.

Auch *Chamomile* ist eine beruhigende Essenz. Während
Lavender sich mehr auf eine mentale Überreizung auswirkt, hilft die Chamomile-Essenz, emotionale Anspannung zu lösen. Sie ist besonders für überdrehte oder hyperaktive Menschen geeignet.

Morning Glory beeinflußt ebenfalls den Energiehaushalt
eines Menschen. Morning Glory bewirkt jedoch eher eine
Belebung der Kräfte und gibt Frische und Tatkraft, während die Lavender-Essenz sich vielmehr besänftigend und
harmonisierend auf die Seele auswirkt.

Mountain Pennyroyal

Indianernessel, Monardella odoratissima

Die Indianernessel ist in Nordamerika beheimatet. Sie gehört zur Familie der Lippenblütler und wird in Europa hauptsächlich als Zierpflanze verwendet. An kantigen Stengeln erscheinen von Juni bis Oktober die violetten oder auch roten Blüten, die in Quirlen angeordnet sind. Die Oswego-Indianer bereiten aus der Indianernessel einen nach Zitrone schmeckenden Tee, den zum Zeitpunkt der »Boston Tea Party« (1773) auch die weißen Siedler tranken.

Die Mountain-Pennyroyal-Essenz ist hilfreich für Menschen, die unter negativen Gedanken und Vorstellungen leiden, von denen sie sich nicht distanzieren können. Meistens sind solche Gedanken von anderen übernommen worden, was häufig ganz unbewußt geschieht. Manchen fällt diese Beeinflussung durch fremde Gedanken zwar auf, sie können sich jedoch nicht davon abgrenzen. Diese Menschen fühlen sich von den negativen Gedanken ihrer Mitmenschen regelrecht verseucht, haben aber nicht die Kraft, sich ihre eigenen positiven Gedanken zu bewahren.

Mountain Pennyroyal beseitigt negative Konzepte und Gedankenprogramme. Sie hilft den Menschen, Stärke und Klarheit in ihre Gedanken zu bringen, denn dadurch können sich negative Gedanken von außen nicht mehr auf den Betroffenen auswirken.

Die Mountain-Pennyroyal-Essenz reinigt die Gedanken und den Intellekt von »geistigen Schlacken«, was sich auch auf die körperlichen Vorgänge auswirken kann. Die Menschen werden frei von ihren destruktiven Konzepten, und es entsteht Raum für geistige Lebendigkeit und Freiheit.

Differenzierung von ähnlichen Essenzen

Während Mountain Pennyroyal die eigenen Gedanken klärt und hilft, sich von fremden Gedanken zu befreien, unterstützt *Dill* die Verarbeitung und »Verdauung« vieler Eindrücke (Reizüberflutung).

Indian Pink ermöglicht es den Menschen, umgeben von Nervosität und Chaos, ausgeglichen und ruhig zu bleiben und sich nicht von der äußeren Unruhe anstecken zu lassen.

Die *Pink-Yarrow*-Essenz schützt Menschen, die emotional überempfindlich sind und die Stimmungen und Gefühle anderer übernehmen. Im Unterschied zu Pink Yarrow wehrt Mountain Pennyroyal die eigenen und die von außen kommenden negativen Gedanken ab.

Pink Yarrow
Rosa Schafgarbe, Achillea millefolium

Die Signatur der rosa Schafgarbe ist die gleiche wie bei der weißen Schafgarbe. Die botanische Bezeichnung »Achillea« nimmt Bezug auf den griechischen Helden Achilles, der die Schafgarbe zur Wundversorgung seiner Soldaten einsetzte.

Pink Yarrow ist wie ihre Verwandte Yarrow (weiße Schafgarbe) auch eine Schutzessenz. Sie bezieht sich aber nur auf den emotionalen Bereich. Pink Yarrow ist eine wichtige Essenz für Menschen, die dazu neigen, die Stimmungen und Gefühle anderer sehr stark wahrzunehmen und sich zu eigen zu machen. Sie können dann ihre eigenen Stimmungen von denen ihrer Umwelt nicht mehr unterscheiden und haben Schwierigkeiten, sich abzuschirmen.

Dieses Phänomen findet man häufig bei Kindern, die die Stimmungen in der Familie oder in Kindergarten und Schule wie ein Schwamm aufsaugen und darunter leiden. Auch in Umbruchsituationen des Lebens (wie Schwangerschaft, Umzug, Trennung) lassen sich Menschen sehr von den Gefühlen ihrer Mitmenschen beeinflussen. Hier kann die Pink-Yarrow-Essenz den Betroffenen dabei unterstützen, in seiner Mitte zu ruhen und von äußeren Stimmungen und Gefühlen ungestört zu bleiben.

In helfenden Berufen, wo Mitgefühl leicht mit Überidentifikation verwechselt wird, bringt Pink Yarrow größere Objektivität. Wahres Mitgefühl kann dann aus dem Herzen kommen, ohne daß man gleichzeitig die Gefühle der anderen in sich aufnehmen muß.

Differenzierung von ähnlichen Essenzen

Im Unterschied zu Pink Yarrow ist *Yarrow* eine allgemeine Schutzessenz, die weniger vor Stimmungen und Gefühlen anderer schützt als vielmehr vor negativen Einflüssen aus der Umwelt.

Mountain Pennyroyal hilft Menschen, die sich zu sehr mit den negativen Gedanken anderer identifizieren und sich dann nicht mehr davon lösen können. Hier geht es um Gedanken und Vorstellungen, nicht um Emotionen wie bei Pink Yarrow.

Die *Indian-Pink*-Essenz unterstützt den einzelnen, inmitten von Chaos und Hektik ruhig und gelassen zu bleiben. Indian Pink ist für jene Menschen hilfreich, die sich von der Unruhe und Nervosität anderer anstecken lassen.

Yarrow
Weiße Schafgarbe, Achillea millefolium

Die Schafgarbe ist in ganz Europa, in Nordamerika und Australien zu Hause. Sie gehört zur Familie der Korbblütler und wird etwa 45 bis 60 cm groß. Man findet sie an Straßenrändern, auf Wiesen und als gewöhnliches Gartenkraut. In dichten Doldenrispen erscheinen von Juni bis November die schirmartigen Blütenköpfe, die weiß oder rosa bis rot (siehe Pink Yarrow) sind. Bereits im Altertum wurde die Schafgarbe als Heil- und Nutzpflanze verwendet.

Yarrow ist eine der Schutzessenzen unter den Blütenessenzen. Sie ist besonders für Menschen geeignet, die sehr unter den Einflüssen ihrer unmittelbaren Umgebung leiden und sich nicht abschirmen können. Solche Menschen reagieren überempfindlich auf die Stimmungen und Schwingungen ihrer Umwelt, sie sind sehr verletzlich und lassen sich leicht aus ihrer Mitte bringen.

Yarrow stärkt die Aura des Menschen, so daß Einflüsse von außen nicht mehr bis in das Innerste vordringen können. Man kann sie deshalb als Schutzessenz vor schädlichen Umwelteinflüssen anwenden. Solche Einflüsse können sein: negative Strahlungen aller Art, Luftverschmutzung, hohe Ozonbelastung – alles, was von außen auf uns einströmt und uns belastet.

Die Yarrow-Essenz stärkt Menschen in besonders sensiblen, anfälligen Phasen des Lebens wie Schwangerschaft, Umbruchsituationen und Krisen. Auch viele Kinder sind ihrer Umwelt völlig schutzlos ausgesetzt und reagieren oft auch mit körperlichen Symptomen oder mit Hyperaktivität und Konzentrationsschwäche auf negative Umwelteinflüsse.

Differenzierung von ähnlichen Essenzen

Während Yarrow einen allgemeinen Schutz bietet, schützt *Pink Yarrow* den Menschen auf der emotionalen Ebene. Sie ist eine wichtige Essenz für Menschen, die wie ein »psychischer Schwamm« die Stimmung ihrer Umgebung in sich aufnehmen.

Saint John's Wort stärkt das innere Licht und schützt den Menschen bei Alpträumen und nächtlichen Angstzuständen. Es ist auch hilfreich, wenn die Haut ihre schützende Funktion nicht mehr erfüllt.

Mountain Pennyroyal bildet einen Schutz vor negativen Gedanken anderer und läßt die eigenen negativen Gedankenprogramme erkennen.

Die *Indian-Pink*-Essenz hilft, inmitten von Chaos und Hektik ruhig und gelassen zu bleiben.

Red Clover
Wiesenklee, Trifolium pratense

Der Wiesenklee gehört zur Familie der Schmetterlingsblüt-
ler. Er ist in ganz Europa verbreitet und wächst auf Fettwie-
sen, Weiden und an Ackerrändern. Er blüht von Juni bis
Oktober. An einem Stengel trägt der Wiesenklee meistens
zwei Blütenköpfe aus vielen purpurfarbenen Einzelblüten.
Red Clover ist eine Notfallessenz! In allen Situationen, wo
Emotionen außer Kontrolle geraten und in Hysterie und
Panik umschlagen, ist Red Clover hilfreich. Red Clover ist
angezeigt, wenn sich bei Konflikten in der Familie die
Gefühle gegenseitig aufschaukeln und möglicherweise in
Gewaltanwendung und Brutalität entladen.

Die Red-Clover-Essenz hilft aber auch dem einzelnen, in Massenhysterie und Gruppenpanik die Ruhe zu bewahren und
den Überblick zu behalten. Möglicherweise kann der einzelne dann auch eine Führungsrolle übernehmen und Menschen in übersteigerter Angst aus dem Geschehen heraus-
führen. Red Clover sollten alle Menschen zur Hand haben,
die eine große Gruppe leiten, wie Lehrer und Erzieher.

Der Wiesenklee hilft auch solchen Menschen, die von
einer Katastrophe in die nächste schlittern und Chaos und
Unfälle förmlich anziehen. Red Clover bringt in allen
Fällen innere Ruhe und Zentriertheit und schenkt Einsicht
in die Unglücksursachen.

Differenzierung von ähnlichen Essenzen

Die Bachblüte *Cherry Plum* ist für jene Menschen, die Angst
haben, durchzudrehen oder wahnsinnig zu werden. Sie
reagieren schnell hysterisch oder zeigen ein zwanghaftes

Verhalten. Im Unterschied zu Red Clover betrifft diese Gemütsverfassung aber immer nur eine einzelne Person.

Auch *Rescue-* oder *Notfalltropfen* können erfolgreich bei Panik oder Todesangst eingesetzt werden, Red Clover legt im Unterschied zu den Rescue-Tropfen seinen Schwerpunkt auf die Gruppensituation, in der es zu heftigen Emotionen kommt.

Bei *Dogwood*-Menschen kann man häufig – ähnlich wie bei Red Clover – eine Neigung zu Unfällen und Selbstzerstörung erkennen. Hier liegt die Ursache jedoch in einer ungewöhnlich harten Kindheit, in der der Selbstwert des Menschen derart angegriffen wurde, daß ihm sein Körper und auch sein Leben nichts mehr bedeuten.

Saint John's Wort
Johanniskraut, Hypericum perforatum

Das Johanniskraut gehört zur Familie der Hartheugewächse. Es ist ursprünglich in Europa und Westasien beheimatet, inzwischen wächst es auf allen Kontinenten der Erde. Man findet es recht häufig in Laub- und Mischwäldern und an sonnigen Hängen. An den Enden der kahlen Zweige erscheinen ab Juni die lockeren Dolden mit den gelben, durchsichtig punktierten Blüten. Heilkräftig ist von allen Hartheuarten nur das hier genannte »durchbohrte« Johanniskraut.

Saint John's Wort hat einen direkten Bezug zum Licht und zum Feuerelement. Menschen, die die Saint-John's-Wort-Essenz brauchen, sind häufig sehr sensibel und »dünnhäutig«, was sich auch körperlich zeigen kann in Form von Hautreizungen und Allergien. Sie leiden unter außergewöhnlichen Ängsten und reagieren sehr empfindlich auf umweltbedingten Streß wie Luftverschmutzung und starke Sonneneinstrahlung. Bei den Kindern treten häufig Angstträume bis hin zum Bettnässen auf.

Ängste, die aufgrund von außerkörperlichen Erfahrungen auftreten, und die Angst vor dem Feuer können sich mit der Saint-John's-Wort-Essenz auflösen. Saint John's Wort stärkt das innere Licht und schenkt eine innere Geborgenheit, so daß das äußere Licht den Betroffenen nicht mehr verbrennen kann.

Differenzierung von ähnlichen Essenzen

Yarrow bietet einen allgemeinen Schutz vor schädlichen Umwelteinflüssen, ohne einen bestimmten Seelenzustand zu beschreiben. Sie kann deshalb besonders gut mit Saint

63

John's Wort kombiniert werden, um Reaktionen auf Umwelteinflüsse zu vermeiden oder aufzufangen.

Die *Garlic*-Essenz wird bei verschiedenen nervösen Angstzuständen eingesetzt. Auch der Garlic-Typ neigt dazu, sich zu sehr zu öffnen, und hat nur einen schwachen Schutz gegenüber Einflüssen von außen. Garlic stärkt das seelische Abwehrsystem und wird häufig zusammen mit Saint John's Wort kombiniert.

Shooting Star
Götterblume, Dodecatheon hendersonii

Die Götterblume gehört in die Familie der Primelgewächse. Sie ist in Nordwestamerika verbreitet, wo sie auf Bergwiesen und an Bachläufen wächst. Die purpurfarbigen Blüten blühen von April bis August, mit den zurückgeschlagenen Blütenblättern ähneln sie einem Wurfpfeil.

Shooting Star ist eine Essenz, die eine tiefgehende Seelenentfremdung behandeln kann. Die Betroffenen fühlen sich unter Menschen fremd und nicht dazugehörig. Manche sprechen von einem Gefühl, sozusagen ein »Außerirdischer« zu sein. Sie haben Schwierigkeiten, soziale Kontakte aufzubauen und sich in das gesellschaftliche Leben einzugliedern.

Häufig handelt es sich um Menschen, die zu früh auf die Welt gekommen sind oder bei deren Geburt es irgendwelche Komplikationen gab. Sie haben keinen richtigen Bezug zur Erde und zu ihrem Körper, und sie scheinen sich in einer Art Schwebezustand zu befinden. Man hat den Eindruck, daß diese Menschen nie richtig auf der Erde angekommen sind.

Shooting Star stellt eine feste Verbindung zum eigenen Körper her und fördert eine körperliche und seelische Erdverbundenheit. Sie hilft, sich unter anderen Menschen wohl zu fühlen und sich in ein soziales Geschehen einzubinden.

Die Shooting-Star-Essenz wird zur seelischen Unterstützung bei einer drohenden Fehl- oder Frühgeburt eingesetzt. Sie ermöglicht es dem ungeborenen Kind, Geborgenheit und Sicherheit im Körper der Mutter zu finden.

Differenzierung von ähnlichen Essenzen

Auch der *Manzanita*-Mensch fühlt sich in seinem Körper nicht zu Hause. Hier geht es jedoch weniger um ein Gefühl der Entfremdung als um die tiefe Ablehnung alles Körperlichen.

Die Bachblüte *Clematis* behandelt einen ähnlichen geistigen Schwebezustand wie den des Shooting-Star-Typs. Im Unterschied zum Shooting-Star- flieht der Clematis-Typ in eine geistige Traumwelt, die ihm hilft, die Realität vorübergehend auszublenden.

3. Partnerschaft, Freundschaft, Gruppenprozesse

Bleeding Heart
Calendula
Goldenrod
Larkspur
Mallow
Oregon Grape
Quaking Grass
Saguaro
Sweet Pea
Trillium
Violet

Bleeding Heart
Tränendes Herz, Dicentra formosa

Tränendes Herz ist ein Mohngewächs, das als altmodische Bauerngartenpflanze sehr beliebt ist. Die Pflanze wird 30 bis 70 cm groß, hat zartgefiederte Blätter, und an leicht gebogenen Zweigen hängen die rosafarbenen herzförmigen Blüten. Bei der Bleeding-Heart-Essenz gibt schon der Name eindeutige Hinweise auf ihre Wirkung. Das Tränende Herz ist wichtig für alle Arten von Liebeskummer, »Herzschmerzen« und »gebrochenem Herzen«. Wenn man einen geliebten Menschen verloren hat, sei es durch Trennung oder auch durch Tod, hilft die Bleeding-Heart-Essenz, mit diesem Schmerz besser umzugehen und langsam eine neue Eigenständigkeit zu entwickeln.

Bleeding Heart hilft Menschen, die dazu neigen, den Partner durch ihre Liebe an sich zu binden, und deren Wohlbefinden stark davon abhängig ist, daß der andere immer in der Nähe ist. Man identifiziert sich ganz mit dem geliebten Menschen, so daß man sich ein Leben ohne ihn nicht mehr vorstellen kann. Aufgrund eines schlechten Selbstwertgefühls oder schlechter Erfahrungen kann man dem Partner keinen eigenen Freiraum zugestehen, aus Angst, denjenigen dann zu verlieren. Dadurch fühlt sich der Partner aber oft derart eingeengt, daß die befürchtete Trennung häufig die Folge ist. Meistens sind die Betroffenen nach einer Trennung tatsächlich nicht in der Lage, ein selbständiges Leben zu führen.

Bleeding Heart fördert die Erkenntnis, daß wahre Liebe nur in Freiheit existieren kann. Die Essenz hilft uns, eine offene freiheitliche Beziehung zu einem geliebten Menschen aufzubauen, und läßt uns emotional unabhängig werden.

Differenzierung von ähnlichen Essenzen

Bleeding Heart hat große Ähnlichkeit mit der Bachblüte *Chicory*, da beide die bedingungslose Liebe zum Thema haben. Bei Chicory steht allerdings mehr das Selbstmitleid und die übertriebene Aufopferung für andere im Vordergrund, mit der der Chicory-Typ seine Umwelt subtil lenken und dominieren will. Während der Chicory-Typ lernen muß, die Eigenständigkeit der anderen Menschen zu respektieren, muß der Bleeding-Heart-Typ seine eigene Selbständigkeit und seine emotionale Freiheit bewahren.

Auch *Borage* kann mit Bleeding Heart verglichen werden. Borage wird für niedergeschlagene und bedrückte Menschen gegeben. Diese Schwermut kann auch bei Bleeding Heart vorkommen, da man ständig in der Angst lebt, den anderen zu verlieren. Beide Essenzen zusammen wirken gut bei Trauer.

Bei der Bachblüte *Centaury* findet man auch die Abhängigkeit von anderen Menschen. Hier liegt aber die Betonung darauf, sich nicht abgrenzen, nicht nein sagen zu können, da man befürchtet, vom Partner dann nicht mehr geliebt zu werden.

Auch bei Bachs *Holly*-Essenz spielt die Liebe eine große Rolle. Holly bewirkt größere Toleranz und gegenseitiges Verständnis unter Partnern und hilft, mit Eifersucht, Neid und Haß umzugehen. Während Bleeding Heart die emotionale Unabhängigkeit vom Partner fördert.

Calendula

Ringelblume, Calendula officinalis

Die Calendula gehört in die Familie der Korbblütler. Sie ist in Südeuropa und Asien beheimatet und kam schon früh als Heilpflanze über die Alpen. An stark verzweigten, leicht haarigen Stengeln erscheinen im Sommer die gelb-orange-farbenen Strahlenblüten.

Die Calendula klärt und stärkt die verbale Ausdruckskraft. Sie ist eine wichtige Essenz für Menschen, die in ihrer Ausdrucksweise scharf und verletzend oder auch kalt und oberflächlich sind. Der Calendula-Typ hat Schwierigkeiten, im Gespräch mit anderen Menschen den richtigen Ton zu treffen. Ohne daß es seine Absicht war, verletzt er andere durch seine beißenden Worte. Es kommt zu großen Mißverständnissen, die häufig nur schwer wieder aufgelöst werden können.

Die Calendula unterstützt die Fähigkeit, aus dem Herzen heraus zu sprechen, und sie bringt Wärme und Offenheit in die Kommunikation mit anderen Menschen. Sie ermöglicht eine echte Verständigung untereinander. Sie steigert die Empfänglichkeit für die innere Kraft der eigenen Worte, gleichzeitig öffnet sie den Zuhörer für die wahre Bedeutung der Worte anderer.

Die Calendula ist eine wichtige Blüte für Therapeuten, weil sie Wärme, Mitgefühl und Heilung in die Sprache bringt und weil sie wahres Zuhören ermöglicht.

Differenzierung von ähnlichen Essenzen

Holly ist die Bachblüte der Liebe. Auch sie unterstützt gegenseitiges Verständnis und Entgegenkommen. Um Gespräche in Beziehungen zu erleichtern, können Holly und Calendula zusammen genommen werden.

Die *Trumpet Vine* fördert auch die sprachliche Ausdruckskraft. Im Unterschied zur Calendula wird die Trumpet Vine allerdings bei Unsicherheit in der Ausdrucksfähigkeit und bei Sprachstörungen gegeben.

Goldenrod
Goldrute, Solidago canadensis

Die kanadische Goldrute gehört zur Familie der Korbblütengewächse. Sie kam ursprünglich als Zierpflanze aus Nordamerika nach Europa. Seit Mitte des letzten Jahrhunderts ist sie aus der Kultur ausgebrochen und verwildert. Man findet sie meist in kleineren Beständen entlang Bahnlinien, an Waldrändern und auf Lichtungen. An bogig überhängenden Ästen befinden sich Hunderte von kleinen gelben Körbchen in Form einer ausladenden Rispe.

Goldenrod ist hilfreich für Menschen, die in Gruppen auffallend unfreundlich und abweisend wirken. Einerseits wollen sie die Aufmerksamkeit der Gruppe auf sich ziehen, andererseits wollen sie jedoch jemand von sich wegstoßen, der ihnen zu nahe kommt. Sie verhalten sich betont abschreckend und rüpelhaft, sei es durch scharfe Ausdrucksweise oder durch negatives Verhalten. Manche haben sich dieses Verhalten schon in der Kindheit angeeignet als Schutzmechanismus vor allzu dominanten Menschen.

Goldenrod hilft dem Betroffenen auch in einer Gruppe von Menschen, seiner eigenen Persönlichkeit treu zu bleiben. Die Angst, sein Innerstes preiszugeben oder sein Selbstwertgefühl zu verlieren, kann sich lösen. Es ist dann nicht mehr nötig, andere Menschen durch abstoßendes Benehmen auf Distanz zu halten. Die Goldenrod-Essenz steigert das Selbstbewußtsein und die innere Stärke. Der Goldenrod-Typ lernt, zwischen sich und den anderen zu unterscheiden. Das hilft ihm, die Barrieren gegenüber anderen Menschen abzubauen.

Differenzierung von ähnlichen Essenzen

Auch der *Centaury*-Typ kann sich nicht von anderen abgrenzen. Aus Angst vor Liebesentzug reagiert er jedoch mit übermäßiger Hilfsbereitschaft und läßt sich von jedem leicht ausnutzen.

Die *Sunflower*-Essenz unterstützt Menschen, die aggressiv und selbstgefällig sind. Hier geht es aber nicht darum, die Aufmerksamkeit der anderen zu erlangen, vielmehr handelt es sich um eine unausgewogene Entwicklung der Ich-Kräfte und um die Vaterproblematik.

Der *Sagebrush*-Typ hat auch die Angewohnheit, anderen ein falsches Selbstbild vorzuspielen. Er kann sich nicht von Eigenheiten und Rollen lösen, die längst der Vergangenheit angehören und die nicht mehr seinem derzeitigen Entwicklungsstand entsprechen.

Larkspur

Rittersporn, Delphinium depauperatum

Der Rittersporn gehört zur Familie der Hahnenfußgewächse und ist in Europa weit verbreitet. Er gedeiht in Getreidefeldern, auf Schuttplätzen und an Wegrändern. An wenigblütigen Trauben hängen die blauen langgespornten Blüten. Der Name »Delphinium« stammt aus dem Griechischen und bedeutet »kleiner Delphin«, ein Hinweis auf die Form des hinteren Blütenteils.

Larkspur steht für ein übertriebenes Pflichtbewußtsein in einer Führungsposition. Der Larkspur-Typ benutzt seine starke Persönlichkeit und seine Führungsqualitäten auf eine negative Art und Weise. Er ist sehr von sich selbst überzeugt und hat ein stark ausgeprägtes Pflichtbewußtsein. Seine Führung ist hart und unnachgiebig, er verlangt von seinen Mitarbeitern die gleiche Pflichterfüllung wie von sich selbst und achtet genau auf deren Einhaltung. Der Larkspur-Typ kann nur schwer die Kontrolle in andere Hände geben und ist deshalb oft überanstrengt und erschöpft.

Die Larkspur-Essenz erleichtert es dem Menschen, von seinen Ansprüchen an sich und andere etwas zurückzutreten. Sie unterstützt die Entwicklung von Großzügigkeit und Vertrauen in die Fähigkeiten anderer, so daß er selbst die andauernde Kontrolle abgeben und neue Kraft schöpfen kann. Die Essenz verhilft zu einer inneren Heiterkeit und Gelassenheit, die das krampfhafte Pflichtbewußtsein auflockert. Führung und Anleitung durch positive Ausstrahlung und vertrauensvolles Verhalten wird möglich.

Differenzierung von ähnlichen Essenzen

Die Verhaltensweisen bei der Bachblüte *Vine* und die bei Larkspur sind einander sehr ähnlich. Beide mißbrauchen ihre starke Persönlichkeit zur Machtausübung über andere. Der Unterschied liegt im starken Pflichtbewußtsein, das bei Vine in dieser Form nicht vorkommt. Der Vine-Typ will nur seinen eigenen Willen durchsetzen.

Bei der Bachblüte *Rock Water* findet man auch sehr hohe Ansprüche an sich und an andere. Diese Ansprüche resultieren bei Rock Water aber aus sehr hohen Idealen und Prinzipien, die der Betreffende verwirklichen und auch auf seine Umwelt übertragen möchte.

Die Bachblüte *Oak* behandelt auch ein übersteigertes Pflichtgefühl. Die Oak-Menschen sind »Workaholics« und haben eher selten Führungsansprüche.

Mallow
Malve, Sidalcea speciosa

Die Malve gehört zur Familie der Malvengewächse. Sie wächst wild in ganz Europa und ist in fast allen Ländern der Erde beheimatet. Man findet die Malve an sonnigen Weg- und Ackerrändern. An den rundlichen Stengeln kommen aus den Blattachseln die kleinen rosa-violetten Schalenblüten, deren zarte Blättchen mit dunklen, feinen Adern durchzogen sind. Die Malve gehört zu den ältesten Heilpflanzen.

Mallow ist die Freundschaftsblüte unter den Essenzen. Sie ist sehr hilfreich für Menschen, die sich schwertun, die Barrieren zu Freunden und nahestehenden Personen abzubauen, so daß eine warmherzige, offene Beziehung entstehen kann. Sie trauen sich nicht zu, daß sie auch für andere Menschen liebenswert sein können, und ziehen sich deswegen vom gesellschaftlichen Leben zurück. Obwohl häufig schon eine jahrelange Bekanntschaft besteht, kann sich aufgrund der selbsterrichteten Barrieren keine echte Freundschaft entwickeln.

Die Mallow-Essenz ermöglicht es, die Mauern zu anderen Menschen abzubauen und Zuneigung und Wärme in einer Freundschaft zuzulassen. Der Mallow-Typ lernt, auf seine Gefühle zu achten und diese auch zu zeigen. Er fühlt sich selbst in der Lage, andere Menschen an seinen Gefühlen teilhaben zu lassen, und traut sich auch zu, mehrere tiefe Freundschaften zu pflegen.

Differenzierung von ähnlichen Essenzen

Der *Water-Violet*-Typ (Bachblüte) hat Schwierigkeiten mit der Nähe und Zuneigung anderer Menschen. Er ist gerne alleine und wirkt oft stolz und überheblich, was auf den Mallow-Typ nicht zutrifft. Dieser sehnt sich eigentlich nach einer tiefen Freundschaft, fühlt sich aber unfähig, anderen gefühlsmäßig etwas zu geben.

Der *Violet*-Typ hat keine Probleme in der Beziehung zu einzelnen Menschen. Aber in der Gruppe fühlt er sich verloren und unsicher, so daß er sich schüchtern zurückzieht.

Auch der *Buttercup*-Typ ist sehr schüchtern und zurückhaltend. Er ist jedoch im Gegensatz zum Mallow-Typ davon überzeugt, daß seine Fähigkeiten und Ansichten minderwertig und für andere bedeutungslos sind.

Oregon Grape
Mahonie, Berberis aquifolium

Die Mahonie gehört zu den Sauerdorngewächsen. Die anspruchslosen Pflanzen sind in ganz Europa verbreitet und gedeihen in lichten Wäldern oder als Hecken und Gebüsche. An dornigen Ästen hängen die gelben Blüten in vielblütigen Trauben.

Oregon Grape ist eine Essenz für jene Menschen, die die Absichten anderer Menschen grundsätzlich als böswillig und feindselig einschätzen. Sie leiden unter einem übertriebenen Mißtrauen gegenüber allen anderen und unterstellen jedem, daß er sie bedrohen oder betrügen will. Das kann bis zum Verfolgungswahn gehen. Durch die Furcht vor der vermeintlichen Feindseligkeit der anderen und das entgegengebrachte Mißtrauen reagieren die anderen dann ebenfalls unfreundlich oder mißtrauisch – die Projektion bestätigt sich, der Teufelskreis schließt sich.

In unserer Zeit wird diese Seelenhaltung – vor allem in Großstädten – von bestimmten Medien geschürt. Dadurch mißtraut jeder jedem und unterstellt ihm allzuleicht böse Absichten.

Oregon Grape hilft, diesen Teufelskreis zu durchbrechen. Der einzelne lernt, die positiven Absichten und den guten Willen anderer Menschen zuerst zu sehen, und er schafft so eine vertrauensvolle Basis, auf der gegenseitiges Verstehen aufgebaut werden kann.

Differenzierung von ähnlichen Essenzen

Die Bachblüte *Holly* behandelt Gefühle wie Haß, Neid, Eifersucht und hilft dem einzelnen, sich selbst und andere mehr anzunehmen. Sie kann deshalb gut mit Oregon Grape kombiniert werden.

Wer die Bachblüte *Willow* braucht, hadert mit seinem Schicksal und fühlt sich ungerecht behandelt. Der Willow-Typ hat jedoch mehr Gefühle des Selbstmitleids als die des Mißtrauens.

Mountain Pennyroyal unterstützt die Auflösung negativer Gedanken. Sie beschränkt sich nicht nur auf den Umgang mit mißtrauischen und feindseligen Gedanken gegenüber anderen, sondern sie schützt auch vor den negativen Gedanken anderer.

Quaking Grass
Zittergras, Briza maxima

Das Zittergras ist ein Mitglied der Süßgräser und in ganz Europa verbreitet. Es wird bis zu 50 cm groß und trägt an einer kleinen, locker ausgebreiteten Rispe wenige langgestielte Ährchen. Man findet das Zittergras auf trockenen Wiesen und Weiden, oft auch auf sauren Böden.

Quaking Grass ist eine Essenz für die Gruppenarbeit. Quaking Grass fördert die Harmonie und das Zusammenspiel einer Gruppe, die ein gemeinsames Ziel verfolgt. Es verbindet die individuellen Interessen und Bedürfnisse zur Verwirklichung eines gemeinsamen Zieles. So kann ein Gruppenbewußtsein entstehen, das über die Interessen des einzelnen hinausgeht. Alle Gruppenmitglieder nehmen sich in einem größeren sozialen Zusammenhang wahr und können so ihren Teil verantwortungsvoll mitgestalten.

Quaking Grass kann aber auch eine wichtige Essenz für solche Menschen sein, die sich unfähig fühlen, in einer Gruppe irgend etwas beizutragen. Umgekehrt hilft Quaking Grass auch jenen Menschen, die nicht fähig sind, die eigenen Interessen zurückzustecken und von anderen etwas anzunehmen. Die Quaking-Grass-Essenz fördert Flexibilität und Gemeinschaftssinn in einem gesunden Verhältnis zur Individualität.

Differenzierung von ähnlichen Essenzen

Bevor die Arbeit mit der Gruppe beginnt, hilft die *Sweet Pea* dem einzelnen zunächst, seine Position in einer Gruppe einzunehmen und dort Sicherheit und Geborgenheit zu finden. Bei Sweet Pea geht es um die Entwicklung sozialer

Kontakte, während Quaking Grass direkt die Gruppenarbeit fördert.

Bei der *Trillium*-Essenz geht es um die Entwicklung von
Selbstlosigkeit und Gemeinschaftssinn für Menschen, die
machthungrig und besitzgierig sind. Der Trillium-Typ
kann mit dieser Essenz lernen, seine eigenen Bedürfnisse
zugunsten einer Gemeinschaft aufzugeben, um seine Kraft
so auf eine positivere Weise einzusetzen.

Saguaro
Riesensäulenkaktus, Cereus gigantus

Diese wohl gewaltigste Kakteenart ist eines der »United States National Monuments«. Der Riesensäulenkaktus ist in Arizona und Mexiko heimisch und wird über 12 m groß. Erst in einigen Metern Höhe setzen die Verzweigungen an. An der Spitze der einzelnen Zweige stehen die zahlreichen weißen Blüten. Sie sind die Nationalblüten von Arizona.

Saguaro ist eine hilfreiche Essenz für alle Menschen, die Schwierigkeiten mit Autoritäten jeder Art (zum Beispiel Eltern, Lehrer, Vorgesetzte, Staat) haben. Der Saguaro-Typ lehnt sich ohne Unterschied gegen alles auf, was er für sich als bedrohlich empfindet. Er ist oft unfähig, zwischen negativer und positiver Autorität zu unterscheiden, und läßt sich nichts vorschreiben. Er kann sich nicht unterordnen, ist starrsinnig und aggressiv. Der Saguaro-Typ lebt im Kampf mit der ganzen Welt.

Saguaro ist eine wichtige Essenz für Heranwachsende, die mit ihrem gesamten sozialen Umfeld gebrochen haben. Sie bringt Selbstvertrauen und Stabilität und hilft, sinnvolle Regeln von unsinnigen Vorschriften zu unterscheiden. Die Saguaro-Essenz läßt den wahren Sinn in Tradition und gesellschaftlichen Riten erkennen und hilft dem einzelnen, sich einzugliedern, ohne sich dabei aufzugeben.

Aus dieser Erkenntnis heraus entwickelt sich die Möglichkeit, von alten, weisen Menschen zu lernen, da die uneingeschränkte Ablehnung nicht mehr nötig ist. Die Saguaro-Essenz schafft ein ausgeglichenes Verhältnis zu wahrer Autorität und zu innerer Führung. Die Energien, die vorher zur Rebellion genutzt wurden, können jetzt eingesetzt werden, um zu lernen und an Herausforderungen zu wachsen.

Differenzierung von ähnlichen Essenzen

Auch der *Sweet-Pea*-Typ kann sich nicht in eine Struktur einordnen. Im Unterschied zum Saguaro-Typ vermeidet der Sweet-Pea-Typ jedoch, Verantwortung zu übernehmen und Aufgaben in einer Gemeinschaft zu tragen.

Die Aggressionen bei der Saguaro- und bei der *Tiger-Lily*-Essenz sind schwer zu unterscheiden. Der Saguaro-Typ setzt seine Energie ein, um sich gegen die Autorität eines anderen aufzulehnen. Der Tiger-Lily-Typ benutzt sie aus reiner Streit- und Kampfeslust, um seine eigenen Wünsche durchzusetzen.

Sweet Pea
Wicke (Platterbse), Lathyrus latifolus

Die Wicke gehört zu den Schmetterlingsblütengewächsen. Sie ist in Europa, Asien und Amerika verbreitet. Die Wicke gedeiht in Getreidefeldern, an Wegrändern und an Bahndämmen. Auf kantigen Stengeln mit Ranken erscheinen die karminroten Blüten, die einen angenehmen Geruch verströmen.

Sweet Pea hilft dem Menschen, seinen Platz und seine Aufgabe in einer Gruppe zu finden. Der Sweet-Pea-Typ kann nur schwer eine Bindung an eine Familie oder eine andere Gruppe ertragen. Er ist immer auf der Wanderschaft von Ort zu Ort, von einer Freundschaft zur nächsten, ohne jemals eine wirklich tiefe Beziehung herzustellen. Er fürchtet sich vor der Verantwortung, die mit dem Leben in einer Gemeinschaft verbunden ist. Solche Menschen gelten häufig als Außenseiter, die in keiner Gemeinschaft verwurzelt sind.

Menschen, die die Sweet-Pea-Essenz brauchen, leiden häufig unter einem tiefgehenden Gefühl der Heimatlosigkeit. Sie fühlen sich entfremdet und nirgends zugehörig, und sie haben keinen Bezug zur »Mutter Erde«. Ein Gefühl, das vor allem von Hochhaussiedlungen und Ghettos genährt wird.

Sweet Pea hilft, die Selbstisolation aufzugeben und sich einen Platz in einer Gemeinschaft zu suchen. Sie nimmt die Angst vor Bindungen und läßt soziale Verantwortung übernehmen. Der Betroffene kann dann echte Beziehungen eingehen und muß nicht länger davonlaufen.

Differenzierung von ähnlichen Essenzen

Auch bei der *Shooting Star* tritt ein Gefühl der Entfremdung auf. Hier geht es aber um die Problematik, »nicht ganz auf der Erde zu sein«. Die Shooting-Star-Menschen haben generell Schwierigkeiten mit dem Erdendasein und den Anforderungen des Lebens. Im Unterschied dazu geht es bei Sweet Pea um die Fähigkeit, zwischenmenschliche Beziehungen aufzubauen und zu halten.

Der *Saguaro*-Typ hat auch Schwierigkeiten mit Gemeinschaften. Allerdings nur, wenn ihm hier bestimmte Regeln und Vorschriften auferlegt werden, gegen die er sich auflehnen muß. Bei der Saguaro-Essenz geht es um den Umgang mit Autoritäten, nicht um den Aufbau von sozialen Bedingungen.

Trillium

Dreiblatt, Trillium chloropetalum

Das Dreiblatt gehört zur Familie der Liliengewächse. Es ist vom Himalaja bis nach Nordamerika verbreitet und gedeiht in Europa vor allem als Gartenpflanze. Der Name Trillium kommt von der Dreizahl der Laubblätter, in deren Mitte eine einzige purpurfarbene Blüte steht. Nach der Blüte bildet sich eine fleischige Beere mit großen braunen Samen.

Bei der Trillium-Essenz geht es um das Thema Macht. Der Trillium-Typ ist in seiner negativsten Ausprägung habgierig und machthungrig. Seinen Wünschen und Trieben muß in jedem Fall nachgegeben werden. Der Trillium-Typ hat nie gelernt, auf die Erfüllung eines Wunsches zu warten oder ihn gar zugunsten eines anderen aufzugeben. Von anderen Menschen wird er gemieden oder wegen seiner Skrupellosigkeit und Gier gefürchtet.

Der Trillium-Typ versucht ein tief verwurzeltes Gefühl der Unfähigkeit mit äußerer Macht und Besitz auszugleichen. Häufig kommt es zur Krise, wenn der Trillium-Typ merkt, daß er keinen Erfolg mehr mit seinem Verhalten hat und sich immer mehr seiner ohnehin wenigen Freunde von ihm distanzieren.

Die Trillium-Essenz hilft dem Betreffenden, seine großen Kräfte zum Wohle anderer oder einer Gemeinschaft einzusetzen. Das Trillium bewirkt eine tiefe Reinigung im Bereich der Macht und des Besitzes. Der einzelne lernt schrittweise, daß Dienen und Hingabe ihn der Gemeinschaft näherbringen und er damit seine Einsamkeit überwinden kann.

Differenzierung von ähnlichen Essenzen

Auch der *Vine*-Typ ist dominant und tyrannisch. Bei Vine geht es aber mehr darum, die Bedürfnisse und Wünsche anderer Menschen zu berücksichtigen, während es bei Trillium um Selbstlosigkeit und Dienen geht.

Die Bachblüte *Holly* kann ganz universell eingesetzt werden, wenn es um Neid, Habgier und Eifersucht geht. Holly ist die Blüte der Liebe und harmonisiert alle Gemütszustände, die gegen die Liebe sind.

Der *California-Pitcher-Plant*-Typ hat in einigen Fällen auch das Verlangen nach sofortiger Triebbefriedigung. Bei der California-Pitcher-Plant-Essenz geht es im Unterschied zu Trillium jedoch um die Verbindung von Instinkt und Intellekt.

Bei der *Tiger Lily* ist der Wunsch nach Macht und Besitz nicht stark ausgeprägt. Es geht hier mehr um die Harmonisierung von übermäßiger Aggressivität und Macho-Verhalten.

Violet

Veilchen, Viola odorata

Das wohlriechende Veilchen gehört zur Familie der Veilchengewächse. Es ist ursprünglich im Mittelmeerraum beheimatet, ist aber durch Kultur in Westeuropa weit verbreitet und verwildert. Die kleinen Stauden bilden ein Nest aus herzförmigen Blättern. Hier erscheinen an lange Stielen von März bis April die duftenden tiefvioletten Blüten.

Violet ist eine Blüte für sehr sensible Menschen, die in Gruppen ziemlich zurückhaltend und scheu sind, weil sie fürchten, ihr Selbst zu verlieren und in der Gruppe unterzugehen. Aus diesem Grund leben sie häufig allein und zurückgezogen. In ihrem Innersten sehnen sie sich aber nach der Wärme und Anerkennung einer Gruppe, in der sie sich anderen Menschen mitteilen und anvertrauen können. Menschen, die Violet brauchen, fühlen sich oft innerlich anderen Menschen sehr verbunden und nahe, aber nach außen wirken sie dennoch kühl und unnahbar.

Die Violet-Essenz löst die große Schüchternheit dieser Menschen und nimmt ihnen die Furcht vor den anderen. Vertrauen in die Gruppe entwickelt sich, und der Violet-Typ ist in der Lage, sich mit seiner Sensibilität und Offenheit einzubringen, so daß auch die Gruppe von diesen Qualitäten profitieren kann.

Differenzierung von ähnlichen Essenzen

Mallow hilft Menschen, die nicht nur in Gruppen, sondern allgemein sehr schüchtern sind und schwer Kontakte knüpfen können. Sie ermöglicht, Nähe und Offenheit in Freundschaften zuzulassen.

Das zurückgezogene Verhalten der *Trumpet Vine* kann dem der Violet-Essenz sehr ähnlich sein. Die Ursache liegt bei Trumpet Vine aber im mangelnden Selbstausdruck, der sich vor allem im sprachlichen Bereich äußert.

Menschen, die die Bachblüte *Centaury* brauchen, sind sehr empfänglich für Einflüsse von außen. Im Unterschied zur Violet-Essenz sind die Centaury-Menschen übermäßig hilfsbereit und lassen sich ausnutzen. Sie neigen, wie die Violet-Typen, dazu, ihre eigene Identität völlig aufzugeben.

4. Lebenskraft, Willensstärke, Lebendigkeit

Aloe Vera
Arnica
California Wild Rose
Cayenne
Garlic
Penstemon
Self Heal
Tansy

Aloe Vera
Aloe, Aloe vera

Die Aloe gehört zur Familie der Sukkulenten. Sie stammt aus Mexiko und Südamerika. Im März erscheint der lange gelbe Blütenstand, der hoch über die Pflanze hinausragt. In ihren fleischigen Blättern speichert die Pflanze Wasser, dieses wird in der Kosmetik als feuchtigkeitsspendendes Gel für die Haut verwendet.

Der Aloe-Vera-Typ verausgabt seine schöpferische Energie total. Er arbeitet mit vollem Einsatz und ignoriert das Ruhe- und Erholungsbedürfnis seines Körpers. Der Mensch fühlt sich ausgepumpt und erschöpft. Der Aloe-Vera-Typ »zündet die Kerze an beiden Enden an«, und das bekannte »Burn-out«-Syndrom ist die Folge.

Häufig lebt der Aloe-Vera-Typ ganz in seiner Arbeit und vernachlässigt die Bedürfnisse seines Herzens; das heißt, er hat keine Zeit und häufig auch einfach keine Kraft mehr, sich um die Familie, um Freunde und Bekannte zu kümmern.

Die Aloe-Vera-Essenz erneuert die schöpferische Energie. Der Mensch lernt, auf die Bedürfnisse seines Körpers und seines Herzens zu achten. Aloe Vera macht empfindsamer für andere Menschen und ermöglicht, aus der Kraft des Herzens zu schöpfen.

Differenzierung von ähnlichen Essenzen

Auch bei der Bachblüte *Oak* findet man »arbeitswütige« Menschen. Im Unterschied zu Aloe Vera arbeiten die Oak-Menschen aus einem übertriebenen Pflichtbewußtsein heraus. Sie wollen sich keine Schwäche eingestehen und arbeiten deshalb bis zum Zusammenbruch.

Die Bachblüte *Olive* wird als allgemeiner Kraftspender bei seelischer und körperlicher Erschöpfung und Kraftlosigkeit angewendet. Sie kann gut mit Aloe Vera kombiniert werden.

Bei *Indian Paintbrush* geht es ähnlich wie bei Aloe Vera um die Erschöpfung der kreativen Energie. Indian Paintbrush bringt Durchhaltevermögen und Konsequenz im schöpferischen Ausdruck.

Arnica

Arnika, Arnica mollis

Arnika gehört zur Familie der Korbblütengewächse. Die Pflanze ist in Wäldern und auf Bergwiesen des mittleren Europa heimisch. An flaumig behaarten Stengeln erscheinen die dottergelben, aromatisch duftenden Blüten. Arnika wird als Heilpflanze in der Phytotherapie und in der Homöopathie eingesetzt.

Arnica ist eine Notfallessenz! Sie hilft bei Schock und Trauma und lindert Schmerzen. Nach Unfällen und traumatischen Ereignissen stärkt Arnica die Lebenskraft und fördert die innere Heilung.

Die Arnica-Essenz kann als Basismittel für Psychotherapie und bei psychosomatischen Erkrankungen angewendet werden, wenn bisher keine Therapie- oder Behandlungsform angeschlagen hat. Sie harmonisiert chaotische, emotionale Erlebnisse und macht sie auf diese Weise wiedererlebbar. So können auch alte seelische Wunden geheilt werden, und die Blockaden, die bisher eine Heilung verhindert haben, lösen sich auf.

Der Mensch wird emotional freier und offener und erlangt Einsicht in die Ursache seiner Probleme.

Differenzierung von ähnlichen Essenzen

Star of Bethlehem ist Bachs Essenz bei Schock und Trauma. Arnica und Star of Bethlehem sind in ihrer Thematik fast identisch. Star of Bethlehem wird jedoch auch bei tiefer Seelennot, wie beim Verlust eines geliebten Menschen oder bei seelischem Schock, angewendet.

Golden Ear Drops findet bei traumatischen Erlebnissen in der Kindheit Anwendung. Es hilft, schmerzliche Gefühle aus der Kindheit loszulassen, die damals zu heftig waren, um sie zu verarbeiten. Golden Ear Drops nimmt die Angst vor alten Schmerzen.

California Wild Rose
Kalifornische Heckenrose, Rosa californica

Die Heckenrose gehört zu den Rosengewächsen. Sie ist in Europa und Nordamerika verbreitet und gedeiht in Laubwäldern, an Waldrändern und Lichtungen. Die Heckenrose blüht im Juni mit blaßroten oder tiefrosafarbenen, duftenden Blüten.

California Wild Rose hilft, Apathie und Gleichgültigkeit im Leben zu überwinden. Der California-Wild-Rose-Typ kümmert sich nicht um sein Leben. Er will keine Verantwortung und keine Aufgaben übernehmen in einem Leben, das ihm sinnlos und widersprüchlich erscheint. So flüchtet er sich in die Apathie, um nicht den Herausforderungen, aber auch den Schmerzen und Enttäuschungen des Lebens begegnen zu müssen. Zuletzt hat er jeden Bezug zu seiner Umwelt verloren, unfähig, irgendwo aktiv und mit Begeisterung teilzunehmen.

Vor allem in der Pubertät, wenn die jungen Leute nach einer Aufgabe und nach dem Sinn ihres Lebens suchen, werden sie oft durch das Verhalten ihrer Mitmenschen enttäuscht und resignieren.

California Wild Rose weckt die Lebensfreude und die Begeisterung für die alltäglichen zwischenmenschlichen Belange. Der Mensch wird fähig, mit ganzem Herzen am Leben teilzunehmen und Verantwortung für sich selbst und für andere zu tragen. California Wild Rose fördert eine positive, freudvolle Einstellung zum Leben.

Differenzierung von ähnlichen Essenzen

Bachs *Wild Rose* ist von der Thematik der California Wild Rose sehr ähnlich: Während Wild Rose eine tiefe Resignation vor dem Leben auflösen kann, um wieder Verantwortung für sich zu übernehmen, bringt California Wild Rose zusätzlich die Qualität der Begeisterung und der Liebe zum Leben mit. California Wild Rose geht in ihrer Wirkungsweise über die Bachblüte Wild Rose hinaus.

Cayenne
Pfeffer, Capiscum annuum

Der Cayennepfeffer ist ursprünglich im tropischen Süd- und Mittelamerika zu Hause. Die Entdecker der Neuen Welt brachten ihn mit nach Europa, wo er schon seit dem 16. Jahrhundert als Gewürzpflanze angebaut wird. Der Cayenne gehört zur Familie der Nachtschattengewächse. An den stark verästelten Zweigen der einjährigen Pflanze erscheinen die kleinen, weißen, sternförmigen Blüten. Aus ihnen gehen die scharf schmeckenden Schotenfrüchte hervor.

Cayenne ist eine Katalysatoressenz, der keine eigene Seelenqualität zugeschrieben wird. Vielmehr wirkt sich diese Essenz wie ein Beschleuniger und Verstärker auf andere Blütenessenzen aus.

Cayenne ist für alle Menschen hilfreich, die sich in irgendeiner Form festgefahren fühlen oder die die Energie für längst fällige Veränderungen nicht aufbringen können. Die Cayenne-Essenz hilft, »eingefleischte« Gewohnheiten zu durchbrechen und Trägheit zu überwinden. Menschen, die alles in *slow motion* machen oder lieber einen Umweg gehen, können mit Cayenne ihre Tatkraft und ihren Handlungswillen buchstäblich »anfeuern«.

So eignet sich Cayenne besonders als Kombinationsmittel mit anderen Essenzen. Immer wenn die ausgewählten Essenzen zwar die richtigen sind, sich aber nur sehr wenig Veränderung zeigt, kann mit der Cayenne-Essenz die nötige Energie hinzukommen, um einen tiefgehenden Wandlungsprozeß zu bewirken. Cayenne bringt Feuer in die Willenskraft, so daß eine Stagnation überwunden werden und eine notwendige Veränderung aktiv begonnen werden kann.

Differenzierung von ähnlichen Essenzen

Die *Tansy*-Essenz ist – im Unterschied zu Cayenne – ein Typmittel. Sie hilft faulen, trägen und sicherheitsbedürftigen Menschen, ihre Trägheit zu überwinden und ihr Leben endlich selbst in die Hand zu nehmen.

Bei der Bachblüte *Chestnut Bud* geht es um die Fähigkeit, aus Erfahrungen zu lernen und die nötigen Konsequenzen daraus zu ziehen, um nicht immer wieder die gleichen Fehler zu machen.

Blackberry fördert die Umsetzung der Gedanken und Wünsche in die Realität. Sie läßt die eigenen Grenzen durchbrechen und fördert Risikobereitschaft.

Während Cayenne Energie bringt, um Stagnation und Trägheit zu überwinden, bringt *Morning Glory* Frische und Kraft für die tägliche Arbeit. Morning Glory hat eine erneuernde und vitalisierende Wirkung auf jene Menschen, die in Abhängigkeit und Sucht leben.

Garlic
Knoblauch, Allium sativum

Knoblauch ist ein Liliengewächs. Er stammt ursprünglich aus Südeuropa und aus dem Orient, gedeiht aber als Kulturpflanze auf der ganzen Welt. Auf dem glatten Blütenstengel erscheint der weiße Blütenstand mit den kleinen sternförmigen Blüten. Der Knoblauch wird schon seit Jahrhunderten als Medizin und Nahrungsmittel verwendet.

Garlic hilft Menschen, die unter nervösen Ängsten und Unsicherheit leiden. Häufig handelt es sich um Menschen, die viel in der Öffentlichkeit auftreten, Lampenfieber haben und unter Erfolgszwang stehen. Durch die ständige Anspannung leidet das seelische und körperliche Abwehrsystem, die Betroffenen werden anfällig für Infektionskrankheiten.

Die reinigende, antiseptische Wirkung von Knoblauch in der Pflanzenheilkunde drückt sich auch in der Blütenessenz aus. Garlic steigert die seelische Abwehrkraft, die sich dann auch positiv auf den Körper auswirken kann. Garlic stärkt auch die Widerstandskraft von Menschen, die psychisch sehr labil sind und zum Beispiel in okkulten Praktiken fremde Wesenheiten und Energien anziehen und dann von ihnen »besessen« sind.

Die Garlic-Essenz fördert innere Stärke und Sicherheit und kann gut mit anderen Essenzen kombiniert werden, um die seelische Widerstandskraft aufzubauen.

Differenzierung von ähnlichen Essenzen

Die Bachblüte *Olive* gilt als allgemeine Stärkungsessenz bei seelischer und körperlicher Erschöpfung. Auch die Olive unterstützt im weitesten Sinne die Abwehrkräfte.

Mimulus ist die Bachblüte für alle Ängste, deren Ursachen bekannt sind, wie Prüfungsangst, Verlustangst etc. Garlic wird dagegen eher bei nervös bedingten Ängsten und bei Überängstlichkeit angewendet.

Penstemon
Bartfaden, Penstemon davidsonii

Penstemon ist wie sein direkter Verwandter Mountain Pride eine von ungefähr vierzig Penstemon-Arten, die an der Westküste Nordamerikas beheimatet sind. Es ist eine besonders kleine, dicht am Boden wachsende Sorte mit kleinen blauen Blüten. Penstemon gedeiht in großen Höhen, wo er auf kargem steinigem Boden den ganzen Sommer hindurch blüht.

Penstemon ist eine kraftvolle Essenz für jene Menschen, die sich in extrem schwierigen Lebensumständen befinden. Das kann eine tiefe Krise in einer Beziehung sein oder eine schwere Krankheit. Manche Menschen werden schon mit einer Behinderung geboren oder sind durch einen Unfall stark eingeschränkt. Allen gemeinsam ist, daß sie sich häufig vom Leben ungerecht behandelt fühlen und oft keine Kraft mehr haben, um diese außergewöhnlich harten Bedingungen zu meistern. Penstemon ist immer angezeigt, wenn Menschen das Gefühl haben, den Herausforderungen oder Prüfungen des Lebens nicht mehr gewachsen zu sein oder daran zugrunde zu gehen.

Penstemon kann in solchen Situationen sehr viel Kraft und Durchhaltevermögen geben. Diese Blüte hilft, die unabänderlichen Umstände anzunehmen, und öffnet die Seele für neuen Mut und Vertrauen in eine höhere Quelle der Kraft. Letztendlich kann der einzelne für sich erkennen, daß auch die schwierigsten Umstände und die härtesten Prüfungen dazu dienen, die Seele bei ihrem spirituellen Wachstum zu unterstützen.

Differenzierung von ähnlichen Essenzen

Auch bei *Mountain Pride* geht es darum, die Herausforderungen des Lebens anzunehmen. Die Lebensumstände sind bei Mountain Pride längst nicht so schwierig, aber der Mountain-Pride-Typ ist konfliktscheu und meidet die offene Konfrontation. Mountain Pride fördert eine »spirituelle Kampfbereitschaft«, die bereit ist, durch Grenzsetzung und positive Auseinandersetzung Klarheit zu schaffen.

Die Bachblüte *Oak* gibt jenen Menschen Kraft, die trotz widrigster Umstände nie aufgeben und bis zum Zusammenbruch weitermachen.

Self Heal

Kleine Brunelle, Prunella vulgaris

Self Heal gehört zur Familie der Lippenblütler (Minzen), der auch Basilikum, Rosmarin, Thymian und Lavendel zugeordnet werden. Die 5 bis 30 cm große Staude ist in ganz Europa heimisch und hat länglich-eiförmige Blätter und trägt auf einer Art Kopf mehrere blauviolette Blüten. Self Heal ist eine alte Heilpflanze, die man noch häufig auf Wiesen, Waldlichtungen und an Wegrändern findet. Der englische »Medicus und Physicus« Nicolaus Culpeper (17. Jahrhundert) beschrieb die kleine Brunelle als »in Eigenschaften und Wirksamkeit allen guten Zwecken dienlich«.

Der Name Self Heal (Selbstheilung) gibt schon einen direkten Hinweis auf die Wirkungsweise der Blütenessenz. Self Heal unterstützt das Vertrauen, aus eigener Kraft wieder gesund werden zu können. Die Essenz schenkt Selbstvertrauen und steigert die Motivation, vollständig gesund zu werden.

Self Heal ist vor allem für jene Menschen wichtig, die schon viele verschiedene Heilungsmethoden ausprobiert haben und bisher keine Linderung ihres Leidens finden konnten. Die Essenz stellt den Kontakt zu unserer inneren Quelle, zum »inneren Arzt« (Edward Bach), her und hilft, die Hintergründe und Ursachen der Krankheit zu verstehen. So bekommt man Klarheit über die verschiedenen Blockaden und negativen, geistigen Programmierungen, die die Gesundung hemmen können. Self Heal ermutigt Menschen, die das Gefühl haben, seelische und körperliche Gesundheit »nicht zu verdienen«.

Self Heal läßt sich gut mit anderen Essenzen kombinieren und wirkt dann als Verstärker und Katalysator der ganzen

Blütenmischung. In Kombination mit anderen Therapien und Heilmethoden wirkt Self Heal zentrierend und ausgleichend und hilft uns, Krankheit als Chance, zu wachsen und zu lernen, anzunehmen.

Self Heal ist kein Mittel gegen Krankheit an sich, aber es weckt die inneren Selbstheilungskräfte und öffnet die Quelle, aus der wahre Heilkraft strömt.

Differenzierung von ähnlichen Essenzen

Die Self-Heal-Essenz ähnelt in manchen Bereichen der Bachblüte *Gorse*, da auch hier Menschen genannt werden, die schon viele Heilungswege versucht haben. Gorse hat aber im Unterschied zu Self Heal die Betonung auf der Hoffnungslosigkeit, die mit einer lang andauernden Krankheit verbunden ist. Gorse wirkt also auf das Gefühl der Sinnlosigkeit – »man hat schon so viele Möglichkeiten probiert«.

Auch die Bachblüte *Olive* gibt Kraft für seelisch erschöpfte und körperlich schwache Menschen, unterstützt aber nicht wie Self Heal die Selbstheilung.

Tansy
Rainfarn, Tanacetum vulgare

Der Rainfarn ist ein Korbblütengewächs. Er ist in Europa und Asien verbreitet, man findet ihn auf Unkrautfluren, Schuttplätzen und an Bahndämmen. Die Pflanze hat farnähnliche Blätter, auf den kantigen Stengeln erscheinen ab Juli die halbkugeligen, gelben Körbchen, die in Trugdolden angeordnet sind.

Die Tansy-Essenz ist für Menschen hilfreich, die faul, träge und unentschlossen sind. Diese Faulheit hat nichts mit einer vorübergehenden Antriebslosigkeit zu tun, sondern ist bei manchen schon zu einem Charaktermerkmal geworden. Der Tansy-Typ ist sehr bequem, und obwohl er sich über die Notwendigkeit bestimmter Handlungen oder auch Entwicklungsschritte im klaren ist, kann er sich einfach nicht dazu aufraffen. Er ist schwerfällig und in seinen Entscheidungen sehr zögerlich. Häufig geht mit der Bequemlichkeit auch ein starkes Sicherheitsdenken einher. Der Tansy-Typ ist zufrieden mit dem, was er ohne große Anstrengung bekommen kann.

Es gibt auch viele Kinder, die für manche Entwicklungsschritte sehr lange brauchen, weil sie einfach zu bequem sind und kaum Ehrgeiz entwickeln.

Tansy gibt Tatkraft und Entschlossenheit. Mit dieser Essenz kann man notwendig gewordene Veränderungen in sich erkennen und die Trägheit überwinden. So entsteht die Möglichkeit, sofort aktiv zu werden und nicht so lange aufzuschieben, bis der Druck zu handeln groß genug geworden ist.

Differenzierung von ähnlichen Essenzen

Bei der Bachblüte *Hornbeam* geht es um Antriebsschwäche und geistige Müdigkeit. Was der Hornbeam-Typ jedoch nach langem Ringen angefangen hat, bringt er dann auch zu Ende.

Die *Hound's-Tongue*-Essenz ist für Menschen, die geistig träge sind, weil sie in ihrem Denken ganz auf die materielle, körperliche Ebene begrenzt sind. Hound's Tongue ermöglicht es dem einzelnen, seinen geistigen Horizont zu öffnen und auch spirituelle Wahrheiten in sein Weltbild zu integrieren.

5. Kreativität, Konzentration, intellektuelle Fähigkeiten

Blackberry
Filaree
Indian Paintbrush
Iris
Madia
Nasturtium
Peppermint
Rabbitbrush
Shasta Daisy

Blackberry

Brombeere, Rubus ursinus

Die Brombeere gehört zur Familie der Rosengewächse. Der Strauch wächst mit dornigen rankenden Ausläufern in ganz Europa, Asien und Nordamerika. Man findet die Brombeere an Waldrändern, auf Lichtungen und in Heiden. Sie trägt kleine rosa-weiße Blüten, aus denen im Spätsommer die schwarzen Beeren hervorgehen.

Blackberry bewirkt die Umwandlung kreativer Gedanken in Aktivität. Die Brombeeressenz hilft bei der Einsicht, daß die Gedanken unsere Wirklichkeit miterschaffen und daß ein Durcheinander an gegensätzlichen Gedanken das Leben chaotisch und erfolglos machen kann. Die Essenz unterstützt die schöpferische Gedankenkraft, löst erstarrte Strukturen und steigert die Vitalität. Sie wirkt wie ein Katalysator, der gedankliche Verwirrung und geistige Trägheit auflöst und die Willenskraft stärkt, so daß Vorstellungen und Ideen in die Tat umgesetzt werden können. Blackberry unterstützt den einzelnen bei der Verwirklichung seiner Ziele.

Blackberry ist auch hilfreich für Menschen, die sich in ihrer Ausdruckskraft festgefahren fühlen und sich nicht trauen, die eigenen Grenzen zu überschreiten. Sie haben Angst vor dem Tod, aber auch Angst vor dem Leben. Viele Kinder zwischen dem achten und zehnten Lebensjahr setzen sich mit dem Thema der Brombeeressenz auseinander: »Was ist das Leben? Was wird aus mir?«

Differenzierung von ähnlichen Essenzen

Während Blackberry die Umsetzung der Gedanken in Handlung fördert, hilft die Bachblüte *Wild Oat*, aus verschiedenen Möglichkeiten die richtige auszuwählen und so die wahre Lebensaufgabe zu finden. Wild Oat schenkt Zielstrebigkeit und Entscheidungskraft.

Geistige Trägheit behandelt auch die Bachblüte *Hornbeam*. Bei Hornbeam liegt jedoch der Schwerpunkt auf der Förderung von Antriebskraft und Motivation.

Blackberry stellt die Energie zur Verfügung, Gedanken umzusetzen und Grenzen zu überschreiten, *Shasta Daisy* bewirkt, daß diese Energie Ordnung und Orientierung erhält.

Bei *Peppermint* geht es um Wachheit und Aufmerksamkeit im Geiste, während Blackberry bei der Umsetzung der Gedanken und Wünsche hilft.

Filaree

Gemeiner Reiherschnabel, Erodium cicutarium

Der Reiherschnabel gehört zur Familie der Storchschnabelgewächse. Die zirka 40 cm große Pflanze wächst auf Schuttplätzen, Trockenrasen und an Wegrändern. An rauhhaarigen rötlichen Stengeln trägt sie kleine purpurfarbene Blüten. Der deutsche Name bezieht sich auf die Schnabelform der Früchte.

Die Filaree-Essenz ist sehr hilfreich für Leute, die sich von der Last des Tages überfordert fühlen und die sich daher um jede Kleinigkeit große Sorgen machen. Sie neigen dazu, sich völlig zu verzetteln, wollen alles richtig und genau machen und verlieren dabei den Überblick. Am Ende des Tages ist der Filaree-Typ völlig ausgelaugt, er hat den Eindruck, andauernd gearbeitet, aber dabei nichts Wesentliches geschafft zu haben.

Filaree unterstützt die Fähigkeit, Wichtiges von Unwichtigem zu unterscheiden und in der Bewältigung des Alltags richtige Prioritäten zu setzen. Die Essenz hilft, zu den alltäglichen Problemen und zu sich selbst etwas Abstand zu gewinnen. So können die Dinge in einem größeren Zusammenhang gesehen werden, und der Mensch kann innerlich zu mehr Ruhe und Gelassenheit finden.

Differenzierung von ähnlichen Essenzen

Auch der *Hornbeam*-Typ (Bachblüte) fühlt sich vom Alltag überfordert und kann nur schwer den Tag beginnen. Im Unterschied zu Filaree fehlt dem Hornbeam-Typ jedoch nur die Antriebskraft. Hornbeam-Menschen können eine einmal begonnene Tätigkeit konsequent zu Ende führen.

Die Bachblüte *Elm* dagegen behandelt lediglich eine vorübergehende Überforderung. Der Elm-Typ kann an sich sehr viel bewältigen, aber aufgrund einer Situation, in der vieles gleichzeitig zu beachten ist, kommt es zum Gefühl der Unfähigkeit und Überlastung.

Bei der *Rabbitbrush*-Essenz geht es auch um die Bewältigung von vielseitigen Problemen. Es handelt sich jedoch nicht wie bei Filaree um die Bewältigung der alltäglichen Probleme. Rabbitbrush ist vielmehr eine Essenz für den »zerstreuten Professor«, der aus einer Fülle von Einzelheiten ein großes Ganzes machen muß.

Indian Paintbrush

Indianischer Malpinsel, Castilleja miniata

Der Indianische Malpinsel gehört zur Familie der Braun-
wurzgewächse. Es gibt über 200 Arten dieser Pflanze in
Nordamerika, die nur schwer zu unterscheiden sind. Sie
gedeiht auf Bergwiesen und in Wäldern im Westen der
USA. Der Malpinsel ist eine halbe Parasitenpflanze, die
sich über ihre Wurzeln zum Teil von ihrer Wirtspflanze
(zum Beispiel die Eiche) ernährt.

Indian Paintbrush unterstützt, wie der Name schon andeutet, die Kreativität im weitesten Sinne. Die Indian-Paintbrush-Essenz kann allen Menschen dienlich sein, die sich in
irgendeiner Weise schöpferisch betätigen, zum Beispiel Ma-
ler, Bildhauer, Töpfer, Designer, Gärtner oder Architekten.

Bei jeder kreativen Tätigkeit tritt in der Regel eine Schaf-
fenspause ein, die Ideen lassen auf sich warten, und auch
die Qualität der Arbeit leidet. Der Indian-Paintbrush-Typ
fühlt sich auch körperlich müde und ausgelaugt und hat
keinen Spaß mehr an der Arbeit. Die Indian-Paintbrush-Essenz kann die Intensität der Schaffenskraft aufrechterhalten oder wieder zurückbringen. Man kann sich mit neuer
Kraft und Energie seiner Arbeit zuwenden und so die
Frustration überwinden, die mit dem Ausbleiben der kreativen Gedanken einhergeht. Indian Paintbrush bringt die
Willenskraft zurück, das Projekt zu vollenden, und schenkt
Ausdauer und Vitalität im schöpferischen Ausdruck.

Diese Essenz kann auch alle unterstützen, die mit der
Qualität ihres schöpferischen Ausdrucks unzufrieden sind
und fühlen, daß es ihrer Arbeit an Substanz fehlt. Die Blüte
des Indian Paintbrush erdet die kreative Energie und
bringt Tiefe und Ausdruckskraft in die Arbeit.

Differenzierung von ähnlichen Essenzen

Während die Indian-Paintbrush-Essenz die Intensität der schöpferischen Tätigkeit aufrechterhält, öffnet die *Iris* für die Inspiration und die Strömungen der Kunst. Die beiden Essenzen können gut miteinander kombiniert werden, um jede Kreativität zu fördern.

Blackberry beschränkt sich nicht nur auf die Umsetzung der schöpferischen Kraft, sondern sie hilft generell bei der Umsetzung von Wünschen und Vorstellungen. Außerdem ermöglicht sie die Überschreitung selbstgesteckter Grenzen.

Iris

Iris, Iris douglasiana

Die Iris gehört zur Familie der Schwertliliengewächse. Sie stammt ursprünglich aus dem Mittelmeergebiet, von wo die Römer sie über die Alpen brachten. Man findet die Iris auf Sumpfwiesen, in Flachmooren und lichten Wäldern. Ihren Namen hat die Iris von der griechischen Göttin des Regenbogens. Auf den grau-grünen schwertartigen Blättern entfalten sich in etwa 1 m Höhe die tiefblauen, stark geäderten Blüten, die am Blütengrund gelb werden. Als universelle Heilpflanze hatte die Iris einen festen Platz in den alten Klostergärten.

Die Iris ist die Blüte der Inspiration. Sie ist eine heilsame Essenz für Menschen, die sich in ihrem schöpferischen Ausdruck frustriert oder gehemmt fühlen. Es handelt sich hier um Menschen, die vielleicht einmal kreativ tätig waren und jetzt keinen Zugang mehr zu dieser Kraft finden. Sie fühlen sich ausgetrocknet und leer, und sie trauen sich nicht, ihre schöpferische Kraft zu erleben.

Die Iris-Essenz öffnet die Seele für die Strömungen der Kunst und hilft, diese umzusetzen. Der Mensch kann das Schöne und Ästhetische wieder in sich finden und es auch in der Außenwelt zum Ausdruck bringen.

Die Iris-Essenz kann ganz universell eingesetzt werden, um Kreativität und Phantasie in die alltägliche Arbeit zu bringen. Sie schafft Farbe und Reichtum im Seelenleben, wo es sonst in Routine und Automatismus zu ersticken droht.

Differenzierung von ähnlichen Essenzen

Die Iris-Essenz öffnet für die Inspiration. Die *Indian-Paint-brush*-Essenz dagegen ermöglicht es, die Intensität der kreativen Tätigkeit aufrechtzuerhalten und bei der Sache zu bleiben.

Blackberry unterstützt ebenfalls die Umsetzung von Vorstellungen und Ideen, beschränkt sich aber nicht nur auf den kreativen Bereich.

Madia
Madia, Madia elegans

Die Madia gehört zur Familie der Korbblütler und ist in Kalifornien beheimatet. Die einjährige Pflanze blüht den ganzen Sommer über. Auf den gelben Blütenblättern befinden sich kleine rote Flecken, die nach innen hin dichter werden. Die Madia hat die Eigenschaft, in der Mittagszeit ihre Blütenblätter zur Mitte hin einzurollen, so als würde sie in der Mittagshitze ihre Kraft im Zentrum sammeln.

Die Madia-Blüte fördert die Konzentration und die Sammlung. Der Madia-Typ kann sich nur schwer konzentrieren, läßt sich leicht ablenken und kann nicht gezielt und produktiv arbeiten. Ihm fehlt die nötige Disziplin, ein Projekt konsequent zu verfolgen und bei der Sache zu bleiben.

Madia hilft nicht nur bei Konzentrationsschwäche, sondern sie kann auch gut bei dem vorübergehenden Gefühl der Verwirrung, bei geistiger Schwerfälligkeit und bei Lustlosigkeit eingesetzt werden. Solche Zustände treten häufig auf, wenn das Wetter sehr heiß und schwül ist und man geistig stumpf und träge wird.

Die Madia-Essenz zentriert das seelische und geistige Erleben und erhöht die Fähigkeit, die Aufmerksamkeit auf einen Punkt zu konzentrieren.

Differenzierung von ähnlichen Essenzen

Auch die Bachblüte *Clematis* unterstützt die Konzentration und erhöht die Aufmerksamkeit für die gegenwärtige Situation. Im Unterschied zur Madia neigt der Clematis-Typ dazu, in Streßsituationen in eine Traumwelt zu fliehen und geistig abzuheben.

Bei *White Chestnut* (Bachblüte) geht es auch um Sammlung und Konzentration. Der Schwerpunkt liegt hier aber auf der Beruhigung des Geistes, wenn der Kopf nicht mehr abschalten kann.

Der *Scleranthus*-Typ (Bachblüte) kann sich, wie auch der Madia-Typ, nicht auf eine Sache konzentrieren und verliert schnell die Lust daran. Im Unterschied zu Madia ist der Scleranthus-Typ generell starken Stimmungsschwankungen unterworfen und kann sich auch nur schwer entscheiden.

Nasturtium
Kapuzinerkresse, Tropaeolum majus

Die Kapuzinerkresse gehört in die Familie der Kapuziner-
gewächse. Sie stammt ursprünglich aus Peru, die spanischen Eroberer brachten sie mit nach Europa. An dünnen,
runden Stengeln mit schildförmigen Blättern leuchten die
glockenförmigen Blüten in Orange und Rot. Die Indianer
legten die frischen Blätter auf schlecht heilende Wunden.
Nasturtium hilft jenen Menschen, die ihre intellektuellen
Fähigkeiten zu sehr betonen und darüber den emotionalen und körperlichen Aspekt des Selbst vernachlässigen.
Nasturtium ist eine wichtige Essenz für Studenten und alle
Leute, die in ihrer Tätigkeit hauptsächlich mit dem Kopf
arbeiten und viel analysieren und lernen müssen. Der
Nasturtium-Typ ist häufig ein trockener, rein verstandes-
betonter Mensch, der wenig Vitalität ausstrahlt. Durch die
Überbetonung des Intellekts ist das Gefühlsleben »einge-
trocknet«, und dem Körper fehlt es an Frische und Spann-
kraft. Manchmal reagiert der Körper auch mit Erschöpfung und Müdigkeit, obwohl sich der Betroffene nur geistig angestrengt hat.
Die Kapuzinerkresse bringt Vitalität und Frische für die
verstandesbetonten Menschen und läßt sie erkennen, daß
es wichtig ist, zur rein intellektuellen Tätigkeit einen Ausgleich zu schaffen. Das kann eine sportliche Betätigung
oder eine Arbeit sein, die die Verbindung zur Erde (wie
Gartenarbeit, Töpfern etc.) wiederherstellt. Für den Nasturtium-Typ ist es wichtig, nicht nur im theoretischen
Bereich zu glänzen, sondern sich auch um die praktische
Umsetzung zu bemühen.
Nasturtium ist auch angezeigt bei Menschen, die sich nach

der Meditation müde und ausgelaugt fühlen anstatt erfrischt und voller Energie.

Differenzierung von ähnlichen Essenzen

Auch *Star Tulip* unterstützt sehr verstandesbetonte und vernünftige Menschen. Bei Star Tulip geht es jedoch darum, den Zugang zur Intuition und zur inneren Stimme herzustellen. Star Tulip macht das Innenleben sanft und läßt die Träume verstehen.

Aloe Vera ist eine Essenz für Menschen, die ihre gesamte schöpferische Energie einsetzen und dabei das Ruhebedürfnis ihres Körpers, aber auch ihr Gefühlsleben völlig ignorieren. Das Gefühl des »Ausgebranntseins« ist häufig die Folge.

Peppermint
Pfefferminze, Mentha piperita

Es gibt viele wildwachsende Pfefferminzarten in Europa. Die besonders heilkräftige Edelminze (Mentha piperita) wird aber ebenso als Kulturpflanze angebaut. Diese Minze wächst auch in Asien und Nord- und Südamerika. Die Peppermint gehört zu den Lippenblütlern. Auf kantigen rötlichen Stengeln bilden sich die Scheinähren mit den rosa-violetten Blüten. Die Minze ist uns vor allem als altes Küchen- und Heilkraut bekannt.

Die Peppermint-Essenz bewirkt geistige Klarheit und ein waches Bewußtsein. Sie ist vor allem für jene Menschen hilfreich, die geistig schwerfällig und lethargisch sind. Peppermint stimuliert die intellektuellen Fähigkeiten, so daß das Denken vitaler und beweglicher werden kann.

Die Essenz erfrischt den Geist und wirkt sich positiv auf Vernunft und klares Denken aus. Überall, wo viel geistig gearbeitet wird (am Schreibtisch oder bei langen Besprechungen), hilft Peppermint bei Konzentrationsabfall und Gedächtnisschwäche.

Die Blüte der Pfefferminze ist auch eine gute Studien- und Lernhilfe. Sie fördert eine größere Aufmerksamkeit und verhilft zu einem aktiven, beweglichen Geisteszustand.

Differenzierung von ähnlichen Essenzen

Die Bachblüte *Hornbeam* behandelt auch geistige Müdigkeit und Antriebslosigkeit. Bei Hornbeam wird dieser Zustand aber durch dauernde Routinearbeiten verursacht, in denen der geistige Bereich total vernachlässigt wird.

Die *Blackberry* unterstützt die Umsetzung von Ideen und Wünschen in die Tat, während die Peppermint geistige Frische und Aufmerksamkeit bewirkt.

Die *Nasturtium* wirkt der mit rein geistiger Tätigkeit einhergehenden Erschöpfung und körperlichen Müdigkeit entgegen. Peppermint dagegen unterstützt den Studierenden generell in seinen intellektuellen Fähigkeiten.

Rabbitbrush
Hasenbürste, Chrysothamnus nauseosus

Der Rabbitbrush-Busch stammt aus der Familie der Korbblütler, man findet ihn vor allem im Westen der USA. Die
Büsche werden zwischen 60 cm und 180 cm groß. Er blüht
in vielen kleinen gelben Blüten von August bis Oktober.
Die Navajo-Indianer verwenden die Zweige und Blüten,
um Farbstoffe in verschiedenen Gelbtönen zu gewinnen.
Rabbitbrush ist die Essenz für den »zerstreuten Professor«,
der seine Aufmerksamkeit vielen verschiedenen Details
widmen muß und dabei das große Ganze nicht aus den
Augen verlieren darf. Rabbitbrush verbindet die scheinbar
gegensätzlichen Fähigkeiten, einerseits Konzentration und
Augenmerk auf das Detail zu richten, andererseits nicht
den Überblick über die große Gesamtheit zu verlieren.
Viele moderne Tätigkeiten erfordern die Verbindung dieser beiden Aspekte, beispielsweise die Führung eines Un-
ternehmens. Die Rabbitbrush-Essenz stärkt den einzelnen
darin, seinen Horizont zu erweitern und gleichzeitig einer
Fülle von Einzelheiten die volle Aufmerksamkeit zu widmen. Die Blüte schenkt ein aktives, waches Bewußtsein und
erhöht die geistige Flexibilität.

Differenzierung von ähnlichen Essenzen

Auch die *Shasta Daisy* gehört zur Familie der Korbblütler
und behandelt das Thema der Integration. Bei der Shasta
Daisy geht es darum, aus vielen angesammelten Ideen für
sich selbst eine Synthese zu entwickeln, während Rabbitbrush dazu befähigt, mit vielschichtigen Situationen und
Aufgaben umzugehen.

Die *Madia*-Essenz hingegen spricht nur die Fähigkeit zur Sammlung und Konzentration an. Sie ermöglicht dem einzelnen, Unwichtiges beiseite zu lassen und sich ganz auf einen Schwerpunkt zu konzentrieren.

Die Bachblüte *Elm* behandelt das Gefühl der Überforderung und Unfähigkeit, das mit der Organisation vieler Dinge verbunden ist. Sie kann deshalb gut mit der Rabbitbrush-Essenz kombiniert werden.

Shasta Daisy
Margerite, Chrysanthemum maximum

Die hohe weiße Sommermargerite stammt von der einfachen Wiesenwucherblume ab und gehört in die Familie der Korbblütler. Sie wächst auf Wiesen, in trockenen Gebüschen und in lichten Wäldern. Die Blütenköpfe haben außen einen weißen Strahlenkranz aus Zungenblüten und innen ein gelbes Köpfchen aus Röhrenblüten.

Shasta Daisy ist sehr hilfreich für Menschen, die viel mit dem Kopf arbeiten, wie Lehrer, Studenten, Wissenschaftler, Schriftsteller. Sie unterstützt Menschen, die ein großes Wissen und viele Einzelinformationen angesammelt haben, dieses zu einer verständlichen Gesamtheit zusammenzufügen. Shasta Daisy fördert ein ganzheitliches Denken, wenn man dazu neigt, die Dinge nur in einzelnen Aspekten zu sehen.

Sie unterstützt auch ganz allgemein Ordnung und Organisation; sie kann gut eingesetzt werden, wenn man das Bedürfnis hat, Ordnung in seiner Umgebung und in sich selbst zu schaffen.

Während einer Psychotherapie werden oft viele seelische Erfahrungen in ihre einzelnen Bestandteile zerlegt. Hier kann Shasta Daisy die Heilung unterstützen, indem sie der Seele hilft, aus den vielen Einzelaspekten heraus zu einem neuen Selbst zu finden.

Differenzierung von ähnlichen Essenzen

Auch die Bachblüte *Elm* unterstützt die Fähigkeit, zu organisieren und zu ordnen. Jedoch liegt der Schwerpunkt bei Elm auf dem Gefühl der Überforderung und nicht wie bei Shasta Daisy auf der Synthese von vielen Details.

Die *Madia*-Essenz fördert die Konzentrationsfähigkeit und die Disziplin, um ein Projekt zu Ende zu bringen, während die Shasta Daisy die Integration vieler Einzelheiten und deren Ordnung unterstützt.

Rabbitbrush verbindet die Fähigkeit zur Konzentration mit der Fähigkeit, das »große Ganze« zu überblicken und damit umzugehen.

6. Intuition, Spiritualität, Traum

California Pitcher Plant
Chaparral
Hound's Tongue
Lotus
Mugwort
Star Tulip

California Pitcher Plant

Kalifornische Schlauchpflanze, Darlingtonia californica

Die Kalifornische Schlauchpflanze gehört zur Familie der Sarraceniaceae. Sie gedeiht in den Sumpfgebieten Nordkaliforniens und wird zwischen 20 und 60 cm groß. Die insektenfressende Pflanze fängt ihre Beute in aufrechtstehenden, gelblichgrünen schlauchartigen Laubblättern. Von April bis Juni trägt die Darlingtonia kleine purpurfarbene geäderte Blüten, die außen von gelben Kelchblättern umgeben sind.

Bei der Essenz der California Pitcher Plant geht es um einen ausgewogenen Umgang mit Instinkten und Trieben. Der California-Pitcher-Plant-Typ sieht die triebhaften Bedürfnisse des Menschen als »niedrig« oder »minderwertig« an und fürchtet sich vor ihnen, daher klammert er sie aus seinem Leben aus. Er lebt nur aus dem Intellekt heraus und hat wenig Vitalität und Antriebskraft. Häufig zeigt sich nicht nur eine seelische, sondern auch eine körperliche Unfähigkeit, »fremde Elemente« zu verdauen (fleischfressendes Gewächs!).

Interessanterweise ist die California Pitcher Plant aber auch dann angezeigt, wenn die Instinkte und das Triebhafte im Menschen völlig unreflektiert und unkontrolliert zum Ausdruck kommen. Die instinkthaften Bedürfnisse machen sich selbständig und verlangen nach unmittelbarer Befriedigung, was sich vor allem in einem exzessiven Sexualleben manifestieren kann.

Die Essenz stellt die Verbindung zwischen Intellekt und Trieb, zwischen Geist und Instinkt her. Die Instinkte werden auf harmonische Weise angenommen und integriert;

daraus folgt, daß sie weder stark unterdrückt noch übermäßig ausgelebt werden. Körper und Geist werden angeregt, und damit wird auch die Lebenskraft unterstützt.

Differenzierung von ähnlichen Essenzen

Der *Black-Eyed-Susan*-Typ fürchtet sich nicht nur vor seinen Trieben, sondern vermeidet ganz allgemein die Begegnung mit der Schattenseite seiner Persönlichkeit. Bei der Black-Eyed-Susan-Essenz geht es nicht um die Synthese von Geist und Instinkt, sondern um die Aufdeckung der unterdrückten, dunklen Aspekte der Seele.

Auch mit *Sticky Monkeyflower* kann man ein unausgewogenes, extremes Intimleben ausbalancieren. Hier liegt jedoch der Schwerpunkt ausschließlich im Bereich der Sexualität, während die California Pitcher Plant allgemein die niederen Triebe und Bedürfnisse reguliert.

Der *Trillium*-Typ fordert ebenfalls die sofortige Erfüllung seiner Wünsche und Bedürfnisse, aber im Unterschied zum California-Pitcher-Plant-Typ ist er auch noch habgierig und machthungrig. Bei Trillium geht es in erster Linie um die Bereiche Macht und Besitz und um die Entwicklung von Selbstlosigkeit und Dienen.

Chaparral
Jochblatt, Larrea species

Chaparral gehört zur Familie der Jochblattgewächse. Man findet die Wüstenpflanze in Utah, Texas und Mexiko. Chaparral ist ein stark riechender, harziger immergrüner Strauch mit olivgrünen fleischigen Blättern. Im Frühjahr trägt er kleine gelbe Blüten, deren Blätter an das Rad einer Windmühle erinnern. Chaparral wird vor allem von den Indianern wegen seiner antiseptischen Wirkung verwendet.

Chaparral ist eine Reinigungsessenz für die Psyche. Diese Reinigung findet hauptsächlich während des Träumens statt. Häufig ist es nur im Traum möglich, verwirrende und bedrohliche Themen zu verarbeiten, die für das Wachbewußtsein zu stark oder zu aufwühlend wären. Chaparral erfüllt hier eine wichtige Reinigungsfunktion, wenn die Seele des einzelnen mit Bildern von Gewalt und Brutalität belastet ist, sei es aus eigenem Erleben oder durch Eindrücke aus den Medien.

Chaparral kann bei der psychischen Entgiftung nach Drogenmißbrauch sehr hilfreich sein. Die Essenz ermöglicht es, im Traum auf eine tiefere Ebene des Bewußtseins vorzudringen, um dort verdrängte Traumata und andere belastende psychische Erfahrungen zu verarbeiten.

Die Chaparralblüte kann sehr vielseitig für die Traumarbeit eingesetzt werden.

Differenzierung von ähnlichen Essenzen

Crab Apple ist die Reinigungsessenz unter den Bachblüten. Diese Essenz wird bei Angst vor innerer Unreinheit eingesetzt und wenn ein Mensch unfähig ist, mit dem »erdigen«

Element umzugehen. Auf der psychischen Ebene nimmt sie nur die Angst vor dem Unreinen, während Chaparral tief zu dem »seelischen Müll« vordringt.

Auch die *Mugwort*-Essenz wird unter anderem als Traumessenz eingesetzt. Mugwort ist für jene Menschen hilfreich, die überhaupt keinen Zugang zu ihrem Unterbewußtsein haben und sich nicht an Träume erinnern können.

Die *Star-Tulip*-Essenz macht ebenfalls empfänglicher für die unbewußten und intuitiven Vorgänge der Seele. Während Chaparral den »psychischen Müll« ins Bewußtsein bringt, hilft Star Tulip den übermäßig vernünftigen Menschen, sich der spirituellen und intuitiven Seite zu öffnen.

Hound's Tongue
Hundszunge, Cynoglossum grande

Die Hundszunge gehört zur Familie der Rauhblattgewächse. Man findet sie auf sandigem Boden und am Wegesrand. Die Blätter erinnern wegen ihrer pelzigen Behaarung an die Zunge eines Hundes. Die Hundszunge bildet kleine leuchtendblaue Blüten, die in der Mitte einen weißen Kranz haben. Die Pflanze verströmt einen unangenehmen Geruch, der Wühlmäuse aus dem Garten fernhalten kann. Die Hound's-Tongue-Essenz ist hilfreich für Menschen, die ihre Wahrnehmung und ihre Lebenseinstellung auf eine rein materielle, körperliche Ebene reduziert haben. Der Hound's-Tongue-Typ glaubt nur, was er sehen und anfassen kann. Sein Interesse gilt nur der materiellen Welt, in der er alles berechnen und bestimmen kann. Wahrnehmungen auf einer anderen, geistigen oder seelischen Ebene machen ihm angst, weil er nicht damit umgehen kann. Häufig ist der Hound's-Tongue-Typ in seinen Ansichten unbeweglich und stumpf. Er ist gefangen in seiner Körperbezogenheit, und seine Vitalität ist stark eingeschränkt.

Hound's Tongue hebt das Denken auf eine höhere Ebene und öffnet das Bewußtsein für seelische und geistige Wirklichkeiten. Dadurch wird ein zunehmend spirituelles Verstehen der sichtbaren Wirklichkeit möglich, es eröffnen sich neue Perspektiven. Die Hound's-Tongue-Essenz fördert eine philosophische, geistige Weltanschauung und macht jene Menschen wieder »neugierig« und geistig leichter und wendiger, die ihre Sichtweise auf die materielle Welt festgelegt hatten.

Differenzierung von ähnlichen Essenzen

Bei der Bachblüte *Rock Water* ist die Lebenseinstellung auch starr und festgelegt. Im Unterschied zu Hound's Tongue bezieht sich diese Inflexibilität auf starre Prinzipien und überhöhte Ansprüche an sich und andere.

Die *Mugwort*-Essenz macht ebenfalls aufnahmefähiger und empfänglicher. Hier geht es jedoch nicht um die Integration geistiger Wahrheiten, sondern um die Aufmerksamkeit gegenüber den Vorgängen im unbewußten Bereich der Seele. Mugwort öffnet das Bewußtsein für die Traumwelt und die Vorgänge während der Nacht.

Star Tulip hilft Menschen, die zu verstandesbetont, zu vernünftig sind, sich dem intuitiven und empfänglichen Anteil ihrer Persönlichkeit zu öffnen. Sie macht das Innenleben sanfter und erhöht das Bewußtsein für Meditation und Träume.

Lotus

Lotus, Nelumbo nucifera

Der Lotus ist ein Mitglied der Seerosenfamilie. Er war ursprünglich in Asien und Australien beheimatet. Die Pflanze wurzelt im schlammigen Boden eines Teiches und entfaltet auf der Wasseroberfläche kreisrunde Blätter, die bis zu 1 m Durchmesser haben können. Die einzelnen rosafarbene Blüten haben viele wachsartige Blütenblätter. Der Lotus ist seit Jahrtausenden in der orientalischen Tradition eine heilige Pflanze. Im Buddhismus stellt die Lotus-Blüte die spirituelle Entfaltung dar.

Die Lotusessenz bezieht sich auf alles, was im weitesten Sinne mit Meditation, Verinnerlichung und Selbsterkenntnis zu tun hat. Lotus läßt sich gut einsetzen, um die Aufnahmebereitschaft während der Meditation zu verstärken und um das Bewußtsein auf eine höhere Stufe zu heben. Lotus erleichtert die Selbsterkenntnis und die Fähigkeit, über sich selbst hinauszuwachsen.

Im allgemeinen hat die Lotus-Essenz aber eine Katalysatorfunktion. Das heißt, sie wird eingesetzt, um Essenzenmischungen, die Gegensätzliches behandeln, auszugleichen und miteinander zu verbinden. Bei Essenzen, die sehr viel alten Kummer und Schmerzen ins Bewußtsein bringen können (wie Fuchsia, Black-Eyed-Susan, Golden Ear Drops), wirkt die Lotus-Essenz stabilisierend und harmonisierend.

Der Lotus kann auch hilfreich sein, um Blütentherapie mit anderen Therapien (wie Farbtherapie, Akupunktur etc.) und Heilmethoden zu verbinden.

Differenzierung von ähnlichen Essenzen

Auch die *Self Heal* kann eingesetzt werden, um Mischungen aus verschiedenen tiefgehenden Essenzen harmonisch miteinander zu verbinden. In erster Linie regt Self Heal jedoch die inneren Selbstheilungskräfte an und schafft so eine gute Basis für weiterführende Blütentherapie.

Die *Yerba-Santa*-Essenz kann genauso verwendet werden wie die Lotus-Essenz, wenn die Wirkung aufwühlender Blütenessenzen aufgefangen und stabilisiert werden soll. Ansonsten geht es bei Yerba Santa jedoch um die Auflösung einer verinnerlichten Traurigkeit und Melancholie.

Eine weitere Katalysatoressenz ist die *Cayenne*-Blüte. Im Unterschied zu Lotus schenkt Cayenne die Kraft, Trägheit und alte Gewohnheiten zu überwinden, und ermöglicht auf diese Weise anderen Essenzen, ihre Wirkung voll zu entfalten.

Mugwort

Beifuß, Artemisia douglasiana

Der Beifuß gehört zur Familie der Korbblütengewächse. Er gedeiht in ganz Europa und ist auch in Asien, Nord- und Südamerika verbreitet. Man findet den Beifuß an Wegrändern und auf Kieshalden. Die rötlichen, filzigen, stark verästelten Stengel der Pflanze bilden einen Busch, der bis zu 2 m hoch werden kann. An ihren Enden sitzen in länglichen Rispen die gelb-bräunlichen Blütenköpfchen. Der Beifuß gehört zu den alten Heil- und Zauberkräutern, die schon seit Jahrhunderten im Gebrauch sind.

Mugwort steht in Beziehung zu allem, was während der Nacht in uns vorgeht. Mugwort ist also eine wichtige Essenz für Menschen, die sich überhaupt nicht an ihre Träume erinnern können oder die sogar behaupten, sie würden gar nicht träumen. Mugwort steigert die Erlebnisfähigkeit der Träume, so daß der einzelne größere Bewußtheit über sich selbst und die täglichen Probleme erhalten kann.

Die Mugwort-Essenz ermöglicht den Übergang zwischen Wach- und Traumbewußtsein und ist deshalb sehr hilfreich bei verschiedenen Meditationstechniken, bei Autosuggestion und Imagination. Sie harmonisiert extreme psychische Zustände wie Hysterie und Hyperemotionalität, die auftreten können, wenn die »Mondkräfte« zu stark gelebt werden.

Differenzierung von ähnlichen Essenzen

Wie Mugwort kann auch *Star Tulip* eine gute Traumessenz sein. Im Unterschied zu Mugwort unterstützt Star Tulip sehr verstandesorientierte Menschen dabei, ihre intuitive und empfängliche Seite zu entdecken.

Auch *Chaparral* ist hilfreich für die Traumarbeit. Diese Essenz hat jedoch mehr eine reinigende Wirkung, sie hilft, bedrängende Erlebnisse oder psychische Traumata während des Träumens zu verarbeiten.

Star Tulip
Katzenohr, Calochortus tolmiei

Das Katzenohr gehört zur Familie der Liliengewächse und ist eine Verwandte von Mariposa Lily. Auch sie gedeiht während der Regenzeit auf sandigem bis schlammigem Boden. Man findet sie in der Steppen- und Berglandschaft von Südostkalifornien. Wegen der innen behaarten Blütenblätter erinnert ihr Aussehen an ein Katzenohr.

Star Tulip hilft den verstandesbetonten, vernünftigen Menschen, sich für den Bereich der Gefühle und der Intuition zu öffnen. Sie ist vor allem für jene hilfreich, die sich wünschen, mit ihrer inneren Stimme oder mit ihrem »höheren Selbst« in Kontakt zu kommen. Star Tulip verleiht die Fähigkeit zum Meditieren und zum Beten. Die Essenz läßt die Bedeutung der Träume verstehen und ermöglicht so den Kontakt zu den »Botschaften der Seele«.

Star Tulip hat einen direkten Bezug zum weiblichen Aspekt der Persönlichkeit, zur sogenannten »Anima«. Die Blüte kann deshalb Männer gut unterstützen, die ihre weiche, empfängliche Seite bisher ganz verdrängt hatten und sich jetzt unfähig fühlen, auf ihre Gefühle und innersten Bedürfnisse zu hören. Auch Frauen, die sehr rational und »kopflastig« sind, können mit der Star-Tulip-Essenz ihre intuitive und empfängliche Weiblichkeit wiederfinden.

Star Tulip macht das Innenleben sanft und erhöht die Aufnahmebereitschaft für Inspiration und Intuition.

Differenzierung von ähnlichen Essenzen

Auch die *Pomegranate*-Essenz stellt den Kontakt zu den weiblichen Anteilen der Seele her. Im Unterschied zu Star

Tulip behandelt Pomegranate jedoch mehr das Thema der weiblichen Kreativität: durch die Gründung einer Familie oder durch den Ausbau der beruflichen Karriere.

Während die Star-Tulip-Essenz den verstandesbetonten Menschen die Bereiche der Intuition öffnet, hilft die *Mugwort*-Essenz dabei, die Vorgänge im Unterbewußtsein zu entdecken, und unterstützt den einzelnen, sich seiner Träume zu erinnern.

7. Körper, Sexualität, Geschlechterrollen

Basil
Dandelion
Manzanita
Mariposa Lily
Mountain Pride
Pomegranate
Quince
Sticky Monkeyflower
Sunflower
Tiger Lily

Basil
Basilikum, Ocimum basilicum

Das Basilikum kommt ursprünglich aus Indien und gedeiht daher nur in frostfreiem Klima. Es gehört zur Familie der Lippenblütler und hat kleine weiße Blüten. Bekannt ist das Basilikum vor allem als Würzkraut wegen seines kräftigen, aromatischen Geschmacks. Es wird auch in der Aromatherapie eingesetzt.

Die Basil-Essenz hat die Eigenschaft, Gegensätzliches zu verbinden, es geht dabei vor allem um die Verbindung von Spiritualität und Sexualität. Menschen auf der Suche nach spiritueller Entwicklung sind häufig der Meinung, daß ein geistiger Lebensstil die Sexualität ausschließe. Man glaubt, daß die sexuellen Energien und Kräfte so niedrig sind, daß sie einer spirituellen Entwicklung im Wege stehen. Es geht sogar so weit, daß manche annehmen, Sexualität und Spiritualität schlössen einander aus. Manche Menschen geraten in große Konflikte, weil sie sich an geistig hochstehenden Persönlichkeiten orientieren, die der Sexualität entsagt haben. Der Basil-Typ möchte ein enthaltsames, reines Leben führen und schränkt sein Leben auf eine Weise ein, ohne im Inneren eine entsprechende Entwicklungsstufe erreicht zu haben.

Basil unterstützt ein Paar, Spiritualität und Sexualität in einer Liebesbeziehung harmonisch zu verbinden. Dies ist besonders dann wichtig, wenn die beiden Partner gegensätzliche Ansichten vertreten, die sie für unvereinbar halten. Die Basil-Essenz ist hilfreich, wenn in einer Beziehung Konflikte über Sexualität und Emotionen bestehen. Oft sind solche Konflikte unbewußt. Basil kann einem Paar helfen, die Ursachen dieser Konflikte aufzudecken.

Differenzierung von ähnlichen Essenzen

Bei *Sticky Monkeyflower* geht es auch um das Sichversagen der Sexualität. Im Unterschied zu Basil vermeidet der Sticky-Monkeyflower-Typ Sexualität aus Angst vor Verletzung oder weil er sich für sexuell unattraktiv und unfähig hält.

Bei *Manzanita* besteht eine generelle Abscheu gegenüber allem Körperlichen. Die Bedürfnisse des Körpers werden aufgrund einer religiös-asketischen Haltung total unterdrückt. Manzanita hilft, den Körper als »Tempel« des Geistes anzunehmen, während Basil die Integration der sexuellen Energien fördert.

Auch der *California-Pitcher-Plant*-Typ unterdrückt seine triebhaften Persönlichkeitsanteile, weil er sich vor diesen unberechenbaren Kräften fürchtet. Diese Essenz wird aber auch eingesetzt, wenn die Instinkte und Triebe völlig unreflektiert in die Tat umgesetzt werden.

Dandelion
Löwenzahn, Taraxacum officinale

Der Wiesenlöwenzahn gehört zur Familie der Korbblütengewächse wie die Sonnenblume und ist heute weltweit
verbreitet. Man findet ihn auf Weiden, Äckern und an
Wegrändern. Die gelben Blütenköpfe mit den vielen kleinen Zungenblüten sind nur bei Sonnenlicht geöffnet.
Man kann den Löwenzahn als Salat- und als Heilpflanze
verwenden.

Die Dandelion-Essenz kann universell bei allen körperlichen Verspannungen, deren Ursachen im emotionalen
Bereich liegen, eingesetzt werden. Spannungen im seelischen und emotionalen Bereich können sich stark im
Körper festsetzen, wenn wir sie verdrängen oder nicht
beachten. Viele Menschen, die harte körperliche Arbeit
leisten und gar keine Möglichkeit haben, sich mit ihren
Gefühlen auseinanderzusetzen, leiden unter starken Verspannungen.

Aber auch Menschen, die sehr ehrgeizig sind und ihr
Leben sehr stark kontrollieren und vorherbestimmen wollen, haben Schwierigkeiten, von ihren hohen Ansprüchen
Abstand zu nehmen und abzuschalten. Für solche Menschen ist es wichtig, sich körperlich zu entspannen und
emotional loszulassen. Manche berichten von einer großen
Erleichterung und allgemeiner Lockerung, die mit der
Einnahme der Dandelion-Essenz einhergeht. Sie können
die ständige Kontrolle »endlich einmal aufgeben« und sich
einer höheren Führung öffnen.

Dandelion hilft dem Körper zu entspannen und ermöglicht damit dem einzelnen, spontaner und flexibler in
seinem Handlungsspielraum zu werden. Der Dandelion-

Typ wird weicher und empfänglicher für die Bedürfnisse der Seele.

Die Dandelion-Essenz läßt sich gut mit verschiedenen Körpertherapien verbinden. Sie kann sowohl innerlich zur allgemeinen Entspannung genommen als auch äußerlich aufgetragen werden, um zum Beispiel die Wirkung einer Massage zu vertiefen.

Differenzierung von ähnlichen Essenzen

Inflexibilität und Steifheit findet man auch bei der Bachblüte *Rock Water*. Hier sind jedoch sehr hohe Ideale und starre Prinzipien die Ursache für die Unbeweglichkeit des Körpers.

Die Bachblüte *Impatiens* nimmt man bei streßbedingten Verspannungen, wenn man sehr ungeduldig ist und alles sofort erledigen will.

Auch bei *Vervain*, ebenfalls eine Essenz von Bach, fällt es dem Betreffenden schwer, loszulassen. Aus übertriebener Begeisterungsfähigkeit entsteht Streß durch die Vielzahl der zu bearbeitenden Projekte.

Manzanita
Bärentraube, Arctostaphylos viscida

Die Bärentraube findet sich hauptsächlich in den nördlichen Teilen Europas und Asiens sowie in den gebirgigen Bereichen Nordamerikas. Man findet sie in Nadelwäldern und Heidegebieten, wo sie als Bodenbedecker und auch als kleiner Strauch vorkommt. Aus den glockenförmigen weiß-rosa Blüten entstehen im Winter die kleinen roten Beeren, von denen der Name Manzanita (spanisch, »kleiner Apfel«) hergeleitet wird.

Manzanita ist eine Essenz für Menschen, die eine tiefgreifende innere Abneigung gegenüber allem Körperlichen haben. Diese Menschen erleben ihren Körper als eine Belastung, der sie daran hindert, ein rein geistiges, asketisches Leben zu führen. Der Manzanita-Typ neigt dazu, die Bedürfnisse seines Körpers total zu unterdrücken: Man ißt und trinkt kaum noch etwas, hat nur sehr wenig Schlaf, weil man sich dann ganz rein, leicht und »körperlos« fühlt. Oft tauchen dann auch ganz gegensätzliche Neigungen auf: Man frißt anfallartig in sich hinein und fühlt sich dann wieder schwer, belastet und sogar schuldig. Solche Verhaltensweisen sind häufig mit einer religiös-asketischen Lebenshaltung verbunden, die den Körper an sich als unrein und unheilig ablehnt.

Manzanita ist angezeigt bei unerklärlichen körperlichen Symptomen, wenn keine Therapie bisher angesprochen hat, da eine unbewußte innere Ablehnung gegenüber dem eigenen Körper besteht. Auch bei Magersüchtigen ist Manzanita schon erfolgreich eingesetzt worden.

Die Manzanita-Essenz lehrt uns, den Körper als Tempel des Geistes und als Wohnstätte der Seele anzunehmen. Sie hilft, den Körper genießen zu können, ihn zu pflegen und ihm Schönes zu gönnen. Der Körper ist Ausdruck geistiger Energie, und wir brauchen ihn für die Existenz auf der Erde.

Differenzierung von ähnlichen Essenzen

Auch bei der Bachblüte *Crab Apple* besteht eine Abneigung gegenüber dem Körper, im Unterschied zu Manzanita beschränkt sich die Abscheu auf alles Erdverbundene, »Schmutzige«. Der Crab-Apple-Typ hat Angst vor der Unreinheit und Schwierigkeiten, mit Körperausscheidungen umzugehen.

Bei *Sticky Monkeyflower* wird das Körperliche nur in bezug auf die Sexualität, bei Manzanita der Körper im ganzen als Belastung erlebt.

Den Wunsch, den Körper zu verlassen, um sich ganz seinen Träumen und Phantasien hinzugeben, findet man bei der Bachblüte *Clematis*. Der Clematis-Typ ist ein Tagträumer, der auf diese Weise der als unangenehm empfundenen Realität entflieht.

Mariposa Lily
Mormonentulpe, Calochortus leichtlinii

Mariposa Lily gehört zur Familie der Liliengewächse. Sie gedeiht während der Regenzeit auf sandigem bis schlammigem Boden. Man findet sie unter anderem in der Steppen- und Berglandschaft von Südostkalifornien.
Mariposa Lily ist die Blüte für die Mutter-Kind-Beziehung. Mariposa Lily harmonisiert eine unterkühlte, distanzierte Beziehung zwischen Mutter und Kind. Wenn die Mutter nicht in der Lage ist, fürsorgliche Wärme und Liebe an ihr Kind weiterzugeben. Vielleicht hat sie selbst nur ein negatives Vorbild gehabt, oder sie hat eine derart schwierige Beziehung zu ihrer Mutter, daß sie sich nicht leicht in die eigene Mutterrolle hineinfinden kann.
Mariposa Lily kann die Konflikte mit der Mutter bewußtmachen. Die Essenz hilft Menschen, die sich von ihrer Mutter ungeliebt oder unerwünscht fühlen, eine neue Einstellung zu sich selbst zu finden. Die Blüte heilt die alten Wunden aus der Kindheit und öffnet die Seele wieder für die zwischenmenschliche Liebe.
Mariposa Lily ist hilfreich bei einem Kindheitstrauma, in dem eine frühzeitige Trennung von der Mutter stattgefunden hat, wie Frühgeburt, Krankheit, Scheidung etc. Die Essenz kann auch eine zu enge Beziehung zwischen Mutter und Kind ausgleichen. Wenn beide buchstäblich aneinander »kleben« und sich nicht trennen können, hilft Mariposa Lily, einen gesunden Abstand zu entwickeln.
Während der Schwangerschaft stellt Mariposa Lily einen intensiven Kontakt von der Mutter zum ungeborenen Kind her und hilft der Mutter, sich auf die neue Rolle einzustellen. Die Blüte fördert die Entwicklung von müt-

terlicher Pflege und Fürsorglichkeit. Sie kann auch Männer dabei unterstützen, ihre »mütterliche« Seite zu entdecken.

Differenzierung von ähnlichen Essenzen

Die Bachblüte *Chicory* steht auch in Zusammenhang mit der Mutterliebe. Während Mariposa Lily ein positives Bild von der Mutterrolle schafft, behandelt Chicory Menschen, die sich zu sehr um ihre Nächsten kümmern, um sie damit unterschwellig zu beeinflussen.

Um die Auflösung von Kindheitstraumata geht es auch bei der *Golden-Ear-Drops*-Essenz. Golden Ear Drops spricht allgemein ungelöste Erlebnisse aus der Kindheit an, während Mariposa Lily sich nur auf jene Konflikte bezieht, die mit der Mutter im weitesten Sinne zu tun haben.

Während Mariposa Lily hilft, die Konflikte mit der Mutter zu erkennen und zu lösen, unterstützt *Sunflower* die Entwicklung einer harmonischen Beziehung zum Vater.

Mountain Pride
Bartfaden, Penstemon newberryi

Mountain Pride ist eine von ungefähr vierzig Penstemon-Arten, die es an der Westküste Nordamerikas gibt. Die roten Blüten werden von Kolibris besucht, die nur die rote Farbe erkennen können. Mountain Pride blüht den ganzen Sommer, man findet die Pflanze in großen Höhen, wo sie nur noch steinigen Untergrund hat.

Die Mountain-Pride-Essenz unterstützt Menschen, die nicht mit Konflikten umgehen können und die Probleme und Schwierigkeiten lieber aus dem Weg gehen. Der Mountain-Pride-Typ fürchtet sich vor Konflikten mit anderen. Er möchte sich nicht auf einen Standpunkt festlegen, weicht direkter Konfrontation aus und ist in entscheidenden Momenten einfach nicht ansprechbar. Schwierige Umstände machen ihm angst, ohne daß er sich dieser Angst bewußt ist. Mountain Pride hilft, die offene Konfrontation nicht länger zu vermeiden, sondern sie als Chance und Herausforderung anzunehmen. Die Blüte schenkt Mut, Kraft und Durchsetzungsvermögen. Diese Eigenschaften unterstützen Menschen in problematischen Situationen, sich den Prüfungen und Problemen des Lebens zu stellen. Mountain Pride schafft eine positive Männlichkeit und Zähigkeit, mit deren Hilfe man schwierige Situationen besser durchstehen kann. Eine aktive und offene Auseinandersetzung wird nicht mehr als beängstigend angesehen, sondern als klärende, erneuernde Kraft, an der der einzelne wachsen kann.

Mountain Pride fördert eine »spirituelle Kampfbereitschaft«, die es ermöglicht, sich mit großen gesellschaftlichen Problemen auseinanderzusetzen und nicht seine Augen davor zu verschließen.

Differenzierung von ähnlichen Essenzen

Auch die *Penstemon*-Essenz hilft, in schwierigen Situationen durchzuhalten. Im Unterschied zu Mountain Pride befindet sich der Penstemon-Typ aber oft in widrigsten Umständen oder in einer ausweglosen Situation. Penstemon hilft, in schlimmsten Lebensumständen – wie in einer schweren Krankheit, bei einer Behinderung oder in einer tiefen Krise – durchzuhalten.

Scotch Broom hilft, angesichts der Weltsituation nicht zu verzweifeln. Während sich der Scotch-Broom-Typ gegenüber den großen Problemen auf der Welt klein und unbedeutend fühlt und darüber völlig verzweifeln kann, geht der Mountain-Pride-Typ allen Schwierigkeiten aus dem Weg und versucht sie einfach zu übersehen.

Pomegranate

Granatapfel, Punica granatum

Der Granatapfel gehört zu den ältesten Kulturpflanzen und wurde aus Karthago nach Südeuropa gebracht. Der kleine Baum stammt ursprünglich aus Persien, heute wird er wegen seiner Früchte in vielen tropischen Regionen gezüchtet. Die Blüten sind orangerot mit leicht zerknitterten Blättern. Der Granatapfel spielt in vielen Mythen und Sagen eine Rolle, wobei hier mehr die Frucht als die Blüte im Vordergrund steht.

Die Pomegranate-Essenz steht in direktem Zusammenhang mit der weiblichen Energie. Pomegranate ist eine wichtige Essenz für Frauen, die im Konflikt zwischen Familie und Karriere stehen. Viele Frauen wollen nach der Ausbildung ihren Beruf ausüben. Gleichzeitig möchten sie aber auch Kinder haben, solange sie noch jung sind. Beides zusammen läßt sich oft nur unter großen Belastungen verwirklichen. Pomegranate kann eine Frau bei der Entscheidung Beruf oder Kind unterstützen, indem sie ihre wahren inneren Wünsche erkennen hilft.

Pomegranate verleiht der Weiblichkeit im ganzen Ausdruck, sei es durch das Aufziehen von Kindern oder durch den Einsatz weiblicher Kreativität in der Arbeitswelt.

Darüber hinaus harmonisiert die Pomegranate-Essenz die seelischen Begleiterscheinungen des Menstruationszyklus und kann sich somit auch ausgleichend auf die körperlichen Vorgänge auswirken.

Pomegranate können auch Männer einnehmen, die auf der Suche nach den femininen Anteilen ihrer Persönlichkeit sind, die ihre »anima« entdecken wollen.

Differenzierung von ähnlichen Essenzen

Pomegranate, Iris und die Bachblüte Larch stehen in Beziehung zur schöpferischen Ausdruckskraft: *Larch* spricht die Versagensängste, das mangelnde Selbstvertrauen und die dadurch blockierte Kreativität an. *Iris* ist für jene Menschen, die sich in ihrem schöpferischen Potential frustriert und ausgetrocknet fühlen. Die Iris-Essenz hilft, sich wieder der Inspiration zu öffnen. Bei Pomegranate hingegen geht es mehr darum, die Form des kreativen Ausdrucks zu wählen.

Star Tulip spricht auch die weiblichen Kräfte an, aber hier geht es mehr um die Entwicklung von Intuition und Empfänglichkeit gegenüber den Botschaften der Seele.

Bei *Quince* geht es darum, weibliche Weichheit und Nachgiebigkeit nicht als Schwäche anzusehen, sondern als positive Kraft der Liebe. Quince hilft Frauen, die sich zwischen ihrer weiblichen Identität und ihrem Recht auf Macht und Durchsetzungskraft hin und her gerissen fühlen.

Quince

Zierquitte, Chaenomeles speciosa

Die Zierquitte ist ein dorniges Rosengewächs, das im Frühjahr offene rote Schalenblüten trägt. Im Herbst hängen die Sträucher voller gelbgrüner quittenähnlicher Früchte, die sich ebenso wie die echten Quitten zu Gelee verarbeiten lassen.

Quince hilft Frauen, sich in einer männlich ausgerichteten Arbeitswelt durchzusetzen, ohne dabei ihre weiblichen Eigenschaften unterdrücken zu müssen. Frauen, die in Konflikt stehen mit ihrer weiblichen Identität und ihrem Anspruch auf Macht und Durchsetzungsvermögen, können mit der Quince-Essenz ihre kraftvolle weibliche Seite entwickeln. Die stärkste Kraft ist die Kraft der Liebe, und Flexibilität und Kompromißbereitschaft sind kein Ausdruck von Schwäche.

Quince fördert den Ausdruck einer liebevollen Kraft. Sie steht für eine harmonische Weiblichkeit, die ihre männlichen Aspekte akzeptieren und leben kann, ohne dabei innerlich zu verhärten.

Quince ist auch eine wichtige Essenz für Männer, die aufgrund ihrer beruflichen Position sehr hart und unnachgiebig geworden sind. Die Essenz ist gut für jene Männer, die übertrieben männlich sind und alles Weibliche sofort mit Schwäche verbinden. Sie können mit Unterstützung der Quince-Essenz ihre weichen, zärtlichen und fürsorglichen Persönlichkeitsanteile entdecken.

Quince ist eine Blüte, deren Aussehen viele Menschen spontan anspricht. Vielleicht liegt das daran, daß im Umgang der Menschen miteinander der harte, unfreundliche Ton vorherrscht und daß sich nur wenige trauen, Nähe und Wärme auszustrahlen.

Differenzierung von ähnlichen Essenzen

Bei *Pomegranate* geht es ebenfalls um ein ausgeglichenes weibliches Bewußtsein. Während bei Quince die Weiblichkeit als kraftvolle Energie im Vordergrund steht, entwickelt Pomegranate die Richtung, in der weibliche Kreativität sich entfalten kann.

Der *Oak*-Typ (Bachessenz) kann sich – genau wie Quince – keine Schwäche eingestehen. Hier liegt jedoch die Betonung auf einem übertriebenen Pflichtbewußtsein, das keine Nachlässigkeit zuläßt. Die für Quince typische Härte findet man bei Oak nicht.

Härte und Unnachgiebigkeit kommt auch bei der Bachblüte *Rock Water* vor. Die hohen Ideale und Ansprüche des Rock-Water-Menschen verlangen Härte und Disziplin gegenüber sich selbst und anderen.

Sticky Monkeyflower
Klebrige Gauklerblume, Mimulus aurantiacus

Sticky Monkeyflower ist eine einjährige Pflanze mit auf der Unterseite klebrigen Blättern und orangefarbenen Blüten. Sie gehört zur Familie der Rachenblütler wie auch Scarlet Monkeyflower und die Bachblüte Mimulus. Während die beiden zuletzt genannten Blumen auf feuchten Wiesen und an Flußläufen entlang gedeihen, wächst Sticky Monkeyflower als holziges Gestrüpp an den Küstenhängen Nord- und Mittelkaliforniens.

Die Sticky-Monkeyflower-Essenz behandelt die Ängste vor Sexualität und intimer Beziehung. Diese Essenz ist für alle Menschen angezeigt, für die Sexualität in irgendeiner Form ein Problem darstellt. Diese Problematik kann in vielerlei Variationen auftreten: Manche Menschen unterdrücken und blockieren ihre Sexualität, weil sie in der Vergangenheit derart traumatische Erfahrungen (wie Vergewaltigung und sexuellen Mißbrauch) gemacht haben, daß sie sich nicht mehr öffnen können. Aus Angst vor wiederholten Schmerzen und Verletzungen verschließen sich diese Menschen jeder intimen Beziehung und verschließen sich somit auch dem Fluß ihrer schöpferischen Kraft.

Die Problematik kann auch in die entgegengesetzte Richtung gehen: Sticky Monkeyflower kann ein überaktives Intimleben ausgleichen. Wenn Menschen das Gefühl haben, unter sexuellem Erfolgszwang – bis hin zur Sexbesessenheit – zu stehen, hilft Sticky Monkeyflower, Sexualität und Liebe miteinander zu verbinden. Das Thema Sex ist dann nicht mehr so beherrschend, sondern es entsteht Raum für Freundschaft und Zuneigung.

Sticky Monkeyflower setzt die Sexualität in Beziehung mit echter Liebesfähigkeit, Intimität und Geborgenheit. Eine ausgewogene Sexualität ist die Bejahung der Liebe und sollte ihren festen Platz in unserem Leben einnehmen, als eine der vielen Ausdrucksformen unserer Vitalität und Lebensenergie.

Differenzierung von ähnlichen Essenzen

Die Bachblüte *Mimulus* gehört nicht nur zur gleichen Pflanzenfamilie, sie behandelt auch das gleiche Thema Angst. Im Unterschied zu Sticky Monkeyflower hat Bach bei Mimulus die Sexualität nicht ausdrücklich erwähnt. Mimulus hilft, die ganz allgemeine, »normale« Angst zu überwinden.

Scarlet Monkeyflower hat auch eine Form der Angst zum Thema. Hier geht es im Unterschied zu Sticky Monkeyflower um die Vermeidung von starken angsteinflößenden Emotionen wie Haß, Zorn und Wut.

Der *Basil*-Typ vermeidet die Sexualität nicht aus Angst, sondern weil er sie mit seiner spirituellen Lebenseinstellung nicht vereinbaren kann.

Die Sexbesessenheit kann man auch bei *California Pitcher Plant* finden, als Ausdruck einer uneingeschränkten Triebbefriedigung.

Das Thema Mißbrauch in der Kindheit behandelt auch die *Dogwood*-Essenz. Die Auswirkungen einer traumatischen Kindheit sind bei Dogwood allerdings nicht auf die Sexualität beschränkt, sondern betreffen die Gesamtentwicklung des Menschen.

Sunflower

Sonnenblume, Helianthus annuus

Die Sonnenblume war ursprünglich in Nordamerika beheimatet, von wo sie vor etwa 400 Jahren zu uns gelangte. Sie
kann über 2 m groß werden und gehört zur Pflanzenfamilie der Korbblütler. Die Essenz wird aus der bekannten
Gartensonnenblume (Helianthus annuus) gewonnen. Der
Blütenkopf der Sonnenblume dreht sich mit der Sonne
und folgt ihrem Lauf.

Die Sunflower-Essenz steht in Beziehung mit den männlichen Anteilen unserer Persönlichkeit. Diese Essenz ist immer dann angezeigt, wenn die eigene Individualität stark
unterdrückt und angepaßt wurde oder, umgekehrt, wenn
die eigene Persönlichkeit in Eitelkeiten, Überheblichkeit
und Aggressivität zum Ausdruck kommt. Sunflower gleicht
eine verzerrte Wahrnehmung des Selbstbewußtseins aus,
sei es eine Neigung zur Selbstauslöschung oder eine übertriebene Selbstgefälligkeit.

Sunflower wird vor allem bei Konflikten mit dem Vater
und bei einer gestörten oder nicht vorhandenen Vater-
beziehung eingesetzt. Die Essenz unterstützt den Aufbau
einer gesunden Distanz bei totaler Überidentifikation mit
dem eigenen Vater oder einer anderen »vaterähnlichen«
Person. Sie unterstützt Kinder, deren Väter sehr viel un-
terwegs sind oder die ganz ohne männliches Vorbild auf-
wachsen, bei einer harmonischen Entwicklung ihrer
männlichen Persönlichkeitsanteile. Eine konfliktreiche Va-
ter-Sohn- oder Vater-Tochter-Beziehung kann mit Sunflower harmonischer werden. Größeres Verständnis und gegenseitiges Verzeihen werden möglich.

Sunflower hilft auch, sich mit der eigenen Vaterrolle anzufreunden, besonders dann, wenn man kein oder nur ein negatives Vorbild hatte.

Differenzierung von ähnlichen Essenzen

Die *Saguaro*-Essenz zeigt ein ähnliches Bild wie Sunflower. Aber im Unterschied dazu kann der Saguaro-Typ generell nicht mit Autoritäten umgehen und keinen Unterschied zwischen positiven und negativen Vorbildern und Führungspersonen machen. Es können auch beide Essenzen kombiniert auftreten.

Auch das Verhaltensmuster der Bachblüte *Vine* kann mit den Aggressionen, die bei Sunflower auftreten können, verwechselt werden. Vine unterscheidet sich von Sunflower insofern, als bei Vine die Durchsetzung des eigenen Willens und die Unterdrückung (bis zur Tyrannei) der anderen im Vordergrund stehen.

Das Gefühl, nichts wert zu sein oder neben dem Vater nicht bestehen zu können, kommt dem allgemeinen Minderwertigkeitsgefühl bei *Buttercup* sehr nahe. Bei Buttercup wurden diese Gefühle jedoch durch ein »nicht annehmendes Elternhaus« verursacht, das andere Erwartungen an das Kind stellte und dessen wahre Fähigkeiten einfach ignorierte. Die damit verbundene Schüchternheit und Zurückgezogenheit findet man bei Sunflower nicht.

Tiger Lily
Lilie, Lilium humboldtii

Die Liliengewächse gehören zu den ältesten Gartenpflanzen, nicht nur in Europa, sondern auch in Ostasien. Die Tigerlilie wird bis zu 120 cm groß und trägt orangerote turbanartige Blüten, die braun gefleckt sind. Man findet die Lilien an warmen Hängen, Waldrändern und Hecken in den Bergen Mitteleuropas und Kaliforniens.

Die Tiger-Lily-Essenz vertritt die männlich-aggressive Energie, wie sie täglich im Stadtverkehr zu beobachten ist. Jeder kämpft um die eigenen Interessen, bis es zum Schluß weder vorwärts noch zurück geht. Der Tiger-Lily-Typ hat sehr viel Energie, die er äußerst destruktiv einsetzen kann, um seine Rechte und Wünsche duchzusetzen. Er ist cholerisch, feindselig, streitsüchtig und manchmal ausgesprochen kampflustig. Er scheut keinen Aufwand, um notfalls mit Gewalt zu bekommen, was er sich vorstellt. Läuft es nicht nach seinen Vorstellungen, separiert er sich und versucht es an einer anderen Stelle wieder. Bei Tiger-Lily-Menschen, das können sowohl Männer wie auch Frauen sein, ist die männliche, die »Yang«-Seite sehr stark ausgeprägt.

Die Aufgabe der Tiger-Lily-Essenz ist es, diese extreme Haltung zu harmonisieren, indem die weibliche, gefühlvolle und empfindsame Seite gestärkt wird. So kann sich aus einem rücksichtslosen Einzelkämpfer ein gefühlvoller Mensch entwickeln, der seine großen Kräfte auch zugunsten anderer einsetzen kann.

Die Krise des Tiger-Lily-Typs tritt häufig in der Mitte des Lebens ein, wenn er mit seinen bisherigen Verhaltensweisen nicht mehr weiterkommt und eine Neuorientierung nötig wird. Erik Erikson nannte diese Lebensphase die »zweite Fruchtbarkeit«, wo es darum geht, die Kräfte uneigennützig in das soziale, gesellschaftliche Leben einfließen zu lassen. Wer bisher gewöhnt war, zu herrschen und andere zu dominieren, kann mit Hilfe von Tiger Lily lernen, zu dienen und sich für das Gemeinwohl einzusetzen.

Differenzierung von ähnlichen Essenzen

Bei der Bachblüte *Vine* begegnet man auch der rücksichtslosen Unterdrückung der Mitmenschen. Der kämpferische und feindselige Aspekt der Tiger-Lily-Essenz fehlt jedoch bei Vine. Der Vine-Typ ähnelt dem Tiger-Lily-Typ in seinem Verhalten, ist aber nicht so extrem in der Ausprägung.

Die Aggressionen der *Saguaro*-Essenz unterscheiden sich von denen bei Tiger Lily deutlich, da es bei Saguaro um die Auflehnung gegen jegliche Autorität geht. Der Kampf dient hier nicht der Durchsetzung eigener Interessen, sondern der Abschaffung von Vorschriften und Traditionen, die der Saguaro-Typ als einengend und bevormundend erlebt.

Quince behandelt auch eine Überbetonung des männlichen Verhaltens. Hier steht jedoch mehr die Härte und Unnachgiebigkeit im Vordergrund als die Aggressivität von Tiger Lily.

Bei *Sunflower* handelt es sich mehr um eine unausgewogene Individualität, die einerseits auch sehr aggressiv und selbstgefällig sein kann, andererseits zu Verleugnung und Selbstauslöschung neigt. Sunflower steht in erster Linie in Beziehung zum Vaterbild.

8. Emotionen, Ängste, traumatische Kindheit

Black-Eyed Susan
Borage
Dogwood
Fuchsia
Golden Ear Drops
Scarlet Monkeyflower
Star Thistle
Yerba Santa
Zinnia

Black-Eyed Susan
Sonnenhut, Rudbeckia hirta

Der Sonnenhut gehört zur Familie der Korbblütler wie die Sonnenblume. Er besitzt einen strahlenförmigen Blütenkranz, der um einen kegelförmigen dunklen Mittelpunkt angeordnet ist. Der Sonnenhut wächst in den Oststaaten von Amerika wild und ist die Nationalblüte von Maryland.

Wie der dunkle Mittelpunkt der Blüte schon andeutet, bringt Black-Eyed Susan Einsicht in die dunkle, unbewußte Seite der Persönlichkeit. Das ist die Seite in der Psyche, mit der niemand sich gerne befassen möchte. Hier liegen verdrängte Schlüsselprobleme, die aufgedeckt werden müssen, um eine Veränderung im Bewußtsein des Menschen bewirken zu können. Bei Black-Eyed Susan geht es darum, sich mit der inneren Dunkelheit auseinanderzusetzen. Durch das Gefühl, innerlich von dunklen Energien belastet zu sein, die der Verstand als bedrohlich oder schmerzlich aus dem Tagesbewußtsein verdrängt hat, entsteht das vage Bedürfnis, sich mit diesen Kräften zu konfrontieren.

Die Black-Eyed-Susan-Essenz weckt eine Art »spirituellen Mut«, der es dem einzelnen ermöglicht, sich ganz bewußt auf seine Schattenseiten einzulassen. Sie ist hilfreich für jene Menschen, die sich davor fürchten, in sich hineinzuschauen und dort diesen mächtigen Emotionen zu begegnen, die unter der Oberfläche kochen.

Black-Eyed Susan schafft ein klares Bewußtsein in der Seele, so daß alle Aspekte des Innenlebens, ob positiv oder negativ, integriert werden können. Da die Black-Eyed-Susan-Essenz starke und grundlegende Probleme ins Bewußtsein bringen kann, empfiehlt es sich, Self Heal, Yerba Santa oder Lotus als balancierende Essenzen hinzuzufügen.

Differenzierung von ähnlichen Essenzen

Black-Eyed Susan und *Cayenne* sind beide starke Katalysatoren für inneren Wandel. Cayenne unterstützt mehr die Entwicklung eines starken Willens, um eine Veränderung aktiv herbeizuführen. Während Black-Eyed Susan den Mut weckt, sich mit der Schattenseite der Seele zu konfrontieren.

Fuchsia behandelt ebenfalls die emotionale Ebene. Auch Fuchsia-Typen vermeiden, die wahren Gefühle zu zeigen, und spielen statt dessen eine falsche Emotionalität vor.

Scarlet Monkeyflower hingegen hilft Menschen, die sich vor ihren aggressiven Emotionen und ihrer wahren Kraft fürchten. Diese Essenz löst die Angst vor starken destruktiven Gefühlen.

Auch bei der Bachblüte *Agrimony* werden tiefgehende Emotionen vermieden. Die inneren Sorgen und Probleme bleiben verborgen hinter einer Maske aus Fröhlichkeit und Sorglosigkeit.

Borage

Borretsch (Gurkenkraut), Borago officinalis

Der Borretsch gehört zur Familie der Rauhblattgewächse. Er stammt aus dem Mittleren Osten, hat sich aber in Europa voll akklimatisiert. Die Stengel sind stark verzweigt und mit rauhen, borstigen Haaren besetzt. An den Enden der Stengel entfalten sich lockere Blütenstände mit strahlendblauen sternförmigen Blüten. Die jungen Blätter haben gehackt einen leichten Gurkengeschmack, daher kommt der Name »Gurkenkraut«. Früher haben die Menschen den Borretsch verzehrt, weil sie dem Kraut eine belebende und beglückende Wirkung zuschrieben.

Borage ist tatsächlich sehr hilfreich, wenn man sich bedrückt und niedergeschlagen fühlt. Die Borage-Essenz hilft, wenn man sich in einer emotionalen Krise befindet und den Zugang zur eigenen Kraft, zur inneren Quelle, verloren hat. Hier liegt nicht nur im Salat (siehe oben), sondern auch in der Blütenessenz eine frische, belebende Kraft, die den einzelnen dabei unterstützt, wieder eine hoffnungsvolle Einstellung zu seiner Situation zu gewinnen.

Die Borage-Essenz ist wichtig bei Niedergeschlagenheit und einem Gefühl der Schwere, das sich im Brustbereich ausdehnt – ähnlich wie bei dem Kutscher Heinrich aus dem Märchen »Der Froschkönig«, der drei eiserne Bänder um seine Brust gelegt hat, damit diese ihm nicht vor Kummer zerspringt. Borage ist angezeigt bei großen seelischen Belastungen wie Kummer, Trauer und Leid.

Borage bringt angesichts seelischer und emotionaler Herausforderungen fröhlichen Mut und Zuversicht. Die Essenz hilft, den Humor wiederzufinden – einen leichten und lichtvollen Humor, der Menschen unterstützt, die sich abgeschreckt und bedrückt fühlen. Mit dem fröhlichen Mut und dem stillen Vertrauen der Borage-Essenz kann man neue Kraft schöpfen, und man fühlt sich den seelischen Anforderungen und Belastungen gewachsen.

Differenzierung von ähnlichen Essenzen

Die *Mountain-Pride*-Essenz hat auch den Umgang mit den Herausforderungen des Lebens zum Thema. Im Unterschied zu Borage fürchtet der Mountain-Pride-Typ Konflikte und versucht jeder Herausforderung zu entkommen. Borage behandelt jedoch das Gefühl, den Prüfungen nicht gewachsen zu sein.

Auch bei der Bachblüte *Gentian* findet man Gefühle der Entmutigung und Enttäuschung. Der Gentian-Typ läßt sich sehr leicht entmutigen und hat schon von Anfang an eine pessimistische Grundhaltung.

Wenn die seelischen Herausforderungen an die Grenzen der Belastbarkeit gehen und der Betroffene sich sehr verzweifelt fühlt, muß man eher an die Bachblüte *Sweet Chestnut* denken. Diese Essenz hilft, »die dunkle Nacht der Seele« (Edward Bach) zu überstehen.

Bachs *Mustard*-Essenz hilft, wenn Niedergeschlagenheit und Depression ohne erkennbare Ursache plötzlich auftauchen und sich genauso plötzlich wieder auflösen.

Dogwood
Hartriegel, Cornus nutallii

Der Hartriegel gehört zu der Familie der Hartriegelgewächse. Der 2 bis 5 m große Strauch wächst in Laubwäldern, an Waldrändern und an Trockenhängen. Die Pflanze ist in ganz Europa verbreitet. Die Blüten erscheinen in weißen Doldenrispen, aus denen sich im Herbst erbsengroße blauschwarze Beeren entwickeln.

Die Dogwood-Essenz hilft Menschen, die eine ungewöhnlich harte und traumatische Kindheit hatten oder die schon in früher Kindheit die Aufgaben eines Erwachsenen erfüllen mußten. Durch körperlichen und seelischen Mißbrauch sind die Dogwood-Menschen hart, zynisch und unnahbar geworden. Sie sehen das Leben als düster und trostlos an, erwarten nur Negatives und freuen sich an nichts mehr. Sie haben keinen Bezug zu ihrem Körper, und ihre Bewegungen sind kantig und unbeholfen. Häufig wiederholen sich die zerstörerischen Erlebnisse aus der Kindheit im späteren Leben durch eine Neigung zu Unfällen und Selbstzerstörung.

Mit Hilfe der Dogwood-Essenz können die betroffenen Menschen allmählich lernen, die traumatische Vergangenheit loszulassen, so daß der seelische und körperliche Habitus ungezwungener, freier und leichter werden kann. Die Dogwood-Blüte schenkt Sanftmut, Weichheit und Vertrauen in das Leben. Sie hilft, sich anmutig und fließend zu bewegen und sich im eigenen Körper zu Hause zu fühlen.

Differenzierung von ähnlichen Essenzen

Mit der Bachblüte *Star of Bethlehem* kann man ebenfalls auf seelische und körperliche Schockzustände einwirken. Die Dogwood-Essenz behandelt dagegen die Persönlichkeitsmerkmale, die sich aufgrund von traumatischen Erlebnissen gebildet haben.

Golden Ear Drops hilft, die verdrängten traumatischen Gefühle aus der Kindheit ins Bewußtsein zu bringen, und löst die Angst vor der Wiederholung vergangener Erfahrungen. Die Härte und den Zynismus des Dogwood-Typs findet man bei Golden Ear Drops nicht.

Auch *Mariposa Lily* behandelt das Thema des Sich-ungeliebt-Fühlens. Hier geht es aber mehr um die Heilung der Mutter-Kind-Beziehung als um die Entwicklung von Grazie und Anmut in Seele und Körper, wie es die Dogwood-Essenz beschreibt.

Während der Dogwood-Typ aufgrund von Verletzung und Mißbrauch seinen Körper mißachtet, hat der *Manzanita*-Typ eine grundsätzliche Abscheu allem Körperlichen gegenüber. Diese Ablehnung des Körperlichen ist – im Unterschied zu Dogwood – oft die Folge einer religiös-asketischen Lebenseinstellung.

Fuchsia
Fuchsie, Fuchsia hybrida

Die Fuchsie ist eine beliebte Gartenpflanze, die ursprünglich in Süd- und Mittelamerika beheimatet ist. Sie stammt
aus der Familie der Nachtkerzengewächse. Es gibt inzwischen Hunderte von Züchtungen. Die Fuchsie mit den
herabhängenden rot-weißen Blüten dürfte die bekannteste
Art sein.

Fuchsia ist angezeigt, wenn jemand dazu neigt, Gefühle
und Stimmungen hochzuspielen und zu dramatisieren.
Diese Gefühle sind aber dann nur vorgespielt, um tieferlie-
gende Emotionen zu verstecken. Für den Fuchsia-Typ liegt
die Schwierigkeit im Umgang mit seinen ursprünglichen
Gefühlen. Weil er sich vor Schmerzen oder Zurückweisung
fürchtet, flüchtet er in eine Scheinemotionalität, die von
anderen als unverständlich und unpassend empfunden
wird. Diese Menschen haben sich angewöhnt, auf schmerzliche Erlebnisse zu reagieren, indem sie sie mit falschen
Gefühlen überspielen. Die unterdrückten, echten Emotionen kommen dann häufig in psychosomatischen Erkrankungen oder hysterischen Anfällen zum Ausdruck.

Fuchsia erleichtert den Zugang zu den ursprünglichen
Gefühlen, diese können dann beobachtet und letztlich
verstanden werden. Sie bringt emotionale Klärung und
Läuterung. Wer Fuchsia einnimmt, sollte bereit sein, die
verdrängten schmerzlichen Gefühle und das darauffolgen-
de Unbehagen frei fließen zu lassen. Fuchsia kann alten
Kummer und zurückgehaltene Tränen zum Ausbruch
bringen, so daß sich ein ausgewogenes, ehrliches Gefühlsleben entwickeln kann.

Differenzierung von ähnlichen Essenzen

Der *Sagebrush*-Typ spiegelt auch »falsche Tatsachen« vor. Im Gegensatz zu Fuchsia stellt Sagebrush ein falsches Selbstbild dar, ein Bild, wie es früher einmal war oder wie derjenige gerne sein möchte.

Der *Agrimony*-Typ (Bachblüte) verbirgt seine Sorgen und Probleme hinter einer Maske aus Fröhlichkeit und Unbeschwertheit, oder er versucht sie im Alkohol oder ähnlichem zu ertränken. Im Unterschied zu Fuchsia möchte der Agrimony-Typ überhaupt nicht mit Emotionen konfrontiert werden. Statt dessen erweckt er einen völlig unproblematischen sorglosen Eindruck.

Bei *Scarlet Monkeyflower* werden die starken Emotionen – wie Zorn und Wut – so lange unterdrückt, bis sie an einer völlig unpassenden Stelle zum Ausbruch kommen. Während der Fuchsia-Typ alle unangenehmen Gefühle verdrängt und durch andere ersetzt, werden bei Scarlet Monkeyflower nur die starken, destruktiven Empfindungen zurückgehalten.

Golden Ear Drops
Herzblume, Dicentra chysantha

Die goldgelbe Herzblume ist eine nahe Verwandte zu dem uns bekannten »Tränenden Herz« (Bleeding Heart). Beide gehören in die Familie der Mohngewächse. Golden Ear Drops wächst in ganz Kalifornien bis Mexiko, man kann es sowohl an der Küste finden als auch in den Bergen der Sierra Nevada. Diese Pflanze wächst bevorzugt in Gegenden, die in irgendeiner Weise angegriffen oder zerstört wurden.

Golden Ear Drops spricht direkt unsere Kindheitserinnerungen an, vor allem aber hilft es uns, verdrängte traumatische Erlebnisse aus der Kindheit ins Bewußtsein zu bringen. Das sind meistens Erlebnisse, die für ein Kind so stark oder schmerzhaft waren, daß es sie nicht in angemessener Weise verarbeiten konnte. Solche unterdrückten Gefühle und Ängste beeinflussen oft das spätere Leben, den Umgang mit Beziehungen und den damit verbundenen Emotionen.

Die Aufgabe von Golden Ear Drops ist es, die unverarbeiteten traumatischen Emotionen bewußtzumachen, damit man sie erkennen und loslassen kann. Dieser Prozeß kann sehr schmerzhafte Erinnerungen wachrufen, deshalb ist es gut, in dieser Situation nicht allein zu bleiben, sondern Hilfe und Unterstützung bei einem Freund, eventuell auch bei einem Therapeuten zu suchen.

Golden Ear Drops hilft, auf die Stimme des Herzens zu hören, was oft mit vielen Tränen verbunden ist, die in der Vergangenheit nicht geweint wurden. Die Essenz wird deshalb auch »Golden *Tear* Drops« genannt. Golden Ear Drops unterstützt daher Männer und Frauen, die aufgrund ihrer Erziehung niemals weinen durften und jetzt in Kontakt mit ihren »eingefrorenen« Gefühlen kommen wollen. Die Angst vor den vergangenen Erlebnissen löst sich und macht die Seele wieder frei, sich auf Neues einzulassen.

Differenzierung von ähnlichen Essenzen

Während es bei Golden Ear Drops um das Loslassen emotionaler Muster aus der Kindheit geht, hilft *Bleeding Hart*, mit unausgewogenen Gefühlen der Liebe umzugehen und geliebte Menschen nicht mit Liebe zu erdrücken.

Auch bei der *Fuchsia*-Essenz geht es um die emotionale Ebene, mit dem Unterschied, daß hier falsche Gefühle dramatisiert und hochgespielt werden, um die darunterliegenden Emotionen zu verdecken. Golden Ear Drops dagegen vermeidet jede emotionale Erfahrung.

Golden Ear Drops unterscheidet sich auch von der Bachblüte *Honeysuckle*. Diese Essenz wird verwendet, wenn jemand sich zu gerne an seine Kindheit erinnert und diese sogar herbeisehnt, um sich von der als negativ erlebten Gegenwart abzulenken.

Scarlet Monkeyflower hat die emotionale Schattenseite zum Thema. Während Golden Ear Drops fürchtet, daß sich traumatische Erlebnisse aus der Kindheit im gegenwärtigen Leben wiederholen, vermeidet der Scarlet-Monkeyflower-Typ, tiefsitzende Gefühle wie Zorn und Wut zu zeigen.

Scarlet Monkeyflower
Scharlachrote Gauklerblume, Mimulus cardinalis

Scarlet Monkeyflower stammt aus der Familie der Rachenblütler wie auch Sticky Monkeyflower und die Bachblüte Mimulus. Die Pflanze mit den leuchtendroten Blüten gedeiht – wie alle Rachenblütler – auf feuchten Wiesen und entlang Flüssen. Man findet die Scarlet Monkeyflower in feuchten Ritzen entlang des Colorado River Canyon.

Wie die Bachblüte Mimulus und ihre Verwandte Sticky Monkeyflower behandelt Scarlet Monkeyflower ebenfalls ganz spezielle Ängste. Scarlet Monkeyflower ist eine wertvolle Essenz für Menschen, die Angst haben, Gefühle wie Ärger, Wut und Zorn zu zeigen. Diese Menschen wirken häufig sehr kontrolliert und in ihrer Lebensfreude eingeschränkt. Sie unterdrücken ihren Ärger, bis er sich so weit angestaut hat, daß er bei der kleinsten Gelegenheit zum Ausbruch kommt. Diese Wutanfälle sind dann entsprechend heftig und unkontrollierbar, was den Scarlet-Monkeyflower-Typ dann veranlaßt, sich in Zukunft noch mehr zurückzunehmen.

Scarlet Monkeyflower hilft, diese starken Gefühle in sich wahrzunehmen und sie im richtigen Moment zu äußern. Die Essenz schenkt den Mut, zu seinem Ärger zu stehen und ihn nicht im Inneren zu verbergen. Scarlet Monkeyflower versöhnt mit den heftigen Gefühlen und hilft, einen harmonischen Umgang damit zu finden. Emotionen zuzulassen heißt nicht, seiner Destruktivität freien Lauf zu lassen. Bei Scarlet Monkeyflower geht es vielmehr um emotionale Ehrlichkeit und um die Fähigkeit, tiefe Gefühle direkt und klar zu äußern.

Differenzierung von ähnlichen Essenzen

Der *Cherry-Plum*-Typ (Bachblüte) ist in seinem Verhalten stark kontrolliert und steht deshalb innerlich immer unter Spannung. Im Unterschied zu Scarlet Monkeyflower hat der Cherry-Plum-Typ große Angst davor, durchzudrehen oder wahnsinnig zu werden, wenn irgend etwas Unvorhergesehenes passiert. Er vermeidet daher zwanghaft bestimmte Situationen, in denen er nicht die Kontrolle behalten zu können meint.

Auch die Bachblüte *Holly* spricht die starken Emotionen – wie Wut, Haß, Neid und Eifersucht – an. Bei Holly geht es jedoch nicht um die Auflösung der damit verbundenen Ängste, sondern um die Entwicklung von Liebe und gegenseitigem Verständnis.

Während Scarlet Monkeyflower nur die starken und destruktiven Gefühlsregungen unterdrückt, hat der *Black-Eyed-Susan*-Typ alle seine negativen Seiten verdrängt und jeglichen Zugang zu den unbewußten, dunklen Aspekten seiner Seele verloren.

Star Thistle

Sonnwend-Flockenblume, Centaurea solstitialis

Die Sonnwend-Flockenblume gehört zur Familie der Korbblütengewächse. Sie ist mit der einfachen blauen Kornblume verwandt. Die Blüten der Sonnwend-Flockenblume sind hellgelb, im Unterschied zu anderen Flockenblumen haben ihre Blätter lange gelbliche Dornen an den Enden. Die Pflanzen gedeihen auf trockenem, lockeren Boden. Der Name »Centaurea« wird von dem Zentaur Chiron hergeleitet, einer griechischen Sagenfigur, die als heilkundig beschrieben wurde.

Star Thistle ist eine Essenz für Menschen, die aufgrund eines einmal erlebten Mangels immer das Gefühl haben, zu kurz zu kommen. Der Star-Thistle-Typ hat ein stark ausgeprägtes Sicherheitsbedürfnis, und aus Angst vor materieller Unsicherheit und Not ist er habgierig und geizig geworden. Den inneren Mangel an Liebe und Anerkennung versucht er mit materiellen Gütern auszugleichen. Durch die Unfähigkeit, seine materiellen Reichtümer mit anderen Menschen zu teilen, gerät der Star-Thistle-Typ jedoch noch mehr in die Isolation.

Mit Hilfe der Star-Thistle-Essenz kann der einzelne lernen, aus dem inneren Reichtum zu schöpfen. Er merkt, daß Teilen nicht gleichbedeutend mit Selbstaufgabe und Mangel ist. Aus einer inneren Sicherheit heraus entwickelt sich eine Offenherzigkeit, die andere Menschen mit einbeziehen kann. Der Star-Thistle-Typ ist in der Lage, großzügig mit seinem Besitz umzugehen, er teilt nicht nur seine materiellen Güter, sondern auch seine Lebensfreude mit anderen. Star Thistle macht klar, daß man soviel von anderen bekommt, wie man zu geben bereit ist.

Differenzierung von ähnlichen Essenzen

Auch bei *California Poppy* geht es um die Entwicklung eines inneren Reichtums. Im Unterschied zu Star Thistle ist der California-Poppy-Typ auf der Suche nach immer neuen Möglichkeiten, spirituelle Erfahrungen zu machen. Das versucht er vor allem mit Hilfe von Drogen und anderen von außen zugeführten Reizen zu erreichen.

Die Bachblüte *Holly* kann ebenfalls bei Geiz und dem Gefühl, daß andere bevorzugt werden, eingesetzt werden. Bei Holly geht es ganz allgemein um die Liebe und um das Sich-selbst-Annehmen, während bei Star Thistle die Betonung auf der Entdeckung des inneren Reichtums liegt.

Yerba Santa
Heiliges Kraut, Eriodictyon californicum

Der Yerba-Santa-Strauch gehört zur Familie der Wasserblattgewächse und ist in Nordkalifornien und Oregon beheimatet. Die Blüten erscheinen in weißen oder lavendelfarbenen Trauben.

Yerba Santa ist eine Blüte für verinnerlichte Traurigkeit und Melancholie. Es handelt sich hier nicht um eine Traurigkeit, die aufgrund einer Enttäuschung auftritt, sondern um eine allgemeine Melancholie, die bereits zu einem Charaktermerkmal im Menschen geworden ist. Diese tiefe Traurigkeit ist oft Ausdruck vergangener, unaufgelöster Schmerzen, sie bleibt aber bei dem Betroffenen oft im Unbewußten verborgen.

Der Yerba-Santa-Typ kann sich nicht dem Fluß seiner Emotionen hingeben, diese äußern sich dann häufig in einem beengenden Gefühl in der Brust und in einer blockierten Atmung. Diese flache Atmung hindert den Yerba-Santa-Typ, aktiv am Leben teilzunehmen. Er kann seine Gefühle nicht richtig herauslassen und auch keine neuen Aspekte in sein Leben hineinnehmen.

Yerba Santa ermöglicht dem betroffenen Menschen, sich der ganzen Bandbreite der Gefühle zu öffnen, und hilft, Schmerzen und Traurigkeit nicht mehr im Inneren festzuhalten. Er kann die Gefühle wieder fließen lassen und entspannt sich emotional. Die Enge in der Brust löst sich, und die Atmung wird wieder tief und frei.

Yerba Santa unterstützt die Lebenskraft und eignet sich gut für die begleitende Behandlung von Asthmakranken. Es kann auch äußerlich als Massage-Öl angewendet werden, um eine ganzheitliche Entspannung zu fördern.

Yerba Santa harmonisiert die Wirkung anderer Essenzen, die schmerzhafte und aufwühlende Emotionen zu Bewußtsein bringen können. Yerba Santa kann die starken Auswirkungen von anderen Blütenessenzen (wie Golden Ear Drops und Scarlet Monkeyflower) auffangen und den Umgang damit erleichtern.

Differenzierung von ähnlichen Essenzen

Die seelischen und körperlichen Verspannungen bei der *Dandelion*-Essenz haben ihre Ursache nicht in unverarbeiteten schmerzlichen Erlebnissen wie bei Yerba Santa, sondern sie sind die Folge von krampfhaftem Wollen und hohem Ehrgeiz.

Die *Golden-Ear-Drops*-Essenz behandelt die verborgenen schmerzlichen Erinnerungen aus der Kindheit. Golden Ear Drops und Yerba Santa können deshalb auch zusammen eingenommen werden.

Zinnia
Zinnie, Zinnia elegans

Die Zinnie stammt aus der Familie der Korbblütler und ist eine beliebte Gartenblume. Sie war ursprünglich in Mexiko beheimatet. Die Pflanze trägt auf steifen behaarten Stengeln Blüten in vielen verschiedenen Farben.

Bei der Zinnia geht es um die Entdeckung des inneren Kindes. Die Zinnia-Essenz ist besonders wichtig für Menschen, die sehr ernst sind und Schwierigkeiten haben, fröhlich und unbeschwert zu sein. Oft ist der Zinnia-Typ sehr verantwortungsbewußt und nimmt zuviel auf sich. Er will alles gut und richtig machen, und er nimmt sich und die anderen dabei sehr ernst. Dabei hat er aber das Lachen völlig verlernt, Freude und Ausgelassenheit erscheinen ihm albern und unsinnig.

Die Zinnia unterstützt die Entwicklung eines fröhlichen und leichten Humors, durch den die Welt nicht mehr so ernst und schwer ist. Der Mensch gewinnt dadurch etwas Abstand zu sich selbst und kann auch mal über sich oder über eine komische Situation herzhaft lachen. Er entdeckt eine kindliche Unbeschwertheit an sich, die ihn sein übergroßes Verantwortungsgefühl leichter tragen läßt. Probleme können dann unverkrampfter und spielerischer gelöst werden.

Zinnia ist auch für Menschen hilfreich, die nur schwer Kontakt zu Kindern finden können. Mit der Zinnia kann man Kinder besser verstehen und sich auf ihre Ebene begeben, weil man die eigenen kindlichen Seelenaspekte wiederentdeckt und wieder zu spielen lernt.

Differenzierung von ähnlichen Essenzen

Auch die *Borage*-Menschen können nicht mehr lachen und fröhlich sein. Aber im Unterschied zu der Zinnia ist der Borage-Typ niedergeschlagen, bedrückt und findet den Zugang zu seiner inneren Kraft nicht mehr.

Unter der Bachblüte *Rock Water* findet man auch sehr ernste Menschen. Sie haben sehr strikte Vorstellungen und starre Prinzipien, die sie auch anderen Menschen auferlegen wollen.

Repertorium der Wirkungsweise von kalifornischen und Bachschen Blütenessenzen

B: Bachblütenessenz – wird in diesem Buch nicht beschrieben

A

abfinden, sich
Ablehnung
abgeschlagen
abgestumpft
Abgrenzung
Abhängigkeit
Ablenkbarkeit
Abrundung anderer Essenzen
abschalten
Abscheu
abseits stehen
Absicht
Abstand
abstillen
Abusus
Aggressionen
Ahnungen
Akademiker
aktiv
aktiviert
akzeptieren
allein sein
Alltagsarbeit
Alpha-Zustand
Alpträume
altern
altkluge Kinder
Altruismus
analysieren
Anerkennung

Anfall
anfangen
Anforderungen zu hoch
Anführer
Angst
Anmut
annehmen
Anpassung
Anspannung
Ansprüche
Anstrengung
Antriebsschwäche
Apathie
Arbeit
Ärger
Argwohn
Arroganz
Artikulation
Asket
Atheist
aufbauschen
aufbrausend
aufgeben
aufgeweckt
Aufmerksamkeit
Aufnahmefähigkeit
aufopfernd
aufstehen
Aura
Ausdauer
Ausdrucksweise

Auseinandersetzung
Ausgleich
ausgelaugt
Ausscheidung
Ausweglosigkeit
Autorität

B

bedrückt
Bedürfnisse
Beeinflußbarkeit
Befürchtungen
Begeisterung
beherrscht
Belastungen
Berufsentscheidung
beruhigt
Bescheidenheit
beschuldigt andere
besitzergreifend
Betäubungsmittel
Bettnässen
Beweglichkeit
bewußtmachen
Beziehungsprobleme
Blickwinkel
Blockaden

187

C

Chaos
cool

D

Demut
Denken
Depressionen
Desorientierung
dienen
Distanz
Drogenmißbrauch
dunkle Seite
Durchbruch
Durchhaltevermögen
durchsetzen
Dürre, innere

E

Egoisten
Ehrgeiz
Ehrlichkeit
Eifersucht
einbezogen sein
eindringlich
Eindrücke, viele
Einfluß

Einfühlungsvermögen
einmischen
Einsamkeit
Einsicht
Einsiedler
Einstimmung
Einzelheiten, Details
Eitelkeit
Ekel
Emotionen
empfänglich
empfindsam, sensibel
Energie
Entfremdung
Entgiftung
Enthusiasmus
Entkräftung
Entmutigung
Entscheidungen
Entschlossenheit
Entspannung
Erdverbundenheit
Erfolgszwang
Ernährungsfehler
ernste Menschen
Erschöpfung
Erste Hilfe
Erwartungshaltung
Eßsucht

F

Fähigkeiten
Familie
fasten
Faulheit
Fehler
Fehlgeburt
Feindseligkeit
Feinfühligkeit
fernsehen
festhalten
Flexibilität
Flucht
Freiheit
Freude
Freundschaft
Fröhlichkeit
Fruchtbarkeit
Frühgeburt
Frustration
Führungsposition

G

Geborgenheit
Gedanken
Geduld
geerdet sein
Gefühle
Gegenwart, mangelndes Interesse an der

geistige Klarheit
Geiz
Gelassenheit
Gereiztheit
Gesamtüberblick
Gewalttätigkeit
Gewohnheiten
Gier
Glaube
Gleichgewicht
Gleichgültigkeit
glücklich sein
Grausamkeit
Groll
Großzügigkeit
Gruppenarbeit

H

Handeln
harmoniebedürf-
  tig
Harmonisierung
Härte
Haß
Heilkraft
Helfersyndrom
Herausforderun-
  gen
Herz
Hoffnungslosig-
  keit

Humor
Hysterie

I, J

Idealismus
Ideen
Illusionen
Immunsystem
Individualität
Inspiration
Instinkt
Intellekt
Intoleranz
Intuition
Jähzorn
Jugendliche

K

Kampfbereitschaft
Kapitulation
Karriere
Katalysator
Katastrophe
Kinder
Klarheit
Klimakterium
Kommunikation
Konflikt
Konfrontation

Kontaktschwierig-
  keiten
Konzentration
Körper
Kreativität
Kritik
Kummer

L

lachen
Lampenfieber
Läuterung
Lebendigkeit
Lebensaufgabe
Lebensfreude
Lebensführung
Leichtigkeit
lernen
Lethargie
Liebe
Linderung
loslassen

M

Machtstreben
Magersucht
Manager
Manifestation
Männlichkeit

Märtyrerhaltung
Maske
Massage
Materialisten
Meditation
Midlife-crisis
Minderwertig-
  keitsgefühl
Mißbrauch, se-
  xueller
Mißtrauen
mißverstehen
Mitgefühl
Mond
Montag-morgens-
  Gefühl
Moral
Motivation
Müdigkeit
Mut
Mutter

N

Negativität
Neid
Nervosität
Neugeborene
Niedergeschlagen-
  heit
Nostalgie
Notfall

O

Oberflächlich-
  keit
Offenheit
Ordnung

P, Q

Panik
Paranoia
Pessimismus
Pflichtbewußt-
  sein
Phantasie
Professor, zer-
  streuter
Prüfung
Pubertät
Qual

R

Rastlosigkeit
Reinigung
Reisen
Reizüber-
  flutung
Reserviertheit
Resignation
Ruhe

S

Sammlung, in-
  nere
Schattenseiten
Schlaf
Schmerzen
Schock
Schüchternheit
Schuldgefühle
Schulschwierigkei-
  ten
Schutz
Schwäche
Schwangerschaft
  u. Geburt
Schwerfälligkeit
Schwermut
Selbstbewußtsein
Selbstaufgabe
Selbstausdruck
Selbstgefälligkeit
Selbstheilungs-
  kräfte
Selbstmitleid
Selbstsucht
Selbstverwirkli-
  chung
Selbstzerstörung
Sexualität
Sicherheit
Skrupellosigkeit
Sorgen

soziale Verantwor-
tung
Spiel
Spontaneität
Sprachstö-
rungen
Sprechen
Sprunghaftigkeit
Stabilisierung
Stadtleben
Stärke
Starrheit
Stille
Stimmung
Stolz
Strahlenschutz
Strenge
Streß
studieren
Suche
Sucht
Sünde

T

Tagträumer
teilen
Therapie-
resistenz
Tod
Toleranz
Trägheit

Trauer
Träume

U

Überaktivität
Überblick
Überempfindlich-
keit
Überforderung
Unbeweglichkeit
Uneigennützigkeit
Ungeduld
ungeliebt
Unkonzentriert-
heit
Unsicherheit
Unzulänglichkeit
Urteilsvermögen

V

Vaterbild
Veränderung
Verantwortungsbe-
wußtsein
Verbundenheits-
gefühl
Verdrängung
vergeben
Verkrampfung

Verlustängste
Vermeidung
Verständnis
Vertrauen
Verwundbar-
keit
Verzweiflung

W

Wachheit
Wärme
Weiblichkeit
Weichheit
Wetterfühlig-keit
Willenskraft
Wut

Z

Zentriertheit
Zerrissenheit
Zerstreutheit
Zielstrebigkeit
zuhören
Zurückhaltung
Zusammenarbeit
Zwangsvorstel-
lung
Zweifel
Zynismus

abfinden, sich

California Wild Rose **B**   Bei mangelnder Lebensfreude und Motivationslosigkeit

Wild Rose **B**   Für Menschen, die resigniert haben und nichts mehr vom Leben erwarten

Ablehnung

Buttercup   Bei einem tiefen Minderwertigkeitsgefühl gegenüber der eigenen Arbeit

Cerato **B**   Lehnt es ab, eigene Entscheidungen zu treffen

Golden Ear Drops   Bei Ablehnung in der Kindheit

Holly **B**   Fühlt sich abgelehnt, ist eifersüchtig und neidisch

Manzanita   Bei Ablehnung gegenüber allem Körperlichen

Sweet Pea   Fühlt sich von der Gemeinschaft abgelehnt und entwurzelt

Abgeschlagen

Aloe Vera   Für Menschen, die sich ausgebrannt und überarbeitet fühlen

Hornbeam **B**   Für Menschen, die müde und erschöpft sind von Routinetätigkeit, die keiner geistigen Anstrengung bedarf

Olive **B**   Bei totaler seelischer und körperlicher Erschöpfung

Wild Rose **B**   Bei Resignation und fehlender Lebenskraft

abgestumpft

California Poppy   Bei Abhängigkeit von Reizen von außen, das Seelenleben und die Phantasie sind abgestumpft

Hound's Tongue   Wenn das Bewußtsein auf rein materielle Dinge beschränkt ist

Morning Glory   Bei einem ungesunden Lebenswandel und krankmachenden Gewohnheiten

Abgrenzung

Beech **B**   Grenzt sich von anderen ab durch übermäßige Kritik und Intoleranz

Centaury **B**   Kann sich nicht abgrenzen – nicht nein sagen

Mountain Pennyroyal   Bringt Abgrenzung vor negativen Gedanken, sowohl den eigenen als auch den Gedanken anderer

Pink Yarrow   Bietet Schutz auf der emotionalen Ebene, wenn man dazu neigt, die Stimmungen anderer zu übernehmen

Rock Water **B**   Grenzt sich ab durch hohe Ideale, deren Einhaltung auch von anderen verlangt wird

Sweet Pea   Hat Angst vor dem Leben in einer Gemeinschaft

Trillium   Ist machthungrig und habgierig, andere grenzen sich ab

Water Violet **B**   Ist stolz und überheblich, kann alles allein

Abhängigkeit

Bleeding Heart   Identifiziert sich völlig mit seinem Partner, gibt die eigene Persönlichkeit auf

California Poppy   Ist abhängig von Eindrücken und Reizen von außen, hat keine inneren Bilder

Cerato **B**   Kann keine eigenen Entscheidungen treffen, braucht die Ratschläge anderer

Chicory **B**   Für jene, die andere durch übermäßiges Kümmern von sich abhängig machen

Ablenkbarkeit

Agrimony **B**   Ist ein sehr geselliger Mensch, lenkt von den eigenen Sorgen und Problemen ab – Suchtgefährdet

Clematis **B**   Für Tagträumer, die sich in schwierigen Situationen in eine Traumwelt zurückziehen

Filaree   Kann Wichtiges nicht von Unwichtigem unterscheiden, fühlt sich von den alltäglichen Aufgaben überfordert

Hornbeam **B**   Bei Antriebsschwäche, läßt sich von den eigentlichen Aufgaben ablenken

Madia   Bei Konzentrationsschwäche und Ablenkbarkeit

Scleranthus **B**   Bei stark wechselnden Stimmungen, kann nicht bei einer Sache bleiben

Abrundung anderer Essenzen

Lotus   Harmonisiert die Wirkung gegensätzlicher Essenzen, fördert die Selbsterkenntnis

Self Heal   Regt die Selbstheilungskräfte an, unterstützt die Wirkung anderer Essenzen

Yerba Santa   Kann Auswirkungen tiefgehender Essenzen (wie Black-Eyed Susan, Fuchsia) auffangen und lindern

abschalten

Chaparral   Reinigung von psychischen Giften, kann sich nicht von belastenden Eindrücken und Träumen lösen

Dill   Fühlt sich überwältigt vom Tempo des Lebens, kann viele verschiedene Eindrücke nicht verarbeiten

Impatiens **B**   Bei Ungeduld und Neigung zu Streß und Hektik, kann schwer zur Ruhe kommen

White Chestnut **B**   Kann ewig kreisende Gedanken nicht abschalten, der Kopf arbeitet auch im Schlaf weiter

Abscheu

California Pitcher Plant   Bei Abscheu vor den inneren Trieb- und Instinktkräften

Crab Apple **B**   Bei übermäßiger Reinlichkeit, bei Ekel vor Schmutz und Schweiß etc.

Manzanita   Bei Abscheu vor allem Körperlichen, wenn man den Körper als unrein und sündig erlebt

abseits stehen

Water Violet **B**   Bei zu großer Zurückhaltung, für Außenseiter

Absicht

Deer Brush   Bei Konflikt zwischen Herz und Verstand, man handelt, bevor man nachdenkt

Oregon Grape   Für Menschen, die anderen böse Absicht unterstellen, Paranoia

Abstand

Bleeding Heart   Wenn man nicht genügend Abstand zum Partner hat, man klammert sich an ihn und macht sich selbst unselbständig

Red Clover   Bei überschlagenden Emotionen und Gruppenhysterie, hilft, den Überblick zu bewahren und ruhig zu bleiben

Water Violet **B**   Man bewahrt immer Abstand zu anderen, ist distanziert und zurückhaltend

abstillen

Cayenne Hilft, sich von überkommenen Gewohnheiten zu lösen, und läßt Trägheit und Bequemlichkeit überwinden

Chicory **B** Wenn man sich zu sehr kümmert und das Kind nicht loslassen kann

Mariposa Lily Bei allzu enger Mutter-Kind-Beziehung, schafft eine harmonische Beziehung zwischen Mutter und Kind

Red Chestnut **B** Bei übergroßer Sorge um das Wohlergehen des Kindes

Walnut **B** Hilft, den Durchbruch zu schaffen und sich auf eine neue Situation einzulassen, für Mutter und Kind

Abusus

Agrimony **B** Bei Mißbrauch von Alkohol und Drogen, um die eigenen Probleme zu verbergen

California Poppy Bei Abhängigkeit von Stimulantien, läßt den Reichtum der Seele wieder erkennen

Cayenne Um sich von eingefleischten Gewohnheiten zu lösen

Chamomile Bei Nervosität und Hyperaktivität, beruhigt und bringt Gelassenheit

Cherry Plum **B** Bei Angst, ohne die Suchtmittel durchzudrehen oder die Kontrolle zu verlieren

Chestnut Bud **B** Wenn man immer wieder die gleichen Fehler macht und in gleiche Verhaltensmuster fällt

Morning Glory Um bestimmte Verhaltensweisen und Gewohnheiten als krankmachend und entwicklungshemmend zu erkennen

Self Heal Regt die Selbstheilung und die Reinigung von Giftstoffen an

Walnut **B** Um einen Neuanfang zu wagen

Wild Oat **B** Hilft, den Lebensweg zu finden und diesen zielstrebig zu verfolgen

Aggressionen

Centaury **B**   Vermeidet A. aus Angst vor Liebesentzug, läßt sich ausnutzen

Clematis **B**   Flieht vor Aggressionen in eine positive Traumwelt

Holly **B**   Bei Haß, Neid und Zorn

Larkspur   Unterdrückt andere durch unnachgiebige Forderung nach Pflichterfüllung

Mountain Pride   Vermeidet A. und Auseinandersetzungen, hilft, die positive Seite von offenen Konfrontationen zu erkennen

Scarlet Monkeyflower   Unterdrückt starke Gefühle wie Zorn und Wut

Sunflower   Bei A. und selbstgefälligem Verhalten, bei Problemen mit dem Vater

Tiger Lily   Bei aggressivem Machoverhalten, ist steitsüchtig und kampflustig

Trillium   »Geht über Leichen«, wenn es um Macht und Besitz geht

Vine **B**   Fordert die Erfüllung seines Willens, ist tyrannisch und dominant

Ahnungen

Aspen **B**   Wenn man dunkle Vorahnungen und Befürchtungen hat

Akademiker

Nasturtium   Bei Müdigkeit durch einseitige geistige Tätigkeit

Peppermint   Bei geistiger Trägheit, schafft ein waches Bewußtsein

Rabbitbrush   Für den »zerstreuten Professor«, hilft, die Aufmerksamkeit auf viele Dinge gleichzeitig zu lenken

aktiv

Agrimony **B**　Man ist immer aktiv, um nicht zur Ruhe zu kommen und über die eigenen Sorgen nachdenken zu müssen

Chamomile　Bei Hyperaktivität und Schlafstörungen

Elm **B**　Für jene, die viel bewältigen, sich aber zeitweise überlastet fühlen

Impatiens **B**　Kann schnell und gut arbeiten, kann aber die Langsamkeit anderer nicht ertragen

Oak **B**　Für »Arbeitstiere«, die ein übermäßiges Pflichtbewußtsein haben

Vervain **B**　Bei starker Begeisterungsfähigkeit, die alles »150prozentig« machen möchte

aktiviert

Cayenne　Als Katalysator, um längst nötige Veränderungen anzufangen und sich von alten Gewohnheiten zu befreien

Hornbeam **B**　Bei Antriebslosigkeit, wobei die einmal angefangene Arbeit dann aber zu Ende gebracht wird

Hound's Tongue　Bei rein materieller Einstellung, ermöglicht die Einbeziehung geistiger Wahrheiten

Tansy　Bei Trägheit und Bequemlichkeit

akzeptieren

Beech **B**　A. der Meinung und Ansichten anderer

Holly **B**　Sich selbst a. und andere liebevoll annehmen

Pomegranate　A. der eigenen Weiblichkeit und der weiblichen Kraft und Kreativität

Rock Water **B**　A. der Lebensweise anderer, ohne diese zu missionieren

Saguaro　A. von wahrer Autorität und von sinnvollen Traditionen und Ritualen

allein sein

Agrimony **B**   Vermeidet das A., um sich nicht mit sich selbst beschäftigen zu müssen

Heather **B**   hat große Angst vor dem Alleinsein, braucht immer einen Zuhörer

Impatiens **B**   Macht alles alleine, weil ihm die anderen zu langsam oder zu schlecht arbeiten

Mallow   Hat Schwierigkeiten, anderen seine Zuneigung und Gefühle der Nähe und Geborgenheit zu zeigen

Star Thistle   Ist allein, weil er weder sich noch seinen Besitz mit anderen teilen kann

Violet   Meidet die Gruppe, weil Befürchtungen bestehen, in der Gruppe unterzugehen

Water Violet **B**   Ist gerne allein, Auseinandersetzung mit anderen ist zu anstrengend

Alltagsarbeit

Clematis **B**   Für Tagträumer, kümmert sich nicht um die gegenwärtige Situation, ist geistig abwesend

Filaree   Man macht sich Sorgen um Nichtigkeiten, fühlt sich überfordert von der alltäglichen Arbeit

Hornbeam **B**   Bei Antriebsschwäche und Müdigkeit durch eintönige Routinearbeit

Olive **B**   Bei totaler Erschöpfung, kann den Alltag nicht mehr bewältigen

Alpha-Zustand

Mugwort   Öffnet den Zugang zum Unterbewußtsein, erleichtert den Übergang in einen Entspannungszustand

Alpträume

Aspen **B**   Hat dunkle Ahnungen und Befürchtungen, diffuse Ängste in der Nacht

Chaparral   Hilft, starke Eindrücke und belastende innere Bilder in den Träumen aufzulösen

Saint John's Wort   Bei nächtlichen Traumata und Alpträumen, Ängste durch außerkörperliche Zustände, bei Bettnässen

altern

Beech **B**   Für übermäßig kritische, unzufriedene Menschen

Buttercup   Wenn die eigenen Fähigkeiten als nichtig und wertlos betrachtet werden

Chicory **B**   Für Menschen, die sehr viel Aufmerksamkeit brauchen

Honeysuckle **B**   Bei Sehnsucht nach vergangenen Tagen, (»Früher war alles viel besser«)

Mallow   Bei Schwierigkeiten, auf andere zuzugehen und Zuneigung zu zeigen

Oregon Grape   Wenn man allen anderen böse Absichten unterstellt und sich von seinen Mitmenschen bedroht fühlt

Penstemon   Um ungewöhnlich schwere Lebensumstände durchzustehen (wie Krankheit oder Behinderung), für Durchhaltevermögen und Kraft

Willow **B**   Bei Neigung zu Selbstmitleid und Jammern, wenn man mit dem Schicksal hadert

altkluge Kinder

Heather **B**   Für Kinder, die sehr viel reden und jedem alles erzählen

Altruismus

Centaury **B**   Übertriebene Hilfsbereitschaft, unterdrückt die eigenen Bedürfnisse

Chicory **B**   Kümmert sich zu sehr um das Wohl anderer, will dadurch unbewußt Einfluß nehmen

Elm **B** Übernimmt viel Verantwortung und kann gut organisieren, fühlt sich vorübergehend überfordert

Heather **B** Redet nur von sich selbst und kann nicht zuhören

Larkspur Führungsqualitäten werden auf negative Weise ausgelebt, übertriebenes Pflichtbewußtsein wird auf andere projiziert

Red Chestnut **B** Macht sich große Sorgen um geliebte Menschen

Trillium Ist nur an Macht und Besitz orientiert, nutzt andere aus

analysieren

Gentian **B** Für jene, die schon im voraus über den schlechten Ausgang der Dinge wissen, Pessimisten

Mimulus **B** Sichert sich aus Ängstlichkeit ab

Star Tulip Für sehr vernunftorientierte Menschen, die nur schwer Zugang zu ihrer Intuition haben

Anerkennung

Centaury **B** Ist übertrieben hilfsbereit und läßt sich ausnutzen, um anerkannt und geliebt zu werden

Goldenrod Erlangt A. durch besonders auffälliges Verhalten und durch Negativaufmerksamkeit

Manzanita Hat Schwierigkeiten mit der A. des eigenen Körpers

Oregon Grape Kann den guten Willen anderer nicht anerkennen

Anfall

Aspen **B** Angst vor dem Unbekannten, für Menschen, die von schrecklichen Ahnungen heimgesucht werden

Cherry Plum **B** Bei Angst durchzudrehen, bei Hysterie

Red Clover   Wenn Emotionen außer Kontrolle geraten und sich aufschaukeln, bei Massenhysterie

Scarlet Monkeyflower   Unterdrückt heftige Emotionen wie Zorn und Wut, bis diese anfallartig und unkontrollierbar zum Ausbruch kommen.

Star of Bethlehem **B**   Bei Schock und großer Seelennot

Vine **B**   Reagiert mit Jähzorn, wenn sein Wille nicht erfüllt wird

anfangen

Blackberry   Um Gedanken und Ideen in die Realität umzusetzen

Cayenne   Als Katalysator, um Gewohnheiten zu durchbrechen, bringt »Feuer« in die Willenskraft

Hornbeam **B**   Wenn man schwer die Arbeit anfangen kann, bei mangelnder Antriebskraft und Motivation

Tansy   Bei Faulheit und Bequemlichkeit

Wild Oat **B**   Bei Unentschlossenheit, welche der vielen Möglichkeiten man verwirklichen soll

Anforderungen zu hoch

Cerato **B**   Kann keine eigenen Entscheidungen treffen, zweifelt an der eigenen Entschlußkraft

Elm **B**   Bei dem vorübergehenden Gefühl der Überforderung und Überbelastung

Filaree   Fühlt sich vom Alltag überfordert, kann Wichtiges nicht von Unwichtigem unterscheiden, verzettelt sich

Rabbitbrush   Wenn die gleichzeitige Aufmerksamkeit für viele verschiedene Details erforderlich ist

Anführer

Larkspur   Bei falschverstandenem Pflichtbewußtsein, ermöglicht großmütige und gelassene Führungsqualitäten

Mountain Pride Für »spirituelle« Kampfbereitschaft, bei Konfliktscheu

Red Clover Um bei aufgewühlten Emotionen den Überblick behalten zu können und die Führung einer hysterischen Gruppe zu übernehmen

Sunflower Bei Selbstgefälligkeit und stark ausgeprägtem Egoismus

Tiger Lily Bei übermäßiger Aggressivität, bei Streitsucht und kämpferischem Macho-Verhalten

Vine **B** Bei Neigung, seine Mitmenschen zu tyrannisieren und ihnen seinen Willen aufzuzwingen

Angst

Agrimony **B** A. vor der Begegnung mit den eigenen Problemen, Suchtgefahr!

Aspen **B** A. vor dem Unbeschreiblichen, irrationale oder diffuse Ängste

Blackberry A. vor dem Tod und vor dem Leben, bei Unfähigkeit, ein Risiko einzugehen und seine Träume und Ideen in die Realität umzusetzen

Black-Eyed Susan A., den eigenen Schattenseiten zu begegnen und zu verdrängten Schlüsselproblemen vorzudringen

Cherry Plum **B** A. davor, durchzudrehen oder in Bedrängnis anderen etwas anzutun

Clematis **B** A. vor der Wirklichkeit, für Menschen, die sich aus unangenehmen Situationen in ihre Träume flüchten

Crab Apple **B** A. vor Schmutz und Bakterien, für Menschen, die sich innerlich unrein fühlen, bei Waschzwang

Fuchsia A. vor seinen echten Gefühlen, bei Neigung, Gefühle zu übertreiben und zu dramatisieren

Garlic Bei nervösen Ängsten und Lampenfieber

Heather **B** A. vor dem Alleinsein, für Menschen, die immer einen Zuhörer brauchen

Larch **B**   Bei Versagensängsten, für Menschen mit einem schlechten Selbstvertrauen

Mallow   A., anderen seine Zuneigung zu zeigen, hilft, Barrieren in freundschaftlichen Beziehungen zu überwinden

Mimulus **B**   A. vor allem Benennbaren

Mountain Pride   A. vor direkter Auseinandersetzung und Konfrontation, Konfliktscheu

Oregon Grape   A. vor den Mitmenschen, für Menschen, die sich von der Umwelt bedroht fühlen, Paranoia

Red Chestnut **B**   A. und Sorge um geliebte Menschen, für Menschen, die fürchten, anderen könnte etwas zustoßen

Rock Rose **B**   Bei panischer Angst und Todesangst, Notfallessenz!

Saint John's Wort   Bei nächtlichen Angstzuständen und Alpträumen, besonders bei Kindern

Scarlet Monkeyflower   A. vor heftigen Emotionen wie Zorn und Wut, bei Neigung, solche Gefühle zu unterdrücken

Star Thistle   A. davor, Mangel zu erleiden, bei Geiz und Besitzgier

Sticky Monkeyflower   A. vor Intimität und Sexualität, meistens durch traumatische sexuelle Erlebnisse verursacht

Sweet Pea   A. vor sozialer Verantwortung und Bindung an eine Familie oder Gemeinschaft

Trumpet Vine   Bei gehemmtem Selbstausdruck in Sprache, Gestik und Mimik

Violet   A., in einer Gruppe nicht wahrgenommen oder von anderen Menschen »überschwemmt« zu werden

Anmut

Deer Brush   Für Reinheit des Herzens, bei Konflikten zwischen Herz und Verstand

Dogwood   Bei Neigung zu Selbstzerstörung und Unfällen,

wenn der Bezug zum Körper fehlt und die Bewegungen kantig und unbeholfen wirken

Lotus   Fördert die Selbsterkenntnis, Meditationsessenz

Quince   Für harte, unnachgiebige Menschen, bringt Weichheit und Sanftmut

Star Tulip   Für rationale Menschen, öffnet die Seele für die innere Führung

Trumpet Vine   Fördert einen gesunden Selbstausdruck, bei Sprachstörungen und gehemmter Mimik und Gestik

annehmen

Agrimony **B**   Kann seine Probleme nicht a., versucht sich durch permanente Gesellschaft oder mit Drogen abzulenken

Beech **B**   Bei scharfer Kritik und Intoleranz, kann die Fehler und Unzulänglichkeiten anderer nicht a.

Bleeding Heart   A. der eigenen Selbständigkeit, bei Überidentifikation mit dem Partner

Buttercup   Befindet seine Arbeit und seine Fähigkeiten als minderwertig, ist schüchtern und kann sich nicht a.

Fuchsia   Verbirgt tiefe Gefühle hinter einer Fassade aus gespielten, übertriebenen Emotionen, A. von wahren Gefühlen

Holly **B**   Bringt größere Selbstannahme und gegenseitiges Verständnis, bei Neid, Haß und Eifersucht

Manzanita   A. des eigenen Körpers als »Tempel der Seele«, um das Körperliche mit Seele und Geist zu verbinden

Mountain Pride   A. von Konflikten und Auseinandersetzungen als Möglichkeit der Klärung und Problemlösung

Pine **B**   Bei starken Schuldgefühlen, kann sich selbst nicht vergeben

Pomegranate   A. der eigenen Weiblichkeit, Entwicklung der weiblichen Kreativität in Familie oder Beruf

Quince Bei Härte und Unnachgiebigkeit, um weibliche Eigenschaften nicht als Schwäche zu empfinden

Scarlet Monkeyflower Kann heftige Gefühle nicht a., unterdrückt Zorn und Wut

Zinnia A. des inneren Kindes, für Fröhlichkeit und Ausgelassenheit, um das Leben nicht so ernst zu nehmen

Anpassung

Centaury **B** Paßt sich zu sehr an, kann sich nicht abgrenzen

Goldenrod Verhält sich auffällig und »unangepaßt«, um Aufmerksamkeit zu erhalten

Mountain Pride A., um Konflikte und Auseinandersetzungen zu vermeiden

Rock Water **B** Verlangt die A. anderer an die eigenen hohen Ideale und Prinzipien

Saguaro Bei Konflikten mit Autoritätspersonen, lehnt jede Vorschrift ab, kann sich nicht unterordnen

Sweet Pea Vermeidet soziale A., Einzelgänger, der die Aufgaben in einer Gemeinschaft scheut

Anspannung

Aloe Vera Mißachtet das Erholungsbedürfnis des Körpers, überarbeitet sich

Chamomile Bei krampfhaftem Wollen, Nervenanspannung und Hyperaktivität

Cherry Plum **B** Steht unter Druck, kontrolliert sich stark aus Angst, durchzudrehen

Dandelion Bei emotionalen Spannungen, die sich im Muskelgewebe als Verspannung festsetzen

Impatiens **B** Bei Streß und Nervosität, schnelle Arbeiter, die anderen die Arbeit aus Ungeduld abnehmen

Lavender Bei starker Nervenanspannung, für Menschen, die sich auf dem spirituellen Weg unter Druck setzen

Scarlet Monkeyflower Unterdrückt starke Emotionen wie Wut und Zorn

Vervain **B** Bei übergroßer Begeisterungsfähigkeit, macht alles »150prozentig«

Yerba Santa Bei Spannung, die die Atmung behindert, bei verinnerlichter Traurigkeit

Ansprüche

Beech **B** Hat hohe ästhetische A., ist überkritisch und intolerant

Chicory **B** Kümmert sich zuviel, erwartet Dankbarkeit und Gegenleistung

Dandelion Will sein Leben im voraus planen und kontrollieren, unterdrückt Gefühle, die sich dann als Verspannungen äußern

Larkspur Erwartet von anderen dieselbe übertriebene Pflichterfüllung wie von sich selbst, ist selbstgefällig und kleinlich

Rock Water **B** Hat hohe Ideale und starre Prinzipien, hart gegen sich selbst

Vine **B** Erwartet die Erfüllung seines Willens ohne Rücksicht auf die Bedürfnisse anderer

Anstrengung

Aloe Vera Verausgabt seine schöpferische Kraft völlig, vernachlässigt die Gefühlswelt

Clematis **B** Will sich nicht anstrengen, lebt in einer Traumwelt

Elm **B** Bei einem vorübergehenden Gefühl der Überforderung, wenn vieles gleichzeitig bewältigt werden muß

Oak **B** Für »Arbeitstiere« mit einem übertriebenen Pflichtbewußtsein, Kämpfer, die niemals aufgeben

Olive **B** Bei körperlicher und seelischer Erschöpfung, gibt neue Kraft

Tansy   Vermeidet jede A., ist faul und bequem

Vervain **B**   Hat viele Ideen und Projekte, möchte alles gleich gut und gleich perfekt machen

Wild Oat **B**   Ist vielseitig begabt, macht alles gleichzeitig

Wild Rose **B**   Bei Resignation, Apathie und mangelnder Lebensfreude

Antriebsschwäche

Blackberry   Um die eigenen Grenzen zu überschreiten, um Gedanken und Wünsche in die Realität umsetzen

Clematis **B**   Bei geistiger Abwesenheit und Tagträumerei

Gorse **B**   Aus Hoffnungslosigkeit über die eigene Situation, hat schon vieles versucht

Hornbeam **B**   Hat Schwierigkeiten, die Aufgaben des Tages anzufangen, braucht eine lange Anlaufzeit

Mustard   Depression und A., die wie aus »heiterem Himmel« kommt und keine erkennbare Ursache hat

Nasturtium   Bei Müdigkeit, die mit zuviel »Kopfarbeit« einhergeht

Peppermint   Für geistige Faulenzer, Trägheit der Gedanken

Tansy   Bei allgemeiner Trägheit und Antriebslosigkeit, für faule und bequeme Menschen

Apathie

Blackberry   Für Menschen, die kein Risiko eingehen wollen und sich vor dem Tod fürchten

Clematis **B**   Für Menschen, die sich ganz ihren Träumen und Phantasien hingeben und nicht mehr an der Gegenwart teilnehmen

Gorse **B**   Bei Hoffnungslosigkeit von Menschen, die schon sehr lange Zeit unter irgend etwas leiden und keinen Ausweg gefunden haben

Mustard **B**   Depressionen, die sich wie »eine dunkle Wolke« auf den Betroffenen legen

Scotch Broom Bei Hoffnungslosigkeit über die Weltsituation und dem Gefühl, »klein und unbedeutend« zu sein

Tansy A. aus Sicherheitsdenken und Bequemlichkeit

Wild Rose **B** Bei Resignation und Kapitulation vor dem Leben, bei fehlender Lebensfreude

Arbeit

Aloe Vera Mißachtet das Ruhebedürfnis seinen Körpers, »zündet die Kerze an beiden Enden an«

Elm **B** Kann viel Verantwortung tragen, fühlt sich nur vorübergehend überlastet

Impatiens **B** Für schnelle Arbeiter, die nicht mit ansehen können, daß andere langsamer arbeiten – wird leicht ungeduldig und nervös

Madia Fördert die Konzentration, wenn man sich leicht ablenken läßt

Oak **B** Für »Arbeitstiere«, die sich keine Schwäche eingestehen können, übersteigertes Pflichtbewußtsein

Scleranthus **B** Kann nicht bei einer Sache bleiben, arbeitet nach dem Lustprinzip

Vervain **B** Überarbeitet sich aus Begeisterung, will alles »150prozentig« machen

Ärger

Beech **B** Ärgert und beschwert sich über die Fehler und Unzulänglichkeiten anderer, Intoleranz

Centaury **B** Unterdrückt Ärger und Wut aus Angst vor Liebesentzug, kann nicht nein sagen

Holly **B** Bei Neid, Eifersucht und Ärger in Beziehungen, fördert gegenseitiges Verständnis

Scarlet Monkeyflower Unterdrückt Ärger, Wut und Zorn, bis es sich soweit angestaut hat, daß es unkontrollierbar zum Ausbruch kommt

Argwohn

Holly **B**   Bei Neid und Eifersucht, vor allem wenn diese Gefühle unbegründet sind

Oregon Grape   Unterstellt anderen schlechte Absichten, fühlt sich von allen anderen bedroht, Paranoia

Arroganz

Beech **B**   Ewige Nörgler, die alles besser wissen und an allem etwas auszusetzen haben

Calendula   Bei harter und arroganter Ausdrucksweise, bei Kälte und Ironie in der Wortwahl

Larkspur   Bei Selbstgerechtigkeit und falschverstandener Führungsrolle, oktroyiert anderen das eigene übertriebene Pflichtbewußtsein

Vine **B**   Stellt seinen Willen über den der anderen, ist tyrannisch und dominant

Water Violet **B**   Distanzierte Menschen, die leicht überheblich und stolz wirken

Artikulation

Calendula   Wenn man nicht den richtigen Ton trifft und andere vor den Kopf stößt, bringt Wärme und Heilung in die Sprache

Trumpet Vine   Bei Ausdrucks- und Sprachstörungen, bei gehemmtem und unsicherem Selbstausdruck

Asket

Basil   Wenn man Sexualität als hinderlich empfindet für die spirituelle Entwicklung

Manzanita   Empfindet alles Körperliche als »niedrig« und »sündig«, möchte sich von seinem Körper befreien und ganz »Geist« werden

Rock Water **B**   Wenn man übermenschlich hohe Ideale verfolgt und peinlich genau auf deren Einhaltung achtet

Atheist

Rock Water **B**   Ist A. aus Prinzip, möchte andere missionieren

Saguaro   Lehnt Gott als Autorität ab, läßt sich von niemandem etwas vorschreiben

Sunflower   Vaterproblematik, lehnt Gott als Vaterfigur ab, bei Selbstgefälligkeit und Egoismus

aufbauschen

Fuchsia   Bei Hyperemotionalität, überspielt wahre Gefühle mit übertrieben dramatischem Schauspiel

Heather **B**   Dreht sich nur um die eigenen Gefühle und Zustände, nimmt andere gar nicht wahr

aufbrausend

Impatiens **B**   Ist ungeduldig und »fährt leicht aus der Haut«, kann nicht ertragen, wenn andere langsamer sind

Sunflower   Bei Aggressionen, die mit dem Vater zu tun haben

Tiger Lily   Bei übertrieben männlich-aggressivem Verhalten, reagiert unter Streß extrem aggressiv

aufgeben

Centaury **B**   Gibt sich selbst auf, läßt sich unterdrücken und ausnützen, bei Willensschwäche

Gentian **B**   Gibt schnell auf, ist pessimistisch und hat keine Ausdauer

Gorse **B**   Hat aufgegeben, an die eigene Heilung zu glauben

Larch **B**   Bei mangelndem Selbstvertrauen, erwartet Fehlschläge aufgrund der eigenen Unfähigkeit

Oak **B**   Gibt *nie* auf, Kämpfer, die sich auch durch die widrigsten Umstände durchbeißen

Penstemon   Fördert Ausdauer und Durchhaltevermögen in extrem schwierigen Lebensumständen und Krisen, zum Beispiel bei schwerer Krankheit, Behinderung oder bei Scheidung etc.

Wild Rose **B**   Erwartet nichts mehr vom Leben, hat resigniert und alles aufgegeben

aufgeweckt

Clematis **B**   Fördert die aktive Teilnahme am gegenwärtigen Geschehen, für abwesende, träumende Menschen

Hornbeam **B**   Bei geistiger Müdigkeit aufgrund von Routinearbeit, bei Antriebsschwäche

Madia   Bei Konzentrationsschwäche und Ablenkbarkeit, unterstützt die Fokussierung der Gedanken

Morning Glory   Bringt Frische und Stehvermögen für den Tag

Peppermint   Für geistige Frische und erhöhte Aufmerksamkeit, bei geistiger Trägheit

Saint John's Wort   Bei außerkörperlichen Zuständen, stärkt das innere Licht

White Chestnut **B**   Bei kreisenden Gedanken, wenn man nicht abschalten kann

Aufmerksamkeit

Chestnut Bud **B**   Lebt in der Zukunft, achtet nicht auf den Augenblick und macht immer wieder die gleichen Fehler

Chicory **B**   Kümmert sich um alles, erwartet Dankbarkeit und A.

Clematis **B**   Träumer, die unaufmerksam und geistig abwesend sind

Goldenrod   Bei betont abstoßendem und negativem Verhalten, um die A. der anderen zu erhalten

Heather **B** Hat nur die eigenen Geschichten im Sinn, kann sich nicht auf andere einstellen, fordert ganze A.

Honeysuckle **B** Sehnt sich nach der Vergangenheit, mißt die Gegenwart an vergangenen Situationen

Rabbitbrush Wenn es nötig ist, gleichzeitig viele Details zu berücksichtigen und dabei das große Ganze zu überblicken

Aufnahmefähigkeit

Corn Fördert die Beziehung zur »Mutter Erde«, in der Großstadt bei dem Gefühl des Verlorenseins und der Desorientierung

Dill Hat Schwierigkeiten, viele Eindrücke zu verarbeiten, hilfreich für Reisen und Stadtleben

Lotus Meditationsessenz! Fördert die Wahrnehmung auf einer höheren Ebene und Selbsterkenntnis

Madia Für Konzentration und Sammlung, bei Ablenkbarkeit und Unkonzentriertheit

Peppermint Für geistige Frische und waches Bewußtsein, erhöht die A. und die Lernfähigkeit

Star Tulip A. für Intuition und die Botschaften der Seele, für verstandesbetonte und vernünftige Menschen

aufopfernd

Bleeding Heart Opfert sich für den Partner auf, macht sich abhängig

Centaury **B** Ist übertrieben hilfsbereit, läßt sich ausnützen und kann sich nicht abgrenzen

Chicory **B** Macht alles für andere, um diese leiten und beeinflussen zu können

Mariposa Lily Bei zu enger Mutter-Kind-Beziehung, wenn zu große Abhängigkeit besteht

Pine **B** Tut vieles aus Schuldbewußtsein, hat Angst etwas falsch zu machen

Red Chestnut **B**   Ängstigt sich um geliebte Menschen, will sie beschützen

aufstehen

Clematis **B**   Für Tagträumer, die nicht aktiv am Tagesgeschehen teilnehmen wollen

Filaree   Wenn man sich von der Last des Tages erdrückt fühlt und sich um jede Kleinigkeit große Sorgen macht

Hornbeam **B**   Für »Montag-morgens«-Gefühl, bei Antriebsschwäche und geistiger Müdigkeit

Morning Glory   Bringt Frische und Stehvermögen für den Tag, um krankmachende Gewohnheiten zu überwinden

Olive **B**   Bei große Erschöpfung, bei seelischer und körperlicher Kraftlosigkeit

Aura

Pink Yarrow   Schützt die A. auf der emotionalen Ebene

Saint John's Wort   Stärkt das innere Licht, bei nächtlichen Angstzuständen und bei außerkörperlichen Erfahrungen

Yarrow   Allgemeiner Schutz der A. vor schädlichen Umwelteinflüssen

Ausdauer

Gentian **B**   Für Menschen, die schnell aufgeben und eine pessimistische Grundhaltung haben

Indian Paintbrush   Für A. in der kreativen Arbeit, um die kreative Energie aufrechtzuerhalten

Madia   Bei Ablenkbarkeit und mangelnder Konzentration, fördert Konzentration und Ausdauer

Mountain Pride   Gibt Mut und A. für offene Konfrontation und Auseinandersetzung

Mullein   Kennt die eigenen Fähigkeiten nicht und macht anderen etwas vor, läßt sich nicht festlegen

Oak **B**   Arbeitet bis zum Zusammenbruch, gibt nie auf

Scleranthus **B**   Bei stark wechselnden Stimmungen, hat keine A. und arbeitet nach »Lust und Laune«

Ausdrucksweise

Calendula   Bei harter, ironischer oder oberflächlicher A.

Garlic   Bei Lampenfieber und nervösen Ängsten

Larch **B**   Bei mangelndem Selbstvertrauen, traut sich nicht, etwas zu sagen

Trumpet Vine   Bei Hemmungen und Störungen im sprachlichen Ausdruck, bei Stottern und Sprachstörungen

Auseinandersetzung

Agrimony **B**   Überspielt Ärger und A. mit Witz und aufgesetzter Fröhlichkeit, Gruppenclown

Centaury **B**   Fürchtet A., will geliebt und anerkannt werden, unterdrückt den eigenen Ärger und die eigenen Bedürfnisse

Hound's Tongue   Bei rein materialistischer Lebenseinstellung, erleichtert die Begegnung und A. mit geistigen Wahrheiten

Mountain Pride   Flieht vor A., ist konfliktscheu und fürchtet die offene Konfrontation

Saguaro   Lehnt sich gegen jede Art von Autorität auf, »Revoluzzer«, der verschiedene Arten von Autorität nicht unterscheiden kann

Tansy   Vermeidet A. aus Bequemlichkeit und Sicherheitsdenken

Tiger Lily   Liebt die A. und den Kampf, bei übertrieben männlich-aggressivem Verhalten

Water Violet **B**   A. mit anderen wird als anstrengend und lästig erlebt, macht lieber alles allein

Ausgleich

Chamomile Für hyperaktive, unruhige Menschen, wirkt beruhigend und ausgleichend auf die Seele

Corn Stabilisiert und erdet unter großen Menschenansammlungen und in der Großstadt

Lavender Bei hoher Nervenbelastung und bei krampfhaftem Verfolgen spiritueller Ziele, fördert einen gesunden Schlaf

Lotus Schafft A. bei in sich gegensätzlichen Essenzenmischungen, wirkt als Verstärker auf andere Essenzen

Mugwort Stellt die Verbindung zur unbewußten Hälfte der Persönlichkeit her, schafft A. zwischen Wach- und Traumbewußtsein

Pink Yarrow Stärkt und harmonisiert die Aura im emotionalen Bereich, gibt Schutz vor den negativen Stimmungen anderer

Self Heal Gleicht starke Wirkungen von Blütenessenzen aus, regt die Selbstheilungskräfte an

Yerba Santa Kann die Wirkung aufwühlender Essenzen (Fuchsia, Black-Eyed Susan, Golden Ear Drops) auffangen und stabilisieren

ausgelaugt

Aloe Vera Ignoriert das Ruhebedürfnis des Körpers, verausgabt die schöpferische Kraft, vernachlässigt die »Herzensangelegenheiten«

Borage Fühlt sich niedergeschlagen und bedrückt, hat keinen Zugang zur eigenen Kraft

Centaury **B** Helfersyndrom, durch übermäßige Hilfsbereitschaft a. und erschöpft, vernachlässigt die eigenen Bedürfnisse

Nasturtium A. aufgrund von zuviel »Kopfarbeit«, Erschöpfung, die mit rein geistiger Tätigkeit einhergeht

Oak **B** Arbeitet bis zur totalen Erschöpfung – Workaholic –, übernimmt auch die Pflichten anderer

Olive **B**   Bei körperlicher und seelischer Erschöpfung, durch Überanstrengung oder Krankheit

Self Heal   Bei Erschöpfung der Lebenskraft, um die innere Heilung zu unterstützen

Ausscheidung

Crab Apple **B**   Reinigungsessenz, fördert innere und äußere Reinigung

Mountain Pride   Hilft, sich von negativen Gedanken zu lösen, fördert die A. von Schlacken

Self Heal   Unterstützt die Selbstheilung und die A. von seelischen und körperlichen Giftstoffen, hilfreich beim Fasten

Ausweglosigkeit

Borage   Ist niedergeschlagen und bedrückt, sieht keinen Ausweg bei einer emotionalen Krise

Cherry Plum **B**   Hat Angst, wahnsinnig zu werden in ausweglosen Situationen

Gorse **B**   Findet die eigene Situation ausweglos, hat keine Hoffnung auf Heilung

Scotch Broom   Empfindet die Weltlage als ausweglos, fühlt sich unfähig, etwas für die Allgemeinheit zu verändern

Sweet Chestnut **B**   Bei grenzenloser Verzweiflung, wenn die Grenzen des Erträglichen erreicht sind, »für die dunkle Nacht der Seele« (Bach)

Wild Rose **B**   Hat vor dem Leben kapituliert, findet keinen Sinn mehr

Autorität

Centaury **B**   Schwache Willenskraft, läßt sich unterdrükken und ausnutzen

Cerato **B** Ist obrigkeitshörig und unfähig, eigene Entscheidungen zu treffen

Saguaro Lehnt grundsätzlich jede A. ab, lebt im Kampf mit der ganzen Welt

Sunflower Bei Schwierigkeiten mit dem Vater und mit der eigenen Identitätsfindung

Tiger Lily Bei Machoverhalten, ist streit- und kampfeslustig

Trillium Ist gierig nach Macht und Besitz, setzt unter allen Umständen seine Bedürfnisse durch

Vine **B** Ist autoritär und tyrannisch, zwingt anderen seinen Willen auf

Walnut **B** Schützt die Persönlichkeit vor dominanten Einflüssen durch andere, bei Beeinflußbarkeit

bedrückt

Agrimony **B**   Verbirgt die inneren Sorgen und Qualen hinter einer fröhlichen Maske, leidet oft innere Qualen, die niemand kennt

Borage   Fühlt sich b. und niedergeschlagen aufgrund emotionaler Konflikte

Chicory **B**   Ist b. und fühlt sich als Opfer, weil andere die gutgemeinten Ratschläge nicht annehmen

Heather **B**   Fühlt sich b. und einsam, ist nur mit den eigenen Problemen beschäftigt

Red Chestnut **B**   Macht sich große Sorgen um geliebte Menschen, fürchtet, es könnte ihnen etwas zustoßen

White Chestnut **B**   Ist b. aufgrund negativer, ständig kreisender Gedanken, kann nicht abschalten

Bedürfnisse

California Pitcher Plant   Unausgewogenheit von Instinkt und Intellekt, unterdrückt die triebhaften B. oder lebt sie übermäßig aus

Centaury **B**   Vernachlässigt den eigenen Willen und B. zugunsten anderer, übertriebene Hilfsbereitschaft

Manzanita   Unterdrückt die B. seines Körpers, lehnt den Körper an sich ab, bei religiös-asketischer Lebenseinstellung

Rock Water **B**   Unterdrückt die B. seiner Seele, lebt streng nach Prinzipien und Vorschriften, ist hart gegen sich selbst

Trillium   Fordert die augenblickliche Erfüllung seiner B., spielt mit der Macht

Beeinflußbarkeit

Centaury **B** Läßt sich unterdrücken und beeinflussen, um anerkannt zu sein, läßt sich ausnutzen aus mangelnder Willenskraft

Cerato **B** Ist abhängig von der Meinung anderer, trifft keine eigenen Entscheidungen, ist stark beeinflußbar

Larch **B** Bei schlechtem Selbstvertrauen, läßt sich die eigene Unfähigkeit von anderen einreden

Mountain Pennyroyal B. durch negative Gedanken anderer, kann sich nicht abgrenzen

Pink Yarrow Schutz im emotionalen Bereich, beeinflußt von den Stimmungen und Schwingungen der Umgebung

Red Clover B. durch starke Emotionen in einer Gruppe, wenn Emotionen außer Kontrolle geraten, bei Massenhysterie

Walnut **B** B. durch dominante Bezugspersonen, stärkt die eigene Persönlichkeit

Befürchtungen

Agrimony **B** Leidet unter inneren Qualen und B., von denen niemand erfährt, überspielt die Seelenqual mit Heiterkeit und Ausgelassenheit

Aspen **B** Hat dunkle Ahnungen und B., Angst vor dem Unbekannten und Irrationalen

Gentian **B** Pessimist, der schon im voraus über den negativen Ausgang der Dinge weiß

Gorse **B** B. und Ängste über den eigenen Gesundheitszustand, bei lang anhaltendem Leiden und der damit verbundenen Hoffnungslosigkeit

Mountain Pennyroyal B. und Ängste angesteckt durch die negative Haltung der Mitmenschen

Scotch Broom B. über den Weltuntergang, Depression und Hoffnungslosigkeit über die Weltlage

Begeisterung

Cayenne Bringt »Schärfe« und Motivation, um längst fällige Dinge zu erledigen oder um sich von alten Gewohnheiten zu lösen

California Wild Rose Bei Lustlosigkeit und Apathie, bringt Motivation und B. für die täglichen Angelegenheiten

Rock Water **B** Fanatismus, verbissene Durchsetzung bestimmter ideale und Prinzipien

Scleranthus **B** B. verraucht schnell, starke Stimmungsschwankungen

Vervain **B** Übermäßige B., die stark an den Kräften zehrt, macht alles »150prozentig«

beherrscht

Chicory **B** B. andere durch dauerndes Kümmern und Bemuttern

Holly **B** Unbeherrscht, bei Aggressionen und Jähzorn

Rock Water **B** Ist hart gegen sich und andere, fordert die starre Einhaltung von Prinzipien

Scarlet Monkeyflower B. sich und kontrolliert sich, unterdrückt heftige, zerstörerische Gefühle

Trillium Starke Machtausübung und Unterdrückung, »geht über Leichen«

Vine **B** B. andere durch offene Dominanz und Unterdrückung

Belastungen

Mountain Pride Geht B. aus dem Weg, vermeidet Konflikte und Auseinandersetzungen

Oak **B** Für »Arbeitstiere«, die trotz hoher B. immer weitermachen

Olive **B** Bei totaler Kraftlosigkeit und Erschöpfung, bei

Dauerbelastungen, wie sie Eltern mit kleinen Kindern haben

Penstemon Bei ungewöhnlich schweren B., bei schwerer Krankheit, Behinderung oder seelischen Krisen, für Durchhaltevermögen und Kraft

Sweet Chestnut **B** Für die Grenzen des Erträglichen, bei grenzenloser Verzweiflung, wenn nur noch der Wunsch nach Vergessen besteht

Berufsentscheidung

Blackberry Hilft, die Vorstellungen und Wünsche in die Realität umzusetzen, hilft, die eigenen Grenzen zu überschreiten

Iris Schenkt Inspiration und öffnet die Wahrnehmung für den »Zeitgeist«

Scleranthus **B** Bei Unentschlossenheit, wenn man sich zwischen zwei Möglichkeiten entscheiden muß

Walnut **B** Bei dem Gefühl, nicht vorwärtszukommen, schafft den Durchbruch und nimmt die Angst vor dem Neuen

Wild Oat **B** Hilft, den Lebensweg zu finden und aus vielen Möglichkeiten die richtige auszuwählen

beruhigt

Arnica Bei Trauma, Schock und starken Schmerzen, b. und bringt die Lebenskraft zurück

Chamomile B. unruhige, zappelige Menschen, bei Überreizung und Hyperaktivität

Impatiens **B** Für ungeduldige, gestreßte Menschen, die alles gleichzeitig fertig haben wollen

Lavender Bei Nervenanspannung und Schlafstörungen

Star of Bethlehem **B** Bei Schock und schwerer Seelennot, bei schlimmen Erlebnissen und großer Aufregung

Yerba Santa B. und harmonisiert die Wirkung tiefgreifender Essenzen, bei verinnerlichter Traurigkeit

Bescheidenheit

Beech Fordert immer das Beste, ist überkritisch und intolerant

Buttercup Ist schüchtern und bescheiden, befindet die eigene Arbeit und seine Fähigkeiten für unwert

Larch **B** Hat ein schlechtes Selbstbewußtsein und traut sich selbst wenig zu, ist bescheiden und nimmt wenig für sich in Anspruch

Pine **B** Gönnt sich selbst nichts, macht sich selbst Vorwürfe und nimmt sich zurück

Sunflower Unbescheiden, egozentrisch, Unausgewogenheit der Ich-Kräfte

Trillium B. ist ein Fremdwort, für macht- und besitzorientierte Menschen, die die Erfüllung ihrer Wünsche erwarten

Violet Bescheiden und zurückgezogen, hat Angst, in der Gruppe seine Persönlichkeit zu verlieren

beschuldigt andere

Gentian **B** Sucht nie die Schuld bei sich selbst, sondern immer bei den anderen oder bei den Umständen

Oregon Grape Unterstellt anderen schlechte Absichten und b. sie unbegründet des Unrechts

Willow **B** Hadert mit dem Schicksal, beneidet sich selbst und jammert, übernimmt aber keine Verantwortung für das eigene Leben

besitzergreifend

Bleeding Heart Nimmt ganz Besitz von dem Partner, identifiziert sich völlig und macht sich selbst abhängig

Chicory **B** Kinder, die sehr b. sind und uneingeschränkte Aufmerksamkeit fordern, Märtyrerverhalten bei Erwachsenen

Heather **B**   Braucht immer einen Zuhörer, redet viel und kann selbst nicht zuhören

Star Thistle   Häuft allerlei Besitztümer an, hat große Angst vor Mangel, Geiz

Trillium   Nimmt alles und jeden für sich in Anspruch

Betäubungsmittel

California Poppy   Bei Abhängigkeit von äußeren Reizen, um den inneren Reichtum zu entdecken und unabhängig zu werden

Cayenne   Antrieb, um alte Gewohnheiten zu durchbrechen

Chaparral   Zur Reinigung von »psychischem Müll« und traumatischen Erlebnissen, nach Drogenmißbrauch

Crab Apple **B**   Zur Reinigung, um den Blütenessenzen optimale Wirkung zu ermöglichen, nach häufiger B. einnahme

Morning Glory   Um krankmachende Gewohnheiten als solche zu erkennen und um den Willen aufzubringen, diese zu ändern

Star of Bethlehem **B**   Bei Schock und psychischem Trauma durch viele B.

Bettnässen

Crab Apple **B**   Um ein Gefühl für die eigenen Körperausscheidungen zu entwickeln

Larch **B**   Bei schlechtem Selbstvertrauen, das mit dem B. einhergeht

Mimulus **B**   B. aus Angst und Unsicherheit, bei Angst vor den Eltern

Saint John's Wort   Bei nächtlichen Angstzuständen und Alpträumen, bei Bettnässen

Beweglichkeit

Dogwood Für Menschen, deren Bewegungen hart und ekkig sind, die kein Gefühl für ihren Körper haben, bei Mißbrauch in der Kindheit

Honeysuckle **B** Für Menschen, die der Vergangenheit anhängen und sich nicht auf die Gegenwart einlassen können

Hound's Tongue Für geistige B., für materialistische Menschen, die Schwierigkeiten haben, spirituelle Dinge im Leben zu integrieren

Peppermint Fördert geistige B., Frische und Aufnahmebereitschaft

Quaking Grass Um in der Gruppenarbeit beweglich und flexibel zu bleiben, um dem Gemeinwohl zu dienen

Rock Water **B** Menschen, die starre Prinzipien und feste Vorstellungen haben, fördert B. und Flexibilität

bewußtmachen

Agrimony **B** B. der eigenen Sorgen und Probleme, schafft die Möglichkeit, diese Probleme nach außen zu bringen

Black-Eyed Susan B. der Schattenseiten der Persönlichkeit, Aufdecken von Schlüsselproblemen

Chaparral Verarbeitung von psychischen Traumata über die Träume, Auflösung innerer Bilder, die als bedrohlich empfunden werden

Chestnut Bud **B** Aus gemachten Erfahrungen lernen und Konsequenzen ziehen, psychische Teufelskreise b.

Fuchsia B. von echten, tieferliegenden Emotionen, damit sie nicht mehr überspielt werden müssen

Hound's Tongue B. einer höheren Wahrheit, für Menschen, deren Denkweise nur auf das Körperliche und Materielle beschränkt ist

Manzanita B., daß der Körper der »Tempel« der Seele ist und die gleiche Beachtung braucht wie Seele und Geist

Mugwort B. der unbewußten seelischen Abläufe, Zugang zu den Träumen

Rabbitbrush Erweiterung des Horizonts, um verschiedene Einzelheiten zu beachten und gleichzeitig das Gesamtbild im Auge zu behalten

Scarlet Monkeyflower Den Zusammenhang von Liebe und Sexualität b., Überwindung von Ängsten, die mit Intimität zu tun haben

Shasta Daisy B. von Ordnung und System, ermöglicht die Synthese aus vielen Details

Star Tulip Schafft den Zugang zur inneren Stimme, macht die Bedeutung der Träume bewußt

Beziehungsprobleme

Agrimony **B** Spielt den Clown, zeigt seine inneren Gefühle nicht

Basil Wenn es in Beziehungen um Gegensätzliches geht, wenn man der Ansicht ist, Sexualität behindert eine spirituelle Entwicklung

Bleeding Heart Bei Überidentifikation mit dem Partner, bei einengenden Beziehungen, bei Liebeskummer und dem Verlust eines geliebten Menschen

Calendula Bei Neigung, die Sprache hart und verletzend einzusetzen, um Liebe und Wärme mit der Sprache auszudrücken, bringt Klarheit in die verbale Auseinandersetzung in B.

Chicory **B** Wenn man andere zu sehr an sich bindet und sich zuviel um sie kümmert, hilft, loszulassen und andere ihren eigenen Weg gehen zu lassen

Deer Brush Wenn Handlung und Gefühle im Widerspruch stehen, bei Unzuverlässigkeit, fördert Einheit von Herz und Verstand

Holly **B** Blüte der Liebe, bei Neid, Haß, Eifersucht, gut bei allen B., fördert die gegenseitige Annahme

Mallow Für Menschen, die anderen nicht ihre Empfindungen zeigen können und lieber Distanz halten, Freundschaftsessenz

Mariposa Lily Für eine harmonische Mutter-Kind-Beziehung, wenn die Mutterliebe fehlt oder man sich ungeliebt fühlt

Penstemon Um in Krisen und bei schweren Problemen nicht den Mut zu verlieren, für Durchhaltevermögen und Kraft

Shooting Star Fühlt sich fremd auf der Erde und unter Menschen, bei Kontaktarmut

Star Thistle Bei Geiz, kann weder seinen Besitz noch seine Persönlichkeit mit anderen teilen

Sticky Monkeyflower Bei Angst vor Intimität, bei Trauma nach sexuellem Mißbrauch, bei exzessivem Sexualleben

Sunflower Bei Konflikten mit dem Vater und der eigenen Männlichkeit

Sweet Pea Vermeidet, soziale Verantwortung zu übernehmen, fürchtet familiäre Bindungen

Trillium Unterdrückt andere, strebt nach Macht und Reichtum, nimmt keine Rücksicht bei der Durchsetzung der eigenen Bedürfnisse

Water Violet **B** Ist gern allein, wirkt überheblich und stolz, vertraut sich nur selten jemandem an

Zinnia Fördert die Beziehung zu Kindern, hilft, sich auf kindliches Niveau einzustellen, läßt das innere Kind wiederentdecken

Blickwinkel

Elm **B** Wenn man den Überblick verloren hat und sich überfordert fühlt

Filaree Schafft Überblick über die Alltagsprobleme, hilft, Prioritäten zu setzen, und löst die Angst um Kleinigkeiten

Hound's Tongue Erweitert den B., ermöglicht die Integration spiritueller Einsichten in materielle Sichtweisen

Rabbitbrush Vergrößert die Aufnahmefähigkeit, unterstützt die Aufmerksamkeit im einzelnen und läßt gleichzeitig das Gesamtbild erkennen

Scotch Broom Läßt die eigenen Möglichkeiten im Weltgeschehen erkennen, hilft, die Hoffnung wiederzuerlangen

Shasta Daisy Ermöglicht die Synthese aus vielen Details, hilft bei Organisation und Ordnung

Blockaden

Black-Eyed Susan Hilft, zur dunklen Seite der Seele vorzudringen und dort zu Schlüsselproblemen, für Mut, sich mit den negativen Charaktereigenschaften auseinanderzusetzen

Cayenne Als Katalysator, hilft, sich von »eingefleischten« Gewohnheiten zu lösen

Dandelion Löst emotionale B. und Verspannungen, die sich im Muskelgewebe festgesetzt haben

Hornbeam **B** Um Antriebsschwäche und mangelnde Motivation zu überwinden

Mimulus **B** Löst die Angst vor benennbaren Dingen, schenkt Mut und Tatkraft

Morning Glory Läßt krankmachende Gewohnheiten als B. und Entwicklungsbremse erkennen

Trumpet Vine Bei B. im sprachlichen Ausdruck, bei Sprachstörungen und Stottern

Yerba Santa Verinnerlichte Traurigkeit, die eine blockierte Atmung und ein Gefühl der Einengung in der Brust zur Folge hat

C

Chaos

Agrimony **B** Bei quälenden Sorgen und innerer Unruhe, bei innerem C., das hinter einer fröhlichen Maske verborgen wird

Chaparral Bei psychischem C., um sich von belastenden, verwirrenden Eindrücken zu lösen

Dill Um viele chaotische Eindrücke zu verarbeiten, bei Reizüberflutung

Red Clover Bei Massenhysterie und überschlagenden Emotionen, um in Panik und Hysterie ruhig zu bleiben

Sweet Chestnut **B** Bei grenzenloser Verzweiflung und Ausweglosigkeit

cool

Calendula Bei cooler, ironischer Ausdrucksweise, wenn man nicht den richtigen Ton trifft

Cherry Plum **B** Äußerlich ruhig und kontrolliert, innerlich sehr angespannt, zwanghaftes Vermeiden angstmachender Situationen

Quince Bei Härte und Unnachgiebigkeit, wenn Weiblichkeit als Schwäche empfunden wird

Vine **B** C. und rücksichtslos, erwartet die Erfüllung seiner Wünsche

Water Violet **B** Stille, zurückhaltende Menschen, die nach außen häufig stolz und herablassend wirken

Demut

Pine **B**   Für Menschen, die unter starken Schuldgefühlen leiden und sich selbst nicht vergeben können, bei Selbstanklagen

Tiger Lily   Bei Aggressionen und Streitsucht, hilft, einen friedlichen, rücksichtsvollen Umgang mit anderen zu finden

Trillium   Für machthungrige Menschen, die sich nicht unterordnen können, um Dienen und D. zu lernen

Denken

Blackberry   Hilft, die Gedanken und Vorstellungen in die Realität umzusetzen

Hound's Tongue   Bei materialistischer, körperbezogener Denkweise, erweitert den Horizont und fördert die Integration geistiger Wahrheiten

Impatiens **B**   Für schnelle Denker und Arbeiter, ungeduldige Menschen, die leicht genervt und gestreßt reagieren

Madia   Bei Unkonzentriertheit und Ablenkbarkeit, hilft, die Gedanken zu sammeln und auf einen Punkt zu konzentrieren

Mountain Pennyroyal   Schützt vor negativen Gedanken anderer und hilft, über die eigenen negativen »Programme« hinwegzukommen

Peppermint   Erhöht die Aufmerksamkeit und Lernfähigkeit, für Klarheit und Frische im Denken

Shasta Daisy   Unterstützt genormtes und systematisches Denken, Synthese von einzelnen Aspekten

White Chestnut **B**   Bei negativen, ständig kreisenden Gedanken, »Hamster im Tretrad«

Depressionen

Blackberry Kann seine Ziele nicht verwirklichen, fürchtet, die eigenen Grenzen zu überschreiten, hat Angst vor dem Tod

Borage Fühlt sich niedergeschlagen aufgrund emotionaler Konflikte, hat den Zugang zur eigenen Kraft verloren

Gentian **B** Ist pessimistisch und gibt schnell auf, ahnt im voraus den negativen Ausgang eines Projektes, bei Enttäuschungen

Gorse **B** Für Menschen, die schon sehr lange unter etwas leiden und die Hoffnung auf Heilung aufgegeben haben

Larch **B** Bei mangelndem Selbstvertrauen und der Erwartung zu scheitern, unternimmt häufig erst gar nicht den Versuch, etwas anzufangen

Mustard **B** D., die sich wie eine dunkle Wolke auf den Menschen legen und scheinbar keine erkennbare Ursache haben (endogene D.)

Pine **B** Leidet unter starken Schuldgefühlen, klagt sich selbst an und kann sich selbst nicht verzeihen

Scotch Broom Hoffnungslosigkeit und D. über die Situation in der Welt, fühlt sich klein und unbedeutend angesichts großer, globaler Krisen

Sweet Chestnut **B** Bei extremer Verzweiflung und tiefer Seelennot, wenn die Grenzen des Erträglichen erreicht sind

White Chestnut **B** Leidet unter quälenden Gedanken, die nicht abzustellen sind, kommt nicht zur Ruhe

Wild Oat **B** Unsicherheit und D. über den eigenen Lebensweg

Wild Rose **B** Resignation und Apathie, kann keinen Lebenssinn finden und unternimmt nichts, um seine Situation zu verändern

Yerba Santa Verinnerlichte Traurigkeit und Melancholie, die schon zum Persönlichkeitsmerkmal geworden ist

Desorientierung

Blackberry Kann seine Lebensziele nicht verwirklichen und ist in starren Strukturen festgefahren

Corn Fühlt sich in der Großstadt und unter vielen Menschen verloren und desorientiert

Indian Pink Um inmitten von Chaos und Hektik ruhig und gelassen zu bleiben

Mountain Pennyroyal Wenn man die negativen Gedanken anderer zu den eigenen macht

Red Clover Bei Massenhysterie, Schutz vor den starken, negativen und außer Kontrolle geratenen Emotionen

Saint John's Wort Bei nächtlichen Angstzuständen, bei außerkörperlichen Zuständen und der damit verbundenen Desorientierung

Yarrow Bei D., die aufgrund von negativen Umwelteinflüssen auftritt, bei Empfindlichkeit gegenüber Witterung, Luftverschmutzung (Ozon) etc.

dienen

Centaury **B** Bei übermäßig ausgeprägter Hilfsbereitschaft, läßt sich ausbeuten und unterdrücken

Chicory **B** Für Menschen, die sich übermäßig um andere kümmern und sie dadurch in ihrem Sinne beeinflussen wollen

Larkspur Für ausgesprochen pflichtbewußte Menschen, die andere peinlich genau kontrollieren

Mariposa Lily Für die Mutter-Kind-Beziehung, bei unausgewogener Mütterlichkeit

Sweet Pea Vermeidet die Einbindung in eine Gemeinschaft und die damit verbundene Verantwortung (will dieser Gemeinschaft nicht dienen), Einzelgänger

Tiger Lily Für männlich-aggressive, kampfeslustige Menschen, die den friedfertigen Umgang mit anderen lernen müssen

Trillium Für machthungrige Menschen, die andere zu ihrem eigenen Vorteil ausnutzen, der einzelne lernt, der Gemeinschaft zu dienen

Vine **B** Setzt rücksichtslos seinen Willen durch, ist tyrannisch und kann sich nicht unterordnen

Distanz

Bleeding Heart Bei D.losigkeit und Überidentifikation in der Partnerschaft, ermöglicht Selbständigkeit und Loslassenkönnen

Corn Für D. und Ruhe bei Menschenansammlungen, stellt den Bezug zur Erde her

Mallow Freundschaftsessenz, für Menschen, die sich nicht trauen, die Distanz zu anderen aufzugeben

Rabbitbrush Erweitert den geistigen Horizont und schafft D. und Überblick über die zu erledigenden Arbeiten, für den »zerstreuten Professor«

Water Violet **B** Für stille distanzierte Menschen, die lieber allein sind und sich niemandem anvertrauen können

Drogenmißbrauch

Agrimony **B** Für Menschen, die ihre Sorgen und Probleme hinter einer Maske aus Fröhlichkeit verbergen und dazu neigen, innere Qualen mit Alkohol oder anderen Drogen zuzudecken

California Poppy Bei Abhängigkeit von äußeren Stimulanzien und Ablenkung, regt die inneren Bilder an und hilft, den Reichtum der Seele wiederzuentdecken

Chamomile Wirkt beruhigend und ausgleichend bei im Entzug auftretenden typischen Belastungen

Chaparral Fördert die Verarbeitung von psychischen Traumata über Träume, besonders nach übermäßigem Drogenkonsum

Cherry Plum **B** Für die Angst, durchzudrehen oder etwas

»ganz Schlimmes« zu tun, wie es bei einem Entzug häufig vorkommt

Chestnut Bud **B** Wenn man immer wieder in gleiche Verhaltensmuster fällt und aus Erfahrungen keine Konsequenzen ziehen kann

Larch **B** Fördert das Selbstvertrauen und die Hoffnung, das Leben aus eigener Kraft zu meistern

Lavender Bei starker Nervenbelastung (Anspannung) und Schlafstörungen aufgrund von D.

Morning Glory Hilft, krankmachende Gewohnheiten und Süchte als entwicklungshemmend zu erkennen, bringt Frische und Tatkraft für den Tag

Sagebrush Gibt die Möglichkeit, sich von einem alten, nicht mehr zeitgemäßen Selbstbild zu lösen (in Hinblick auf eine günstige Ausgangsbasis für eine Therapie)

Scarlet Monkeyflower Für Menschen, die Drogen nehmen, um heftige Gefühle und Emotionen (hauptsächlich Aggressionen) zu unterdrücken

Self Heal Nach Drogenmißbrauch, unterstützt die Selbstheilung und die Reinigung von Giftstoffen

Star of Bethlehem **B** Bei seelischem Schock und Traumata durch D. (zum Beispiel Horrortrip)

Walnut **B** Verhilft zum Durchbruch und nimmt die Angst vor einem Neubeginn

Wild Oat **B** Unterstützt die Entwicklung von Zielstrebigkeit und konsequentem Verhalten

dunkle Seite

Agrimony **B** Versteckt seine Probleme vor anderen Menschen und vor sich selbst, suchtgefährdet

Black-Eyed Susan Hilft, sich mit seiner dunklen Seite zu befassen, schenkt den Mut, sich in sein Innerstes vorzuwagen und dort an verdrängte Schlüsselerlebnisse zu gelangen

California Pitcher Plant Bei Konflikt zwischen Instinkt und

Intellekt, unterdrückt die Instinktkräfte oder lebt sie exzessiv

Fuchsia Bei Neigung, echte Gefühle hinter gespielten, aufgesetzten zu verbergen

Scarlet Monkeyflower Unterdrückt die dunkle Seite und heftige Gefühle, hat alles unter Kontrolle

Durchbruch

Cayenne Als Katalysator, bringt »Feuer« in manche Angelegenheit, hilft, längst fällige Veränderungen anzugehen

Morning Glory Für Frische und Kraft am Morgen, läßt schlechte Gewohnheiten als krankmachend und entwicklungshemmend erkennen

Tansy Für träge, sicherheitsbewußte Menschen, verhilft zu Tatkraft und Energie

Walnut **B** Nimmt die Angst vor dem Neuen und gibt Sicherheit in allen Umbruchsituationen, verhilft zum Durchbruch

Durchhaltevermögen

Gentian **B** Gibt beim geringsten Widerstand auf, Pessimist

Indian Paintbrush Für D. in der kreativen Tätigkeit, hilft, die schöpferische Kraft aufrechtzuerhalten

Madia Bringt D. und Konzentrationsfähigkeit, für zerstreute Menschen, die sich leicht ablenken lassen

Oak **B** Kämpfer, der nie aufgibt, arbeitet bis zum Zusammenbruch

Penstemon Für D. und Kraft in schwierigen Lebenssituationen und Krisen

Scleranthus **B** für lustbetonte Menschen, die stark wechselnden Stimmungen unterworfen sind und nichts zu Ende bringen

Wild Rose **B** Für Menschen, die ihr Leben als sinnlos ansehen und nichts mehr zu seiner Veränderung beitragen

durchsetzen

Blackberry Fördert die Umsetzung eigener Ideen und Wünsche, hilft, die Lebensziele zu verwirklichen

Centaury **B** Kann sich nicht durchsetzen und nicht nein sagen, läßt sich ausnutzen

Larch **B** Bei mangelndem Selbstvertrauen, kann sich nicht durchsetzen, weil er nicht an seine Fähigkeiten glaubt

Mountain Pride Scheut die Auseinandersetzung, nimmt lieber Einbußen hin

Sunflower Fördert eine harmonische Entwicklung der Ich-Kräfte, für selbstherrliche, egoistische Menschen, aber auch bei Selbstleugnung und Unterwürfigkeit

Tiger Lily Für aggressive Menschen, die gewöhnt sind, sich mit Streit und Kampf durchzusetzen

Trillium Machthungrige Menschen, die sich »ohne Rücksicht auf Verluste« durchsetzen

Vine **B** Setzt seinen Willen ohne Rücksicht auf andere durch, ist tyrannisch

Walnut **B** Schafft den Durchbruch und hilft, sich gegen dominante Einflüsse zu behaupten

Dürre, innere

Aloe Kennt nur seine Arbeit und verausgabt seine Kräfte, vernachlässigt alle Herzensangelegenheiten

Indian Paintbrush Bei Erschöpfung der kreativen Energie

Iris Bei mangelnder Inspiration, wenn man sich in seinem schöpferischen Ausdruck ausgetrocknet und frustriert fühlt

Nasturtium Bei Müdigkeit aufgrund von intellektueller Tätigkeit, wenn man sich nach der Meditation erschöpft fühlt

Zinnia Für ernste, humorlose Menschen, die den Zugang zum inneren Kind verloren haben und nicht fröhlich sein können

E

Egoisten

Beech **B** Akzeptiert nur seine eigenen Ansichten, ist intolerant und überkritisch

Bleeding Heart Klammert sich an den Partner, vereinnahmt andere ganz für sich, macht sich selbst abhängig

Chicory **B** Kümmert sich um andere, um sie zu beeinflussen und um sie zu lenken

Heather **B** Kann nicht allein sein, redet immer von sich, nimmt andere gar nicht wahr

Larkspur Bei Selbstgefälligkeit und übertriebenem Pflichtgefühl, verlangt von anderen die gleiche strenge Pflichterfüllung

Quaking Grass Kann sich nicht in die Gemeinschaft einordnen, verharrt auf dem eigenen Standpunkt

Sunflower Bei unausgewogen entwickelten Ich-Kräften, bei Egozentrik und Aggressivität

Tiger Lily Macho, ist streitlustig, setzt sich mit viel Kraft gegen alle anderen durch

Trillium Will seine Wünsche und Bedürfnisse sofort erfüllt haben, ist machtbesessen

Vine **B** Ist tyrannisch und dominant, setzt seinen Willen durch

Willow **B** Jammert und tut sich selbst leid, macht andere für sein Schicksal verantwortlich

Ehrgeiz

Chicory **B** Subtile Dominanz, möchte andere auf den richtigen Weg bringen, will immer nur das Beste für andere

Dandelion **B** Für ehrgeizige Menschen, die leicht mit Verspannungen reagieren

Impatiens **B** Will alles schnell und perfekt machen, kommt leicht in Streß und Nervosität

Larkspur Bei übersteigertem Pflichtbewußtsein, ist kleinlich, unterdrückt andere mit hohen Forderungen

Rock Water **B** Strebt nach höchsten Idealen und Prinzipien, verlangt Unmenschliches von sich selbst und von anderen

Trillium Strebt nach Macht und Besitz »ohne Rücksicht auf Verluste«

Vervain **B** Große Begeisterungsfähigkeit, macht alles 150prozentig, überbeansprucht seine Energie

Vine **B** Führungspersönlichkeit, die nur den eigenen Willen gelten läßt

Wild Oat **B** Kann von allem etwas, möchte vieles gleichzeitig verwirklichen, unentschlossen

Ehrlichkeit

Agrimony **B** Spielt den Clown, versteckt seine wahren Gefühle und seine Sorgen hinter einer Maske aus Fröhlichkeit

Black-Eyed Susan Bei Weigerung, sich mit seinen seelischen Schattenseiten auseinanderzusetzen

California Pitcher Plant Bei Konflikt zwischen Intellekt und Instinkt

California Poppy Bei Wirklichkeitsflucht in Drogen und andere Stimulanzien, sucht nur in der Außenwelt nach spiritueller Erfahrung

Deer Brush Wenn man erst handelt und dann sein Herz befragt, bei Konflikt zwischen Herz und Verstand

Fuchsia Übertreibt und dramatisiert seine Emotionen, um zugrunde liegende negative Gefühle zu überspielen

Goldenrod Bei betont auffälligem, negativem Verhalten,

sucht Negativaufmerksamkeit, kann keine Schwäche zugeben

Mullein   Kennt seine Fähigkeiten nicht, schätzt sich falsch ein, ist unaufrichtig und wechselhaft

Sagebrush   Hängt an einem alten Selbstbild, spielt anderen eine falsche Persönlichkeit vor

Eifersucht

Bleeding Heart   Bei Überidentifikation mit dem Partner, bei übertriebener Verlustangst

Holly **B**   Bei Eifersucht, Neid und Mißgunst

Willow **B**   Ist eifersüchtig auf das Leben anderer, hadert mit dem Schicksal

einbezogen sein

California Wild Rose   Um Begeisterung und Motivation im Leben zu finden, bei Apathie und Resignation

Clematis **B**   Um wach und aufmerksam am Alltagsgeschehen teilzunehmen, für Tagträumer

Corn   Um sich in der Großstadt geerdet und geborgen zu fühlen

Hornbeam **B**   Um Antrieb und Motivation für die tägliche Arbeit zu finden, bei Antriebsschwäche

Mallow   Für die Fähigkeit, sich anderen anzuvertrauen und Freundschaft zu pflegen

Mariposa Lily   Um sich geliebt und angenommen zu fühlen, fördert eine harmonische Mutter-Kind-Beziehung

Shooting Star   Um sich unter Menschen einbezogen und geborgen zu fühlen, bei dem Gefühl, auf der Erde fremd zu sein und nicht dazuzugehören

Sweet Pea   Hilft, seinen Platz in einer Gemeinschaft zu finden, um dort Verantwortung zu übernehmen

Trillium   Hilft, seine Energien zugunsten der Gemeinschaft einzusetzen

Violet   Um sich offen und aktiv an einer Gruppe beteiligen zu können, für sensible, schüchterne Menschen

Water Violet **B**   Ermöglicht Kommunikation mit anderen, läßt die Distanz aufgeben

eindringlich

Fuchsia   Überschwemmt andere mit dramatischen Gefühlsausbrüchen

Heather **B**   Belagert andere mit den eigenen Problemen, dreht sich nur um sich selbst

Vervain **B**   Ist begeistert von den eigenen Projekten und Ideen, missioniert andere

Eindrücke, viele

California Poppy   Läßt den Reichtum der Seele erkennen, macht unabhängig von äußeren Eindrücken

Corn   Hilft, mit den Eindrücken in einer Großstadt oder bei vielen Menschen fertig zu werden

Dill   Hilft bei Reizüberflutung, gut auf Reisen, um verschiedene Eindrücke aufzunehmen und zu verarbeiten

Indian Pink   Um inmitten von Chaos und Hektik ruhig und ausgeglichen zu bleiben

Einfluß

Centaury **B**   Läßt sich ausnützen und unterdrückend, hat Angst vor Liebesentzug

Cerato **B**   Traut sich nicht, eigene Entscheidungen zu treffen, leicht beeinflußbar, unentschlossen und zweifelnd

Chicory **B**   Möchte andere beeinflussen und lenken durch dauerndes Umsorgen und Kümmern

Garlic   Bei geschwächter Abwehrkraft durch Angst und Nervosität, offen für Einfluß niederer Wesenheiten

Indian Pink   Läßt sich durch äußere Unruhe und Hektik durcheinanderbringen, wirkt zerstreut und fahrig

Larkspur Unterdrückt andere durch übertriebenes Pflichtgefühl und starke Kontrolle, fördert eine positive Autorität

Mountain Pennyroyal Fühlt sich beeinflußt durch die negativen Gedanken anderer, kann die eigenen Gedanken nicht von denen anderer unterscheiden

Pink Yarrow Leidet unter den Stimmungen und Gefühlen der Mitmenschen, kann sich emotional nicht abgrenzen

Vine **B** Tyrannisiert andere und zwingt ihnen seinen Willen auf, fördert Rücksichtnahme und Toleranz gegenüber den Wünschen anderer

Walnut **B**   Stärkt die Persönlichkeit und hilft, sich vor dominanten Einflüssen zu schützen

Einfühlungsvermögen

Beech **B** E. fehlt, sieht nur die Fehler der anderen, kritisiert und meckert

Calendula Spricht verletzend oder ironisch, trifft nicht den richtigen Ton, für Wärme und Heilung in der Sprache

Heather **B** Befaßt sich nur mit den eigenen Problemen, nimmt andere Menschen gar nicht wahr, kann schlecht zuhören

Zinnia Kann sich nicht auf Kinder einstellen, bei fehlendem Zugang zum inneren Kind, zu Heiterkeit und Ausgelassenheit

einmischen

Beech **B**   Kritisiert und meckert viel, hat immer das letzte Wort

Bleeding Heart Man mischt sich zu sehr in das Leben des Partners ein, läßt ihm keine Luft mehr

Chicory **B**   Mischt sich zu sehr ein, kümmert sich um alles, kann andere nicht ihre eigenen Wege gehen lassen

Impatiens **B**   Kann nicht zusehen, wie andere langsamer arbeiten, nimmt ihnen die Arbeit aus der Hand, ist ungeduldig

Larkspur   Kontrolliert andere kleinlich, verlangt übersteigerte Pflichterfüllung

Mariposa Lily   Bei zu enger Mutter-Kind-Beziehung

Vine **B**   Übergeht die Bedürfnisse anderer, zwingt ihnen seinen Willen auf

Water Violet **B**   Hält sich überall heraus, ist distanziert und zurückhaltend

Einsamkeit

Agrimony **B**   Vertraut sich niemandem an, verbirgt quälende Sorgen hinter einer fröhlichen Fassade

Beech **B**   Meckert und kritisiert an allen herum, bis ihm alle aus dem Weg gehen

Heather **B**   Fürchtet die E., erzählt aus Angst vor dem Alleinsein jedem sein ganzes Leben

Honeysuckle **B**   Hängt der Vergangenheit nach, trauert geliebten Menschen nach und kann sich nicht auf die Gegenwart einlassen

Mallow   Sehnt sich nach Nähe und Freundschaft, traut sich aber nicht, die inneren Barrieren zu überwinden

Oregon Grape   Fürchtet sich vor der vermeintlichen Feindseligkeit seiner Mitmenschen, fühlt sich bedroht

Shooting Star   Fühlt sich fremd unter Menschen, hat kaum soziale Kontakte

Star Thistle   Geizt mit sich und mit seinem Besitz, gleicht einen seelischen Mangel mit materiellen Gütern aus

Sticky Monkeyflower   E. aus Furcht vor Intimität, fühlt sich sexuell unzulänglich und unfähig

Sweet Pea   Meidet soziale Verpflichtungen, zieht von einer Gemeinschaft zur nächsten, fühlt sich heimatlos

Violet E. aus Angst, von der Persönlichkeit eines anderen überrollt zu werden, schüchtern und sensibel

Water Violet **B** Will allein sein, lebt zurückgezogen und distanziert, empfindet die Kommunikation mit anderen als anstrengend

Willow **B** Flüchtet sich in Selbstmitleid, klagt die ganze Welt an

Einsicht

Black-Eyed Susan E. in die dunkle Seite der Seele, hilft zu den negativen Teilen der Persönlichkeit vorzudringen, um dort ursächliche Probleme zu lösen

Chaparral Reinigt die Seele von traumatischen Erlebnissen und Bildern über die Träume, nach Drogenmißbrauch

Chestnut Bud **B** Hilft, aus Erfahrungen zu lernen, um nicht immer wieder die gleichen Fehler zu machen

Fuchsia E. in die echten Gefühle, so daß Übertreibungen und Dramatisieren unnötig werden

Hound's Tongue Für materialistische Menschen, bringt E. in höhere Wahrheiten

Mugwort Bringt E. in unbewußte Vorgänge der Psyche während der Nacht, öffnet den Zugang zum Traumleben

Mustard **B** Bringt E. in die Ursache von Depressionen und hilft, diese zu überwinden

Shasta Daisy Hilft, viele angesammelte Einzelheiten zu ordnen und zusammenzufassen

Sweet Chestnut **B** Bei grenzenloser Verzweiflung, gibt E. in den Sinn von Schmerz und Leid, schenkt Zuversicht und Kraft

Einsiedler

Sweet Pea Meidet soziale Verantwortung und Aufgaben, fürchtet Bindung an Familie oder Gemeinschaft

Einstimmung

Iris Öffnung für Inspiration und die Strömungen der Kunst, wenn man sich in seiner Kreativität frustriert fühlt

Lotus E. auf Meditation und Selbstfindung, harmonisiert und verstärkt andere Blütenessenzen

Shooting Star E. auf das Leben auf der Erde und unter Menschen, bei drohender Früh- oder Fehlgeburt

Star Tulip Öffnung für Intuition und innere Führung, für verstandesbetonte, vernünftige Menschen

Einzelheiten, Details

Clematis **B** Achtet nicht auf E., ist verträumt und unaufmerksam

Crab Apple **B** Bei zwanghafter Reinlichkeit und Ordnung

Filaree Verzettelt sich in E., kann keine Prioritäten setzen, sorgt sich um Kleinigkeiten

Madia Kann sich nicht konzentrieren, läßt sich leicht ablenken, erleichtert die Fokussierung der Gedanken

Rabbitbrush Für den »zerstreuten Professor«, für gleichzeitige Aufmerksamkeit im Detail und Beachtung des großen Zusammenhangs

Shasta Daisy Für Sammlung und Synthese von angesammeltem Wissen, für Ordnung und Überblick

Eitelkeit

Heather **B** Dreht sich nur um sich selbst, redet nur über sich, braucht ungeteilte Aufmerksamkeit

Sunflower Für egozentrische, selbstherrliche Menschen, bei Problemen mit dem Vater

Ekel

California Pitcher Plant E. vor den »niederen« Instinkten und Trieben, unterdrückt innere Triebe und beschneidet sich damit in seiner Lebendigkeit

Crab Apple **B**   Bei E. vor Schmutz, Erde und körperlichen Ausscheidungen, übertriebenes Bedürfnis nach Sauberkeit

Emotionen

Black-Eyed Susan   Um zu verdrängten, negativen E. und Schattenseiten der Seele vorzudringen

Fuchsia   Verdrängt E. und überspielt sie mit falschen, übertriebenen Gefühlen

Golden Ear Drops   Bei verdrängten E. aus der Kindheit, fürchtet die Wiederholung schmerzlicher Erlebnisse

Pink Yarrow   Saugt die E. und Stimmungen der Mitmenschen in sich auf und macht sie zu seinen eigenen, kann sich emotional nicht abgrenzen

Red Clover   Bei überschlagenden E. und Gruppenhysterie, hilft, Ruhe zu bewahren

Scarlet Monkeyflower   Unterdrückt heftige E. wie Zorn und Wut so lange, bis diese unkontrollierbar zum Ausbruch kommen

Sticky Monkeyflower   Hält Gefühle, die mit Intimität und Sexualität zu tun haben, zurück, hält sich für sexuell unattraktiv, nach sexuellem Mißbrauch

Yerba Santa   Löst eine tiefe Traurigkeit und Melancholie, die sich auf die Atmung legt

empfänglich

Calendula   Offenheit für den tieferen Sinn hinter dem gesprochenem Wort, für Heilung und Liebe in der Sprache

Clematis **B**   Um wach und aufmerksam im Alltag zu sein, e. für die aktuellen Notwendigkeiten, für Tagträumer

Corn   Stellt die Verbindung zur »Mutter Erde« her, bei Verwirrung über das Großstadtleben

Iris   E. für die Strömungen der Kunst und den »Zeitgeist«, öffnet für Inspiration

Lotus　Fördert Kontemplation und innere Stille, verstärkt die geistige Energie

Mallow　Bringt Offenheit für freundschaftliche Gefühle, hilft, Zuneigung und Wärme zu zeigen

Mariposa Lily　E. für mütterliche Liebe und Annahme, wenn man sich ungeliebt und ausgestoßen fühlt

Mullein　Schafft Zugang zu Moral und Ehrlichkeit gegenüber sich selbst und anderen

Pink Yarrow　E. für die Stimmungen im Raum, ohne sich von ihnen überschwemmen zu lassen

Red Clover　Neigung, sich von den Emotionen einer Gruppe mitreißen zu lassen, anfällig für Unfälle und Katastrophen

Star Tulip　E. für die innere Stimme und für Intuition, eröffnet den Sinn der Träume

St. John's Wort　E. für außerkörperliche Wahrnehmungen, Affinität zum Feuerelement, stärkt das innere Licht

Violet　Ist sehr sensibel und offen, fürchtet sich vor der Stärke einer Gruppe

Yarrow　Hohe E. für negative Umwelteinflüsse, stärkt die Aura und hilft, sich besser abzugrenzen

empfindsam, sensibel

Aspen **B**　Übersensibilität, hat dunkle Vorahnungen und unbestimmte Ängste

Centaury **B**　Reagiert besonders sensibel auf die Bedürfnisse anderer, bei Helfersyndrom, kann sich nicht abgrenzen

Chamomile　E. gegenüber emotionalen Anspannungen, unruhig und mißmutig

Lavender　Übersensibel für spirituelle Kräfte, bei Nervenanspannung und Überenergetisierung

Mugwort　Macht e. für die unbewußten Vorgänge in der Nacht und im Traum, erleichtert den Übergang in einen entspannten Zustand

Pink Yarrow Übersensibel für die Emotionen und Stimmungen im Raum, übernimmt fremde Stimmungen und kann sich nicht mehr davon lösen

Red Chestnut **B** Überidentifikation mit den Problemen anderer, macht sich übergroße Sorgen um andere

St. John's Wort Psychische Übersensibilität, steigt aus seinem Körper aus

Yarrow Sensibel für negative Umwelteinflüsse, Schutzlosigkeit

Energie

Aloe »Zündet die Kerze an beiden Enden an«, fühlt sich ausgebrannt und erschöpft, vernachlässigt seine emotionalen Bedürfnisse

Blackberry Gibt E. für die Umsetzung von Ideen und Vorstellungen in die Realität, hilft, die eigenen Grenzen zu überwinden

Cayenne Bringt E. und Feuer in Trägheit und alte Gewohnheiten, Katalysatoressenz!

Hornbeam **B** Bei Antriebsschwäche und mangelnder Motivation, gibt E. für Tatkraft und Frische

Indian Paintbrush Hält das Energieniveau kreativer Tätigkeit aufrecht, gibt Durchhaltevermögen im schöpferischen Bereich

Morning Glory Für Vitalität und Frische zur Überwindung krankmachender Gewohnheiten

Nasturtium Bei körperlicher Müdigkeit infolge von einseitig-intellektueller Tätigkeit, belebt den Körper und schafft einen Ausgleich zur »Kopfarbeit«

Oak **B** Arbeitet bis zum Zusammenbruch, gesteht sich keine Schwäche zu, bei Erschöpfung aus übertriebenem Pflichtgefühl

Olive **B** Allgemeiner Kraftspender bei seelischer oder körperlicher Erschöpfung und Kraftlosigkeit

Peppermint Fördert geistige Frische und Aufnahmefähigkeit

Entfremdung

Buttercup Empfindet sich als unwert für andere Menschen, ist zurückhaltend und schüchtern

California Wild Rose Bei Apathie und Resignation, bei mangelnder Lebensfreude

Manzanita Empfindet seinen Körper als fremd und unrein, häufig verbunden mit einer religiös-asketischen Einstellung

Saguaro E. gegenüber Autoritäten (Eltern, Lehrer, Staat), kämpft und rebelliert gegen die ganze Welt

Shooting Star Fühlt sich auf der Welt fremd und nicht dazugehörig

Sunflower Bei E. gegenüber dem Vater oder gegenüber den männlichen Anteilen der Persönlichkeit

Sweet Pea Man fühlt sich fremd in der Familie oder einer Gemeinschaft, vermeidet, soziale Verantwortung zu übernehmen

Violet Vermeidet, sich in einer Gruppe zu zeigen, fühlt sich befremdet und hat Angst, in der Gruppe unterzugehen

Entgiftung

Chaparral Reinigung von bedrohlichen inneren Bildern über die Träume, Entgiftung von »psychischem Müll« nach Drogenmißbrauch

Crab Apple **B** Reinigungsblüte zur seelischen Reinigung, wenn man sich innerlich unrein fühlt

Morning Glory Bringt Vitalität und hilft, Gewohnheiten, die die Sinne benebeln, zu überwinden

Mountain Pennyroyal Reinigt von negativen Gedankenkonzepten, die man teilweise von anderen übernommen hat

Self Heal Regt die Selbstheilungskräfte und die E. an, gut als seelische Unterstützung bei Fasten

Enthusiasmus

California Wild Rose Für Begeisterung und Lebensfreude, bei Resignation und innerer Kapitulation

Cayenne Bringt feurige Energie, um längst nötige Veränderungen zu vollziehen

Clematis **B** Für verträumte, geistig abwesende Menschen, um mit Aufmerksamkeit und Begeisterung den Alltag zu meistern

Larkspur Bei übertriebenem Pflichtbewußtsein und bei Selbstgefälligkeit, verlangt von seinen Mitarbeitern das gleiche Engagement

Tansy Für faule, träge Menschen, die sich kaum für eine Sache begeistern und einsetzen können

Vervain **B** Ist leicht zu begeistern, stürzt sich mit aller Kraft in seine Projekte, überanstrengt sich

Entkräftung

Aloe Verausgabt seine schöpferischen Kräfte, mißachtet den Erholungsbedarf seines Körpers, fühlt sich ausgebrannt

Nasturtium Für Menschen, die viel mit dem Kopf arbeiten und sich müde und ausgelaugt fühlen

Olive **B** Bei totaler körperlicher und seelischer Erschöpfung, man ist am Ende seiner Kräfte

Self Heal Unterstützt die innere Heilung und schenkt Vertrauen, aus eigener Kraft wieder gesund zu werden

Entmutigung

Borage Fühlt sich niedergeschlagen aufgrund emotionaler Konflikte, bringt heitere Gelassenheit und Zuversicht

Elm **B** Für das vorübergehende Gefühl der Überforderung, wenn vieles gleichzeitig beachtet werden muß

Gentian **B** Läßt sich leicht entmutigen, ist pessimistisch

Gorse **B**   Bei Hoffnungslosigkeit über die eigene Situation, für Menschen, die schon sehr viele Wege zur Heilung ausprobiert haben

Iris   Fühlt sich in seiner kreativen Ausdruckskraft frustriert und entmutigt, hat keinen Zugang zur Inspiration

Larch **B**   Bei mangelndem Selbstvertrauen, man erwartet Fehlschläge

Penstemon   Für Durchhaltevermögen und Kraft in sehr schwierigen Lebensumständen und Krisen

Pine **B**   E. aufgrund von starken Schuldgefühlen, klagt sich selbst an

Scotch Broom   E. und Depression angesichts der Weltlage, man fühlt sich klein und unfähig

Wild Rose **B**   Empfindet das Leben als sinnlos, hat sich selbst aufgegeben

Entscheidungen

Cayenne   Bringt die Energie, um anstehende E. zu treffen und sie nicht länger vor sich herzuschieben

Cerato **B**   Traut sich nicht eigene Entscheidungen zu treffen, fragt immer erst die anderen, ist unentschlossen und zweifelnd

Scleranthus **B**   Kann sich häufig nicht zwischen zwei Möglichkeiten entscheiden, stark wechselnde Stimmungen

Walnut **B**   Verhilft zum Durchbruch, wenn man den Eindruck hat, nicht weiterzukommen, nimmt die Angst vor dem Neuen

Wild Oat **B**   Für Menschen, die sich unter vielen verschiedenen Möglichkeiten nicht entscheiden können, hilft, den Lebensweg zu finden

Entschlossenheit

Blackberry   E. und Zielstrebigkeit in der Umsetzung seiner Vorstellungen

Cayenne   Um mit E. seine Ziele zu verfolgen und Gewohnheiten zu durchbrechen

Cerato **B** Für die Fähigkeit, eigene Entscheidungen zu treffen und die inneren Zweifel zu überwinden

Gorse **B** Um die Hoffnungslosigkeit zu überwinden und sich entschlossen für die Besserung der eigenen Situation einzusetzen

Larch **B** Für Selbstvertrauen und Glauben in seine kreativen Fähigkeiten

Mountain Pride Um sich aktiv einer Auseinandersetzung zu stellen, E., sich durchzusetzen

Scotch Broom Für Mut und Vertrauen in die eigenen Fähigkeiten angesichts der großen Probleme in der Welt

Tansy Um aktiv und entschlossen sein Leben in die Hand zu nehmen, bei Faulheit und Bequemlichkeit

Wild Oat **B** Um seine Aufgabe im Leben zu finden, für Zielstrebigkeit und E.

Entspannung

Agrimony **B** Bei innerer Unruhe, Anspannung und quälenden Sorgen, bei Neigung zu Suchtverhalten, um die Probleme zu verdrängen

Chamomile Anspannung und emotionaler Streß, der sich auf den Magen legt, für unruhige, hyperaktive Menschen

Dandelion Verdrängte Emotionen, die sich als Verspannungen im Körper zeigen, ehrgeizige Menschen, die krampfhaft ihre Ziele verfolgen

Dill Bei Reizüberflutung und Unfähigkeit, viele Eindrücke und Erlebnisse zu verarbeiten, fühlt sich erdrückt von der Schnelligkeit des Lebens

Impatiens **B** Schnelle, ungeduldige Menschen, die leicht gestreßt und verspannt sind

Lavender Menschen, die ihre spirituelle Entwicklung krampfhaft vorantreiben wollen, Nervenanspannung und Schlafstörungen

Morning Glory Bei Nervosität durch Suchtverhalten und ungesunden Lebenswandel

Vervain **B**　Bei Streß durch übermäßige Begeisterung

White Chestnut **B**　Bei zwanghaften Gedankenkreisen, wenn man nicht mehr abschalten kann

Yerba Santa　Bei verinnerlichter Traurigkeit, die sich als Anspannung und Krampf im Brustkorb äußert

Erdverbundenheit

California Poppy　Bei Wirklichkeitsflucht in Drogen und bei Menschen, die geistig schweben und nicht mehr richtig »landen« können

Corn　Stellt die Verbindung zur Erde her, für Großstadtmenschen, die keine Beziehung zur Natur und zur Erde haben

Indian Pink　Bei Neigung, sich von äußerer Unruhe und Chaos anstecken zu lassen, für innere Ruhe und Gelassenheit

Nasturtium　Für Menschen, die viel intellektuell arbeiten und keinen Bezug mehr zu ihrem Körper und zur Erde haben

Shooting Star　Hat das Gefühl, nie ganz auf der Erde angekommen zu sein, für Frühgeburten und Menschen mit fehlendem Bezug zur Erde

Erfolgszwang

Impatiens **B**　Will alles schnell und perfekt machen, steht unter Streß und permanenter Anspannung

Larkspur　Übertriebene Pflichterfüllung und Selbstgerechtigkeit

Sticky Monkeyflower　Steht unter sexuellem E., bei exzessivem Sexualleben

Vine **B**　Tyrannische, dominante Führungspersonen, die anderen ihren Willen aufzwingen

Ernährungsfehler

California Pitcher Plant   Bei schlechter »Verdauung« und mangelnder Vitalität, wenn die Instinktkräfte unterdrückt oder übertrieben ausgelebt werden

Chamomile   Emotionale Anspannung, die sich auf den Magen und die Verdauung auswirkt

Chestnut Bud **B**   Wenn man immer wieder die gleichen Fehler macht, hilft, einen Teufelskreis zu durchbrechen

Crab Apple **B**   Bei Angst vor Gift und Bakterien im Essen

Dill   Bei Verdauungsstörung auf Reisen, Unfähigkeit, viele verschiedene Eindrücke zu verarbeiten

Impatiens **B**   Bei Ungeduld und Nervosität, wenn man keine Zeit zum Essen hat

Manzanita   Bei Ablehnung gegenüber allem Körperlichen, wenn man die Bedürfnisse des Körpers ignoriert, bei Magersucht

Mariposa Lily   Wenn das Essen die fehlende Mutterliebe und Geborgenheit ersetzen soll

Morning Glory   Chaotischer, arrhythmischer Lebenswandel, Suchtverhalten

Olive **B**   Bei Schwäche aufgrund von Mangelernährung

Rock Water **B**   Für Menschen mit hohen Idealen und einer asketischen Haltung, Dogmatiker in der Ernährung

Wild Rose **B**   Hat kein Interesse an der Welt, ißt wenig, bei Apathie

ernste Menschen

Mustard **B**   Depressionen, die wie aus »heiterem Himmel« den Menschen einhüllen

Rock Water **B**   E. M. mit starren Prinzipien ohne Lebensfreude

Zinnia   E., verantwortungsbewußte M., die nicht fröhlich und ausgelassen sein können, bringt Zugang zum inneren Kind

Erschöpfung

Aloe Vera E. durch Überbeanspruchung der Kräfte, verausgabt sich

Elm **B** E. und Überforderung aufgrund der Lebensumstände, man muß alles gleichzeitig machen

Garlic Fehlende Widerstandskraft, nervöse Ängste

Hornbeam **B** Unfähigkeit, den Tag zu beginnen, Antriebslosigkeit, fühlt sich müde und erschöpft, ohne sich angestrengt zu haben

Impatiens **B** Setzt sich selbst unter Druck, E. aus Streß und Nervosität

Nasturtium E. aufgrund von einseitiger intellektueller Tätigkeit, gut für Studenten

Oak **B** Arbeitet bis zum Zusammenbruch, gibt keine Schwäche zu

Olive **B** Bei großer seelischer und körperlicher E.

Self Heal Hat das Vertrauen in die innere Heilkraft verloren

Sweet Chestnut **B** Wenn die Grenzen des Erträglichen erreicht sind, bei tiefer Verzweiflung

Vervain **B** Übermäßige Begeisterung und Fanatismus, die an den Kräften zehren

White Chestnut **B** E. durch permanent kreisende Gedanken, wenn man nicht abschalten kann

Wild Rose **B** E. der Lebenskraft, wenn der Lebenswille fehlt

Erste Hilfe

Arnika Bei Schock und Trauma, lindert Schmerzen

Chamomile Bei emotionalem Streß und äußerster Unruhe

Cherry Plum Bei Angst, durchzudrehen, bei Hysterie und zwanghaftem Verhalten

Clematis **B** Bei Bewußtlosigkeit und geistiger Abwesenheit

Impatiens **B** Bei extremem Streß

Indian Pink Für innere Ruhe in chaotischer Umgebung

Red Clover Bei Massenhysterie und Emotionen, die außer Kontrolle geraten

Rock Rose **B** Bei panischer Angst, Todesangst

Self Heal Regt die Selbstheilung an, gibt Vertrauen, aus eigener Kraft wieder gesund zu werden

Star of Bethlehem **B** Bei körperlichem und seelischem Schock, bei tiefer Seelennot

St. John's Wort Bei Angst vor Feuer, wenn die Lebenskräfte schwinden, stärkt das innere Licht

Yarrow Schutz vor negativen Umwelteinflüssen

Erwartungshaltung

Chicory **B** Kümmert sich um andere und opfert sich auf, erwartet Dankbarkeit

Gentian **B** Erwartet nur das Schlimmste, gibt schnell auf

Larch **B** Erwartet Fehlschläge, bei mangelndem Selbstvertrauen

Mallow Hält sich für nicht liebenswert, erwartet Zurückweisung

Oregon Grape Erwartet Feindseligkeit und Mißgunst, unterstellt anderen böse Absichten, Paranoia

Wild Rose **B** Erwartet nichts mehr vom Leben, findet alles sinnlos, hat resigniert

Willow **B** Jammert und tut sich selbst leid, übernimmt keine Verantwortung für sein Leben

Eßsucht

Agrimony **B** Verdeckt die inneren Sorgen und Qualen durch übermäßiges Essen, wirkt immer fröhlich und glücklich

Cayenne Gibt Kraft, um sich von »eingefleischten« Gewohnheiten zu lösen

Chestnut Bud **B** Wenn man aus schlechten Erfahrungen keine Konsequenzen zieht und immer in das gleiche Fehlverhalten fällt

Hound's Tongue Wenn übermäßiges Essen Körper und Geist träge und schwerfällig machen

Manzanita Bei Abscheu gegenüber dem Körper, bei Magersucht und Bulimie

Mariposa Lily Bei zwanghaftem Essen, wenn Nahrung die Mutterliebe ersetzen soll

Morning Glory Läßt ungesunde Gewohnheiten als entwicklungshemmend erkennen, bei chaotischem Lebenswandel

F

Fähigkeiten

Buttercup Hält seine F. für minderwertig und nichtig, wenn die wahren Begabungen in der Kindheit nicht gefördert wurden

Iris Fühlt sich in seinen kreativen F. frustriert und ausgetrocknet, hat keine Inspiration

Larch **B** Mißtraut den eigenen F., fehlendes Selbstvertrauen, erwartet das Scheitern seiner Projekte

Quaking Grass Hilft einer Gruppe, die individuellen F. aufeinander abzustimmen und dem Gemeinwohl zu dienen

Familie

Chicory **B** »Übermutter«, möchte ihre Lieben immer in der Nähe haben, kümmert sich zu sehr

Dogwood Bei ungewöhnlich harter Kindheit, wenn man selbst durch traumatische Erlebnisse hart und zynisch geworden ist

Golden Ear Drops Bei Kindheitstrauma, wenn man die Wiederkehr schmerzlicher Erlebnisse fürchtet

Mariposa Lily Für eine harmonische Mutter-Kind-Beziehung

Red Clover Wenn in der F. die Emotionen außer Kontrolle geraten und sich aufschaukeln, bei Hysterie

Sunflower Fördert eine positive Beziehung zum Vater, hilft, wenn der Vater fehlt

Sweet Pea Meidet F. und Gemeinschaft aus Angst vor sozialen Verpflichtungen und Bindungen

fasten

Chaparral Reinigung von »psychischem Müll« und bedrohlichen inneren Bildern, Entgiftung nach Drogenmißbrauch

Crab Apple **B** Reinigungsblüte, wenn man sich innerlich unrein fühlt, fördert die Entschlackung

Self Heal Unterstützt die Selbstheilung und die innere Reinigung

Faulheit

Cayenne Bringt »Feuer« in alte Gewohnheiten, unterstützt die Willenskraft

Clematis **B** Für Tagträumer, die geistig abwesend erscheinen und sich um nichts kümmern

Hornbeam **B** Bei Antriebslosigkeit, die angefangene Arbeit wird jedoch immer zu Ende gebracht

Tansy Bei Faulheit und Bequemlichkeit

Fehler

Chestnut Bud **B** Macht immer wieder die gleichen Fehler und zieht keine Konsequenzen aus schlechten Erfahrungen

Honeysuckle **B** Leidet unter den Fehlern aus der Vergangenheit, kann sich nicht von der Vergangenheit lösen

Pine **B** Verzeiht sich die eigenen Fehler nicht, hat Schuldgefühle

Fehlgeburt

Mariposa Lily Nach F., um sich mit der »gescheiterten« Mutterrolle zu versöhnen

Shooting Star Bei drohender F., hilft dem Ungeborenen, sich im Körper der Mutter wohl zu fühlen

Star of Bethlehem **B** Bei Schock und nach traumatischer Geburt, für Mutter und Kind

Wild Rose **B**   Für schwache, apathische Kinder, fördert den
Lebenswillen

Feindseligkeit

Holly **B**   Bei Haß Neid und Eifersucht, fördert die Liebe
und gegenseitiges Verständnis

Oregon Grape   Unterstellt seinen Mitmenschen F. und böse
Absichten, leidet unter Verfolgungswahn

Sunflower   Bei Aggressionen gegenüber dem Vater, bei unausgewogener Männlichkeit

Tiger Lily   Für streitsüchtige und kampfeslustige Menschen, bei Machoverhalten

Feinfühligkeit

Centaury **B**   F. gegenüber den Wünschen anderer, übertrieben hilfsbereit, kann nicht nein sagen

Mimulus **B**   Bei Überängstlichkeit, geräuschempfindlich

Pink Yarrow   Nimmt die Stimmungen seiner Mitmenschen
auf und macht sie zu seinen eigenen, kann sich emotional nicht abgrenzen

Violet   Feinfühlig und offen, fürchtet sich, in einer Gruppe
unterzugehen, schüchtern

fernsehen

California Poppy   Bei Abhängigkeit von Außenreizen, Kinder, die zuviel fernsehen und nicht mehr spielen können

Hornbeam **B**   Bei geistiger Müdigkeit, wenn man nur Routinearbeiten macht und dabei geistig abstumpft

festhalten

Bleeding Heart   F. am Partner, Überidentifikation mit dem
Partner

Cayenne   F. an alten Gewohnheiten und Sicherheiten

Cherry Plum **B**   Zwanghafte innere Kontrolle, hat Angst, bei unvorhergesehenen Situationen durchzudrehen

Chicory **B**   F. an geliebten Menschen, »overprotecting«

Dandelion   F. und Unterdrückung von Emotionen, die sich als Verspannungen im Körper festsetzen

Honeysuckle **B**   F. an der Vergangenheit, Nostalgie und Sehnsucht nach früheren Zeiten

Sagebrush   F. an einem alten Selbstbild, spielt eine Rolle, die nicht mehr zur gegenwärtigen Situation paßt

Star Thistle   F. an Besitz und Reichtum, Geiz und Angst vor Mangel

Flexibilität

Dogwood   Bei Härte und Zynismus, fördert F. und Anmut in der Bewegung

Hound's Tongue   Für geistige F., hilft materialistischen Menschen, auch spirituelle Tatsachen zu integrieren

Oak **B**   Für kämpferische Menschen, um mit ihren Energien flexibler und behutsamer umzugehen

Quaking Grass   Für F. in einer Gruppe, um individuelle Interessen aufeinander abzustimmen

Rabbitbrush   Erweitert den geistigen Horizont, hilft, wenn viele Dinge gleichzeitig beachtet und integriert werden müssen

Rock Water **B**   Für Menschen mit starren Prinzipien und hohen Idealen, für mehr F. und Lebensfreude

Flucht

Agrimony **B**   Flieht vor den eigenen Problemen in Drogen und Alkohol, versteckt sich hinter einer Maske von Fröhlichkeit

California Poppy   Sucht spirituelle Erfahrung außerhalb

seiner selbst, Wirklichkeitsflucht durch psychische Erfahrungen mit Drogen

California Wild Rose Flieht vor der Welt in Apathie und Resignation, findet das Leben sinnlos

Clematis **B** Flieht vor der Realität in eine positive Traumwelt, ist geistig abwesend

Morning Glory Benebelt sich mit Drogen und Stimulanzien, hilft bei fehlender Vitalität und chaotischem Lebensstil

Mountain Pride Flieht vor Auseinandersetzungen und Konflikten, Opportunist

Sweet Pea Meidet soziale Verantwortung und Bindungen an eine Gemeinschaft, Einsiedler

Freiheit

Bleeding Heart Emotionale F. vom Partner, harmonische Distanz und Selbständigkeit

Buttercup F. von selbsteinschränkenden Minderwertigkeitsgefühlen, fördert eine positive Selbsteinschätzung

Centaury **B** F., von Unterdrückung und Ausbeutung, fördert Willensstärke und Abgrenzung

Holly **B** Emotionale F. in Beziehungen, Überwindung von Neid und Eifersucht

Scarlet Monkeyflower F. sich mit seinen tiefen Gefühlen auseinanderzusetzen und diese zu äußern

Trumpet Vine F. und Kraft im Selbstausdruck, Überwindung von Sprachstörungen und Unsicherheit

Walnut **B** F. von starken äußeren Einflüssen, zum Beispiel durch die Familie, fördert Stärkung der Persönlichkeit

Freude

Borage Bringt heitere Gelassenheit und Zuversicht, bei Niedergeschlagenheit durch emotionale Krisen

California Wild Rose Weckt Lebensfreude und Begeisterung, bei Resignation und mangelndem Lebenswillen

Larkspur Fördert einen freudvollen und großzügigen Führungsstil, Autorität durch Vorbild

Mustard **B** Bringt die Lebensfreude zurück und hilft, Depressionen zu lösen

Zinnia Für kindliche Freude und die Fähigkeit, den Alltag auf spielerische Weise zu bewältigen

Freundschaft

Mallow Für Menschen, die sich nicht trauen, die Barrieren zu vertrauten Bekannten fallen zu lassen, hilft, Zuneigung und Wärme zu zeigen

Water Violet **B** Distanzierte Menschen, die oft stolz und überheblich wirken und niemanden zu nahe kommen lassen

Fröhlichkeit

Agrimony **B** Gespielte Fröhlichkeit, Gruppenclown, verdrängt innere Sorgen und Qualen

Bleeding Heart Lindert »Herzschmerzen«, wenn man einen geliebten Menschen verloren hat

Borage Bei Niedergeschlagenheit, hat den Zugang zur inneren Quelle verloren, bringt Fröhlichkeit und Unbeschwertheit

Larkspur Für F. und Großmut in einer Führungsposition

Mustard **B** Erleichtert Depressionen, die sich wie eine »dunkle Wolke« auf die Menschen legen

Zinnia Für ernste, vernünftige Menschen, bringt kindliche F. und Humor

Fruchtbarkeit

Blackberry F. und Umsetzung der Gedanken und Ideen in die Realität

Iris   F. im kreativen Ausdruck, für Menschen, die sich in ihrer schöpferischen Leistung leer und frustriert fühlen

Pomegranate   F. und weibliche Kreativität, bei Konflikt zwischen Familie und beruflicher Karriere

Frühgeburt

California Wild Rose   Für schwache, teilnahmslose Kinder, bei fehlendem Lebenswillen

Mariposa Lily   Gleicht die fehlende Mutterliebe aus, wenn das Kind nicht bei der Mutter bleiben darf, für eine harmonische Mutter-Kind-Beziehung

Shooting Star   Für zu früh geborene Menschen, die das Gefühl haben, nie richtig auf der Welt angekommen zu sein

Frustration

Blackberry   F. über die eigene Unfähigkeit, seine Vorstellungen in die Tat umzusetzen

Gentian **B**   Pessimist, gibt bei dem geringsten Anlaß frustriert auf, bei Enttäuschungen mit bekannter Ursache

Impatiens **B**   F. über die Langsamkeit und Unvollkommenheit seiner Mitmenschen

Indian Paintbrush   Bei Nachlassen der schöpferischen Kraft und Ausbleiben der kreativen Ideen, gibt Energie und Durchhaltevermögen im kreativen Ausdruck

Iris   Fühlt sich frustriert und unfähig in seiner Kreativität, hat keine Inspiration

Penstemon   In schwierigen Lebenssituationen, wenn der Mut und das Durchhaltevermögen fehlen

Star Tulip   F. über den mangelnden Zugang zur Intuition, bei Unfähigkeit zu meditieren

Wild Oat **B**   Bei Unentschlossenheit und F. über den eigenen Lebensweg

Führungsposition

Elm **B**   Für Menschen, die viel Verantwortung tragen, sich aber aufgrund der aktuellen Umstände überfordert und überlastet fühlen

Impatiens **B**   Ist ungeduldig und nervös, verlangt schnelles Arbeiten, reagiert aufbrausend

Larkspur   Verlangt von anderen das gleiche übertriebene Pflichtbewußtsein wie von sich selbst, ist selbstgerecht und kleinlich

Mountain Pride   Ermöglicht spirituelle Kampfbereitschaft, erkennt, daß aktive Auseinandersetzung sinnvoll ist, für konfliktscheue Menschen

Red Clover   Um ruhig und gelassen inmitten von Panik und Chaos zu bleiben, bei Massenhysterie

Rock Water **B**   Bei übermäßiger Strenge und Härte gegenüber sich selbst und anderen, hat starre Ansichten

Sunflower   Bei unausgewogener Individualität, fördert eine positive Männlichkeit

Tiger Lily   Für aggressive, streitlustige Menschen, fördert Kooperationsbereitschaft und Empfänglichkeit für die Interessen anderer

Vine **B**   Zwingt anderen seinen Willen auf, ist tyrannisch und dominant, fördert Rücksichtnahme und Toleranz

Water Violet **B**   Macht alles im Alleingang, spricht mit niemandem über seine Vorhaben, wirkt stolz und überheblich

G

Geborgenheit

Mariposa Lily   Bei fehlender Mutterliebe und G., wenn man sich ungeliebt und ausgestoßen fühlt

Shooting Star   Fühlt sich fremd unter Menschen und hat keinen Bezug zur Erde, fördert soziale Integration und G.

St. John's Wort   Bei nächtlichen Angstzuständen und Alpträumen, stärkt das innere Licht und gibt G.

Sweet Pea   Um sich in einer Gemeinschaft wohl zu fühlen und soziale Aufgaben zu übernehmen, für die ewigen Wanderer, die sich entwurzelt und heimatlos fühlen

Gedanken

Agrimony **B**   Bei quälenden G. und Sorgen, die man nicht nach außen dringen läßt

Blackberry   Hilft, die G. und Vorstellungen in die Tat umzusetzen, Willenskraft zur Verwirklichung seiner Ziele

Clematis **B**   Widmet sich seinen G. und positiven Tagträumen, nimmt kaum am Alltagsgeschehen teil

Mountain Pennyroyal   Reinigung von negativen Gedanken, hilft, eigene Gedanken von fremden zu unterscheiden

Peppermint   Für geistige Frische und Wachheit, fördert das Lernvermögen

Red Chestnut **B**   Ängstigt und sorgt sich um geliebte Menschen, macht sich G., daß etwas passieren könnte

White Chestnut **B**   Bei kreisenden G., wenn man nicht abschalten kann

Geduld

Calendula Fördert Geduld im Zuhören und Liebe und Wärme in der Wortwahl

Impatiens **B** Für ungeduldige, nervöse Menschen, die alles schnell und perfekt machen wollen

geerdet sein

Clematis **B** Für Träumer, die in ihren Gedanken schweben, hilft, aktiv und wach am Alltag teilzunehmen

Corn Bei Verwirrung und Desorientierung im Stadtleben, stellt den Kontakt zur Erde und zur Natur her

Manzanita Bei Abscheu gegenüber dem Körper, hilft, den Körper als Tempel der Seele anzuerkennen

Shooting Star Bei dem Gefühl, fremd auf der Welt zu sein, hilft sich zu erden und soziale Beziehungen aufzubauen

St. John's Wort Bei außerkörperlichen Zuständen, stärkt die Bindung an den Körper

Sweet Pea Beim Gefühl der Heimatlosigkeit und Entwurzelung, wenn man Angst vor sozialen Verpflichtungen hat

Gefühle

Bleeding Heart Bei emotionaler Abhängigkeit vom Partner, bei »Liebeskummer«

Borage Bei Niedergeschlagenheit aufgrund emotionaler Konflikte, bringt innere Heiterkeit und Zuversicht

Deer Brush Um die G. mit dem Verstand zu koordinieren, für Reinheit der Absichten

Dogwood Bei verhärteten Gefühlen und Neigung zur Selbstzerstörung

Fuchsia Bei Neigung, Gefühle zu übertreiben und zu dramatisieren, um verdrängte Emotionen zu überspielen

Golden Ear Drops Bei Furcht vor der Wiederkehr schmerzlicher Erlebnisse aus der Kindheit, bei Kindheitstrauma

Scarlet Monkeyflower   Unterdrückt starke G. wie Zorn und Wut

Yerba Santa   Bei verinnerlichter Traurigkeit und Melancholie, wenn verdrängte Gefühle die Atmung behindern

Gegenwart, mangelndes Interesse an der

California Poppy   Bei Wirklichkeitsflucht und Abhängigkeit vor äußeren Reizen

Clematis **B**   Für Tagträumer, die vor Konflikten in eine positive Gedankenwelt flüchten

Honeysuckle **B**   Lebt in der Vergangenheit und weigert sich, die Gegenwart anzunehmen, Nostalgie

Mustard **B**   Bei Depressionen, die sich unerwartet auf das Gemüt legen

Wild Rose **B**   Bei Apathie und Kapitulation, empfindet das Leben als sinnlos

geistige Klarheit

Hound's Tongue   Für materialistische Menschen, die geistig träge und inflexibel sind, hilft, auch spirituelle Aspekte im Leben zu erkennen

Madia   Für Konzentration und Klarheit der Gedanken, wenn man sich leicht ablenken läßt

Mountain Pennyroyal   Bei Neigung, die negativen Gedanken anderer zu übernehmen, bringt Reinheit der Gedanken

Peppermint   Für geistige Klarheit und hohe Aufnahmebereitschaft, gut beim Lernen und Studieren

Geiz

Star Thistle   Aus Angst vor Mangel Unfähigkeit, mit anderen zu teilen, fördert Großzügigkeit und Offenherzigkeit

Gelassenheit

Agrimony **B**   Für innere G., fördert ehrliche Konfrontation mit den eigenen Problemen

Borage   Fördert heitere G., bei emotionalen Krisen und Niedergeschlagenheit

Chamomile   Bei emotionaler Anspannung und Unruhe, beruhigt und löst die Spannungen

Cherry Plum **B**   Für Menschen, die Angst haben, wahnsinnig zu werden, und sich ständig kontrollieren

Filaree   Bei Neigung, sich zu verzetteln und aus Kleinigkeiten große Probleme zu machen, bringt innere G. und Überblick

Garlic   Bei nervöser Angst und Lampenfieber, bei schwachen Widerstandskräften

Indian Pink   G. trotz erhöhter Aktivität der Umgebung, innere Ruhe bei hohen Anforderungen

Lavender   Bei Überreizung durch spirituelle Übungen, setzt sich unter Druck, möchte seine spirituelle Entwicklung vorantreiben

Mimulus **B**   G. und Tapferkeit, bei allen Ängsten mit bekannten Ursachen

Pink Yarrow   Für emotionale Stabilität, wenn man die Stimmungen anderer zu sehr auf sich bezieht

Red Chestnut **B**   Vertrauen und Zuversicht, bei übertriebener Sorge um geliebte Menschen

Red Clover   Für Ruhe und G. inmitten von Panik und Hysterie

Star of Bethlehem **B**   G. und innere Ruhe, bei Schock und traumatischen Erlebnissen, in tiefster Seelennot

White Chestnut **B**   Für gedankliche Ruhe, bei ewig kreisenden Gedanken und der Unfähigkeit abzuschalten

Gereiztheit

Holly **B**   G. aufgrund von Ärger, Neid und Eifersucht, bei gestauten Aggressionen

Impatiens **B**   Für ungeduldige Menschen, die leicht gereizt und aufbrausend reagieren

Lavender   Überreizung der Nerven, hohe Anspannung durch spirituellen Ehrgeiz

Gesamtüberblick

Elm **B**   Bei dem vorübergehenden Gefühl der Überforderung, hilft, zu organisieren und den Überblick zu behalten

Filaree   Bei Unfähigkeit, Prioritäten zu setzen, hilft, wenn man sich verzettelt und sich um Kleinigkeiten sorgt

Rabbitbrush   Für G. und gleichzeitige Aufmerksamkeit für Einzelheiten, für den »zerstreuten Professor«

Gewalttätigkeit

Cherry Plum **B**   Fürchtet, etwas Schlimmes zu tun, steht ständig unter Spannung, »Amokläufer«

Holly **B**   Bei G. durch angestaute Aggressionen, Haß und Mißgunst

Impatiens **B**   Ungeduldiger und aufbrausender Typ

Sunflower   Bei Aggressionen und Haß gegenüber dem Vater, unharmonische Entwicklung der Männlichkeit

Vine **B**   Bei Jähzorn, zwingt anderen seinen Willen auf, kann keine Rücksicht nehmen

Gewohnheiten

Cayenne   Bringt »Pfeffer« in alte Gewohnheiten, wenn man dazu neigt, alles vor sich herzuschieben

Chestnut Bud **B**   Macht immer wieder die gleichen Fehler und fällt in gewohnte Verhaltensmuster, Unfähigkeit, aus Erfahrungen zu lernen

Morning Glory   Läßt Gewohnheiten und Abhängigkeiten erkennen und hilft, sich davon zu lösen, bringt Vitalität

Sagebrush Lebt in einem alten Selbstbild, spielt eine Rolle, die früher einmal erfolgreich war

Walnut **B** Verhilft zum Durchbruch bei dem Gefühl, »anzustehen«, nimmt die Angst vor dem Neubeginn

Gier

California Pitcher Plant Lebt nach seinen Instinkten und Trieben, bei Konflikt zwischen Instinkt und Intellekt

Star Thistle G. nach materiellen Gütern und Besitz, Geiz

Trillium G. nach Macht und Besitz, fordert sofortige Triebbefriedigung ohne Rücksicht auf die Wünsche anderer

Glaube

Aspen **B** Hohe Sensibilität und diffuse Ängste, bei religiösen Ängsten, bringt Vertrauen und seelischen Schutz

Borage Zuversicht und Kraft, bei Mutlosigkeit und Niedergeschlagenheit

Gorse **B** G. und Hoffnung für den eigenen Gesundheitszustand, für Menschen die schon lange ein seelisches oder körperliches Leiden haben

Oregon Grape G. an die guten Absichten anderer Menschen, bei Mißtrauen und Argwohn

Scotch Broom G. an die eigene Bedeutung angesichts der großen Probleme in der Welt

Self Heal G. an die eigene Heilung und die Fähigkeit, aus eigener Kraft wieder gesund zu werden

Wild Rose **B** G. an den Sinn des Lebens, bei Apathie und Resignation

Gleichgewicht

Basil G. zwischen Sexualität und Spiritualität, hilft, wenn es in Beziehungen Konflikte um Gegensätzliches gibt

California Pitcher Plant   G. zwischen Instinkt und Intellekt, hilft, wenn man die Instinkte und Triebe unterdrückt oder übermäßig auslebt

California Poppy   Ausgleich zwischen innen und außen, hilft, den Reichtum der Seele zu erkennen und von Abhängigkeit von Außenreizen frei zu werden

Corn   Hilft, das innere G. in großen Menschenmengen zu bewahren

Deer Brush   G. zwischen Herz und Verstand, fördert klare Absichten

Mariposa Lily   Fördert eine harmonische Mutter-Kind-Beziehung

Scleranthus **B**   Bei Unentschlossenheit und stark wechselnden Stimmungen, bei Gleichgewichtsstörungen

Gleichgültigkeit

Clematis **B**   Ist geistig abwesend und gegenüber seinen Mitmenschen gleichgültig, gibt sich seinen Tagträumen hin

Wild Rose **B**   Bei G. gegenüber dem Leben, findet das Leben sinnlos und macht keine Anstrengung, um seinen Zustand zu ändern

glücklich sein

Agrimony **B**   Will immer glücklich sein, vermeidet die Auseinandersetzung mit seinen Problemen und Sorgen, Suchtverhalten

Borage   Bei emotionalen Krisen, fühlt sich bedrückt und kann nicht mehr glücklich sein

California Poppy   Sucht sein Glück nur in der Außenwelt, in psychischen Erfahrungen durch Drogen etc.

Mustard **B**   Bei Depressionen, die sich wie eine »dunkle Wolke« auf den Menschen legen und keine erkennbare Ursache haben

Zinnia Für ernste Menschen, die nicht fröhlich und glücklich sein können

Grausamkeit

Trillium Menschen, die für ihr eigenes Vergnügen »über Leichen gehen«, Machtgier

Vine **B** Setzt seinen Willen gegen alle anderen durch, ist tyrannisch und dominant

Groll

Holly **B** Bei G. und angestauter Wut, bei Beziehungsproblemen

Scarlet Monkeyflower Unterdrückt G. und Wut, hat Angst vor heftigen Emotionen

Willow **B** Hadert mit dem Schicksal, bei G. und Selbstmitleid

Großzügigkeit

Larkspur Bei übertriebener Pflichterfüllung und kleinlicher Kontrolle, für G. und positive Autorität in einer Führungsrolle

Rock Water **B** Für dogmatische Menschen mit starren Prinzipien, fördert G. und Flexibilität

Star Thistle Bei Geiz und Habsucht, Unfähigkeit, sich und seinen Besitz zu teilen

Gruppenarbeit

Deer Brush Für Reinheit der Motive und Absichten, fördert Klarheit in den Handlungen gegenüber anderen

Goldenrod Um zu seiner wahren Persönlichkeit zu stehen, bei betont negativem, auffälligem Verhalten

Madia Fördert Konzentration und geistige Sammlung, hilft, die Arbeit auf einen Punkt zu bringen

Mullein Für Aufrichtigkeit und Ehrlichkeit gegenüber seinen Mitarbeitern, bei Neigung, andere zu belügen und ihnen etwas vorzuspielen

Quaking Grass Gruppenessenz! Hilft, die einzelnen Interessen aufeinander abzustimmen, fördert Flexibilität

Sweet Pea Für soziale Integration, meidet Gemeinschaften und die damit verbundenen Aufgaben

Tiger Lily Fördert Einfühlungsvermögen und Zurückhaltung, für aggressive, streitlustige Menschen

Trillium Um die Energien, die man sonst zu den eigenen Gunsten aufwendet, für die Gemeinschaft einzusetzen, fördert Uneigennützigkeit und Demut

Violet Für schüchterne Menschen, die sich nicht trauen, sich in eine Gruppe einzubringen, bei Furcht, in der Gruppe unterzugehen

Handeln

Blackberry   Hilft bei der Umsetzung der Ideen und Wünsche und bei der Verwirklichung der Ziele

Cayenne   Bringt Energie, um längst fällige Entscheidungen und Handlungen durchzuführen

Hornbeam **B**   Bei Antriebsschwäche und fehlender Motivation, »Montag-morgens-Gefühl«

Impatiens **B**   Arbeitet schnell und möglichst perfekt, möchte alles sofort erledigen

Indian Paintbrush   Fördert ausdauerndes schöpferisches Arbeiten, hilft, wenn die Ideen ausbleiben und die kreative Energie nachläßt

Madia   Für zielgerichtetes H. und Denken, fördert Konzentrationsfähigkeit und Aufmerksamkeit im Detail

Tansy   Für träge, bequeme Menschen, denen die Energie zum H. fehlt, unterstützt die Willenskraft und die Handlungsfähigkeit

Wild Oat **B**   Bei Unentschiedenheit und Ziellosigkeit

harmoniebedürftig

Agrimony **B**   Ist h. und immer fröhlich, verbirgt innere Qualen vor sich und anderen

Bleeding Heart   Ordnet sich dem Partner unter, um die Harmonie in der Beziehung zu wahren

Centaury **B**   Läßt sich ausnutzen und kann nicht nein sagen, um Harmonie und Frieden zu erhalten

Cerato **B**   Ist in seinen Entscheidungen unsicher, möchte nicht aus der Rolle fallen

Golden Ear Drops Fürchtet die Wiederholung schmerzlicher Erlebnisse aus der Kindheit, vermeidet deshalb tiefe emotionale Bindungen

Harmonisierung

Cayenne Verstärkt und harmonisiert Blütenmischungen, dient als Katalysatoressenz, wenn noch ein Anstoß fehlt

Chamomile Harmonisiert und beruhigt das Seelenleben, bei emotionaler Anspannung und Unruhe

Lotus Harmonisiert Blütentherapie mit anderen Therapieformen, kann zur H. anderer Blütenessenzen dazugegeben werden

Yerba Santa Lindert die Wirkung von tiefgreifenden Blütenessenzen wie Golden Ear Drops, Black-Eyed Susan etc.

Härte

Beech **B** Harte Kritiker, die überall den Fehler entdecken, hilft bei Intoleranz

Dogwood Verhärtete Gefühle und Zynismus aufgrund einer traumatischen Kindheit

Larkspur Führung durch Unterdrückung und harte Kontrolle

Quince H. und Unnachgiebigkeit, hilft, wenn man Weiblichkeit mit Schwäche gleichsetzt

Rock Water **B** H. und Strenge gegen sich selbst und andere, hat starre Prinzipien und hohe Ideale

Sunflower Bei unausgewogener Männlichkeit, bei H. und Selbstgefälligkeit

Tiger Lily Machoverhalten, übertrieben aggressiv und kampflustig

Vine **B** Unterdrückt und zwingt anderen seinen Willen auf

Haß

Crab Apple **B** H. gegenüber Schmutz und Unreinheit, empfindet sich selbst als abstoßend

Holly **B** Bei H., Neid und Eifersucht, fördert die Entwicklung von wahrer Liebesfähigkeit

Manzanita H. gegenüber dem Körper, mißachtet die Bedürfnisse des Körpers und möchte ihn vernichten

Pine **B** Haßt sich selbst und klagt sich an, leidet unter Schuldgefühlen

Scarlet Monkeyflower Unterdrückt H. und Zorn, bis diese Emotionen unkontrollierbar werden

Willow **B** H. und Groll gegenüber dem Schicksal, übernimmt keine Verantwortung für das eigene Leben und versinkt in Selbstmitleid

Heilkraft

Calendula Für Heilung und Wärme im sprachlichen Ausdruck, gut für Therapeuten

Lotus Fördert Selbsterkenntnis und innere Stille, gibt Einblick in die Ursachen von Leiden

Olive **B** Bei totaler körperlicher und seelischer Erschöpfung und Überbeanspruchung

Self Heal Unterstützt die Selbstheilungskraft und stellt den Kontakt zur inneren Quelle wieder her

Helfersyndrom

Centaury **B** Übermäßige Hilfsbereitschaft, läßt sich ausbeuten und kann sich nicht durchsetzen

Pink Yarrow Identifiziert sich mit den Gefühlen und Stimmungen anderer, starkes Mitgefühl, kann sich emotional nicht abgrenzen

Red Chestnut **B** Sorgt und ängstigt sich um andere, möchte ihnen schlimme Erfahrungen ersparen und sie beschützen

Herausforderungen

Mountain Pride Meidet H. und Auseinandersetzungen, Opportunist, fördert positive Kampfbereitschaft

Penstemon Hilft, schwere Prüfungen und H. Im Leben anzunehmen, gibt Ausdauer und Kraft in ungewöhnlich schwierigen Lebensumständen

Scotch Broom Bei Hoffnungslosigkeit über die Weltlage, hilft, sich den großen H. des Lebens zu stellen

Tiger Lily Für streitsüchtige und kampfeslustige Menschen, fördert Einfühlungsvermögen und Zurückhaltung

Herz

Aloe Vera »Arbeitstier«, vernachlässigt die Bedürfnisse seines Herzens, bei Erschöpfung und Herzerkrankungen

Bleeding Heart Bei »Herzschmerzen«, wenn man einen geliebten Menschen verloren hat

Borage Fühlt sich bedrückt aufgrund emotionaler Konflikte, macht sich das Herz schwer

Deer Brush Für Reinheit des Herzens und der Absichten, bei Konflikten zwischen Herz und Verstand

Dogwood Bei Härte und Zynismus, öffnet das Herz und macht das Innenleben sanft

Holly **B** Essenz der Liebe! Bei Haß Eifersucht und Mißgunst, bei Beziehungsproblemen

Mallow Freundschaftsblüte! Wenn man die Barrieren zu anderen nicht überwinden kann, hilft, Zuneigung und Nähe zum Ausdruck zu bringen

Yerba Santa Bei Melancholie und verinnerlichter Traurigkeit, die sich als Enge in der Brust bemerkbar macht

Hoffnungslosigkeit

Gorse **B** H. über die eigene Situation, bei lang andauerndem Leiden

Mustard **B**   H. und Depression, die ohne erkennbare Ursache plötzlich erscheint

Scotch Broom   H. über die Weltlage (Umweltzerstörung, Hunger), fühlt sich klein und ohnmächtig gegenüber den großen Problemen auf der Welt

Self Heal   Gibt Vertrauen, aus eigener Kraft wieder gesund zu werden

Sweet Chestnut **B**   Grenzenlose Verzweiflung, bei Überschreitung der Belastbarkeit

Wild Rose **B**   H. und Sinnlosigkeit, hat resigniert, erwartet nichts mehr vom Leben

Humor

Agrimony **B**   Gruppenclown, zwanghaft lustig, um innere Sorgen zu überspielen

Borage   Bringt heitere Gelassenheit und Zuversicht, bei Niedergeschlagenheit und schwerem Herzen

Zinnia   Für ernste, übermäßig vernünftige Menschen, fördert kindliche Ausgelassenheit und Fröhlichkeit

Hysterie

Chamomile   H. und extreme Ruhelosigkeit durch emotionale Belastungen

Cherry Plum **B**   Bei Angst durchzudrehen, zwanghaftem Verhalten und H.

Fuchsia   Dramatisiert und übertreibt Gefühle, wirkt unecht und hysterisch

Red Clover   Bei Massenhysterie und unkontrollierbaren Gefühlsausbrüchen, Notfallessenz!

Idealismus

Beech **B**   Sucht nach dem Schönen und Vollkommenen, ist überkritisch

Blackberry   Hilft, die Ideale und Ziele in die Realität umzusetzen

Clematis **B**   Träumer, die gar nicht an der Gegenwart interessiert sind, Schwierigkeiten, Traum und Wirklichkeit zu unterscheiden

Elm **B**   Idealisten, die sich viel vornehmen und sich selbst überfordern

Impatiens **B**   Perfektionisten, wollen alles gleichzeitig und schnell machen

Rock Water **B**   Menschen mit hohen Idealen, streng und unnachgiebig, dogmatisch

Vervain **B**   Bei hoher Begeisterungsfähigkeit bis hin zum Fanatismus

Ideen

Blackberry   Hilft, die Gedanken und Ideen umzusetzen, unterstützt Zielstrebigkeit und Risikobereitschaft

Hound's Tongue   Bei geistiger Trägheit und rein materieller Einstellung, fördert Flexibilität und Integrationsfähigkeit

Impatiens **B**   Hat viele Ideen, möchte alles gleichzeitig machen, bei Ungeduld und Streß

Indian Paintbrush   Unterstützung der Kreativität, hilft, wenn man keine Ideen und kreativen Einfälle mehr hat

Iris   Öffnet für Inspiration und die Strömungen der

Kunst, für Menschen, die sich in ihrer Kreativität frustriert fühlen

Shasta Daisy Hilft, viele verschiedene Ideen und Gedanken zusammenzufassen, für Ordnung und Organisation

Star Tulip Für rationale Menschen, die nur schwer Zugang zu ihrer Intuition haben, erleichtert die Meditation

Vervain **B** Bei übermäßiger Begeisterung und Streß durch viele Ideen und Projekte

Illusionen

California Poppy Sucht nach spiritueller Erfahrung und Glück nur in der Außenwelt, Wirklichkeitsflucht in Drogen

Clematis **B** Träumt den ganzen Tag, ist geistig abwesend, hat kein Interesse an der Gegenwart

Immunsystem

Beech **B** Bei seelischer und körperlicher Intoleranz, bei Allergien

Crab Apple **B** Reinigt Seele und Körper, unterstützt den Heilungsprozeß

Garlic Stärkt die Widerstandskräfte und die innere Stabilität

Self Heal Regt die Selbstheilung an und stärkt das Vertrauen in die eigene Kraft

Yarrow Schutz vor negativen Umwelteinflüssen, stärkt die Aura

Individualität

Centaury **B** Unterdrückt die I. und den eigenen Willen, läßt sich ausnutzen

Goldenrod Stärkt die I., so daß es unnötig wird, dauernd die Aufmerksamkeit der anderen erregen zu wollen

Mullein Bei Unaufrichtigkeit und Neigung zu lügen, hilft, zu seiner I. zu stehen, läßt auf das Gewissen hören

Quaking Grass Hilft, die eigene I. mit den Interessen einer Gemeinschaft zu koordinieren, ermöglicht Zusammenarbeit im Team

Sunflower Bei unharmonischer I., bei Selbstgefälligkeit und Egoismus, aber auch bei Selbstleugnung und Minderwertigkeitsgefühlen

Violet Feine, sensible Menschen, die fürchten, von einer Gruppe überrannt zu werden, stärkt die I. und hilft, sich aktiv in einer Gruppe zu äußern

Inspiration

Iris Öffnet die Sinne für die Strömungen der Kunst und des »Zeitgeistes«, fördert die Inspiration

Lotus Meditationsessenz! Fördert Selbsterkenntnis und öffnet für höhere Energien

Star Tulip Erleichtert den Zugang zur inneren Stimme, für verstandesbetonte Menschen, macht die Träume zugänglich

Instinkt

California Pitcher Plant Bei Konflikt zwischen Instinkt und Intellekt, unterdrückt seine Instinkte oder lebt sie übermäßig aus

Trillium Bei Macht- und Besitzgier, erwartet die Befriedigung seiner Triebe und Lüste

Intellekt

Hound's Tongue Intellektuell träge und stumpf, rein materialistische Einstellung

Nasturtium Theoretiker und »Kopfarbeiter«, die sich körperlich müde und leblos fühlen

Peppermint Unterstützt die intellektuellen Fähigkeiten

und die Aufnahmebereitschaft, für geistige Frische und Wachheit

Rabbitbrush Erhöht die intellektuelle Auffassungsgabe, richtet die Aufmerksamkeit auf Details und gleichzeitig auf den großen Zusammenhang

Star Tulip Verstandesbetonte, vernünftige Menschen, die keinen Zugang zur Intuition haben

Zinnia Übertrieben vernünftige, ernste Menschen, die nicht fröhlich und unbeschwert sein können

Intoleranz

Beech **B** Überkritisch, I. gegenüber den Fehlern und Schwächen anderer

Impatiens **B** Ungeduld und I. gegenüber dem Arbeitsstil und Tempo anderer, reagiert aufbrausend und nervös

Quaking Grass I. und Inflexibilität in bezug auf die eigenen Ansichten, kann sich nicht in eine Gruppe integrieren

Rock Water **B** Hart und streng gegen sich selbst und andere, hat hohe Ideale, die unbedingt einzuhalten sind

Saguaro I. gegenüber jeder Autorität, »ewiger Revoluzzer«

Vine **B** I. gegenüber den Interessen und Bedürfnissen anderer, zwingt anderen seinen Willen auf

Intuition

Cerato **B** Kann keine eigenen Entscheidungen treffen, fragt immer erst alle anderen, hilft, auf die innere Stimme zu hören

Lotus Fördert allgemein die Fähigkeit zur Meditation und I.

Star Tulip Für rationale Menschen, die gerne einen besseren Zugang zur I. hätten

Wild Oat **B** Bei Unentschlossenheit, hilft, den Lebensweg zu finden

Jähzorn

Holly **B**   Bei Aggressionen, Haß und J., fördert gegenseitiges Verständnis

Scarlet Monkeyflower   Unterdrückt Zorn und Wut so lange, bis die Emotionen unkontrollierbar zum Ausbruch kommen

Tiger Lily   Machoverhalten, setzt sich mit J. und übersteigerten Aggressionen durch

Vine **B**   Reagiert mit J., wenn sein Wille nicht erfüllt wird, ist tyrannisch

Jugendliche

Agrimony **B**   Gruppenclown, der sich seine inneren Sorgen und Probleme nicht anmerken läßt

Bleeding Heart   Bei Liebeskummer oder übertriebener emotionaler Abhängigkeit

California Poppy   Bei Langeweile und Phantasielosigkeit, bei Abhängigkeit von Außenreizen

Chamomile   Bei Reizbarkeit und emotionalen Spannungen, bei krampfhaftem Wollen

Crab Apple **B**   Bei dem Gefühl, häßlich und unrein zu sein, bei Hautunreinheiten

Goldenrod   Bei extrem negativem, abstoßendem Verhalten, um Aufmerksamkeit zu erregen

Holly **B**   Fördert die Selbstannahme und die Liebe zu sich selbst, bei Eifersucht und Neid

Larch **B**   Bei fehlendem Selbstvertrauen

Mallow   Fördert die Fähigkeit, Freundschaften aufzubauen und zu pflegen, bei Schüchternheit

Manzanita   Wenn man seinen Körper häßlich findet, hilft, die Veränderungen des Körpers zu akzeptieren, bei Pubertätsmagersucht

Mariposa Lily   Bei Konflikten mit der Mutter und dem Gefühl, »ungeliebt zu sein«

Mountain Pride J., die jeden Konflikt vermeiden und lieber mit der Masse mitschwimmen

Pomegranate Unterstützt die Entwicklung des weiblichen Zyklus, für eine harmonische Weiblichkeit

Saguaro Bei uneingeschränkter Auflehnung gegen Autoritäten (Eltern, Lehrer, Staat)

Scleranthus **B** Bei starken Stimmungsschwankungen und Launenhaftigkeit

Sticky Monkeyflower Bei Furcht vor Intimität und Sexualität, bei sexuellem Trauma und Mißbrauch

Sunflower Bei Konflikten mit dem Vater, bei fehlender Vaterfigur

Sweet Pea Bei Furcht vor Bindungen an Familie und Gemeinschaft, Einzelgänger

Walnut **B** Hilft, den Übergang in der Pubertät zu bewältigen, schützt vor dominanten Einflüssen

Wild Oat **B** Bei Unentschlossenheit über Ausbildung und Berufswahl

K

Kampfbereitschaft

Mountain Pride Fördert eine positive K., für konflikt-scheue, opportunistische Menschen

Oak **B** Ewiger Kämpfer, gibt niemals auf, kann keine Schwäche zugeben

Tiger Lily Streitsüchtig und kampflustig, fördert Einfühlungsvermögen

Kapitulation

California Wild Rose Bei Gleichgültigkeit und fehlender Begeisterung für das Leben, übernimmt keine Verantwortung für sich selbst

Wild Rose **B** Bei Resignation und K., empfindet das Leben als sinnlos

Karriere

Pomegranate Bei Konflikt zwischen K. und Familie, fördert die weibliche Kreativität

Quince Für karrierebewußte Menschen, die hart und kompromißlos geworden sind, »keine Schwäche zeigen«

Katalysator

Blackberry Hilft, Gedanken und Ideen in die Tat umzusetzen

Black-Eyed Susan Hilft, zu verdrängten Schlüsselproblemen vorzudringen und sich mit den Schattenseiten der Persönlichkeit auseinanderzusetzen

Cayenne Bringt Feuer und Tatkraft, um alte Gewohnheiten zu durchbrechen

Lotus Harmonisiert gegensätzliche Blütenessenzen, fördert die Selbsterkenntnis

Morning Glory Läßt »krankmachende« Gewohnheiten als entwicklungshemmend erkennen, bringt Vitalität und Frische

Self Heal Regt die Selbstheilung an, unterstützt andere Essenzen in der Wirkung

Tansy Bei Faulheit und Bequemlichkeit

Yerba Santa Kann die Wirkung aufwühlender Essenzen (Fuchsia, Golden Ear Drops) lindern und abfangen, bei verinnerlichter Traurigkeit

Katastrophe

Rock Rose **B** Bei panischer Angst und Todesangst, hilft, wenn man Opfer eines Unfalls oder einer K. ist

Red Clover Bei Massenhysterie und unkontrollierbaren Gefühlsausbrüchen

Star of Bethlehem **B** Bei Schock und seelischem Trauma, bei tiefer Seelennot

Kinder

Agrimony **B** Klassenclown, überspielt seine Fehler und Unzulänglichkeiten

Aspen **B** K., die ohne erkennbare Ursache schreien und weinen, verängstigte, sensible K.

Centaury **B** Kind kann sich nicht durchsetzen, weint viel und sucht bei Erwachsenen Hilfe

Chamomile Emotional überdrehte und quengelnde K., bei innerer Unruhe und Hyperaktivität

Cherry Plum **B** Hysterische K., die sich schwer beruhigen lassen, bei zwanghaftem Verhalten

Chestnut Bud **B** Macht immer wieder die gleichen Fehler, Weigerung, aus Fehlern zu lernen

Chicory **B** K., die sehr besitzergreifend sind und viel Aufmerksamkeit brauchen

Clematis **B** Verträumte K., geistig abwesend

Dogwood Harte, früh gereifte K., die keine richtige Kindheit hatten

Golden Ear Drops Bei traumatischen Kindheitserlebnissen und Mißbrauch

Heather **B** Altkluge K., die viel reden und häufig allein gelassen werden

Holly **B** Bei Eifersucht unter Geschwistern, bei Zornesausbrüchen

Impatiens **B** Extrem ungeduldige K., die sehr aufbrausend sind

Larch **B** K., die sich wenig zutrauen und sehr zurückhaltend sind

Mariposa Lily Bei Trennung von der Mutter oder fehlender Mutterliebe, bei zu enger und auch bei unterkühlter Mutter-Kind-Beziehung

Mimulus **B** Ängstliche K., bei Angst mit bekannter Ursache

Pine **B** Bei Schuldgefühlen, wenn K. stark unter einem schlechten Gewissen leiden, bei Selbstbestrafung

Pink Yarrow Emotionaler Schutz, K., die die Stimmung ihrer Umgebung übernehmen

Red Chestnut **B** Bei Sorge der K. um ihre Eltern

Saint John's Wort Bei nächtlichen Angstzuständen und Bettnässen, bei Angst vor dem Feuer

Sunflower Bei Konflikt mit dem Vater, bei fehlendem Vater

Vervain **B** Übermäßig begeisterte K., die »tausend Ideen« haben und sich selbst überfordern

Vine **B** K. in der Trotzphase, der »kleine Tyrann«

Walnut **B** Hilft in allen neuen Lebensphasen: Zahnen, Kindergarten- und Schulanfang etc.

Water Violet **B**   Stille K. mit scharfer Beobachtungsgabe, kontaktarm, Außenseiter

White Chestnut **B**   K., die nicht abschalten können und schlecht schlafen, bei kreisenden Gedanken

Wild Rose **B**   K. mit mangelndem Lebenswillen, apathisch und gleichgültig

Willow **B**   K., die viel jammern und sich selbst bemitleiden, weinerliche K.

Yerba Santa   traurige, melancholische Kinder, bei Asthma

Zinnia   Ernste K., die keine Freude empfinden können, erleichtert Erwachsenen den Zugang zur kindlichen Welt

Klarheit

Corn   Innere K. und Gelassenheit, bei Verwirrung in der Großstadt und bei Menschenansammlungen

Deer Brush   Reinheit der Absichten und Motive, bei Konflikt zwischen Herz und Verstand

Dill   Innere K. bei der Verarbeitung vieler Eindrücke und Erlebnisse

Madia   K. der Gedanken, Konzentration und Durchhaltevermögen

Mountain Pennyroyal   Gedankliche K., Reinigung von negativen Gedanken

Mullein   Für Aufrichtigkeit und Ehrlichkeit

Peppermint   Geistige K. und Frische, erhöhte Aufmerksamkeit und Lernvermögen

Star Tulip   K. der Träume, Zugang zur inneren Stimme und Intuition

White Chestnut **B**   Gedankliche Ruhe, bei kreisenden Gedanken und der Unfähigkeit, den Kopf »abzuschalten«

Wild Oat **B**   K. in der Zielsetzung und im Lebensweg, bei Unentschlossenheit und Unklarheit über die Lebensaufgabe

Klimakterium

Elm **B** Bei dem Gefühl der Überforderung, hilft, wenn einem auf einmal alles zuviel erscheint

Gentian **B** Enttäuschungen und Frustrationen mit bekannter Ursache, man gibt schnell auf und ist pessimistisch

Mallow Hilft, Freundschaften aufzubauen und zu pflegen, läßt Zuneigung und Wärme zum Ausdruck bringen

Tiger Lily Bei Midlife-crisis, hilft, wenn man mit seinem bisherigen Verhalten keinen Erfolg mehr hat, fördert mehr Einfühlungsvermögen

Walnut **B** Hilft in allen Umbruchsituationen, nimmt die Angst vor dem Neuen und stärkt die Persönlichkeit

Kommunikation

Buttercup Bei Schüchternheit und Minderwertigkeitsgefühlen, hilft, sich aktiv in einer Gruppe einzubringen und die eigenen Vorschläge und Ideen zu äußern

Calendula Bei scharfer, verletzender Ausdrucksweise, bringt Liebe und Wärme in die Sprache

Deer Brush Aussage und Handlung widersprechen sich, für Reinheit der Absichten

Dogwood Wenn man durch Kindheitserlebnisse hart und zynisch geworden ist, bringt Sanftmut und Weichheit in das Seelenleben

Larch **B** Fehlendes Selbstvertrauen, erwartet Fehlschläge, Unsicherheit in der Ausdrucksweise

Quaking Grass Bei Kommunikationsproblemen in der Gruppe, hilft, die individuellen Interessen zugunsten der Gemeinschaft zu koordinieren

Scarlet Monkeyflower Hilft, heftige Gefühle wie Zorn und Wut zum Ausdruck zu bringen

Trumpet Vine Bei Sprachstörungen und Stottern, Unsicherheit im Selbstausdruck

Violet Für stille, schüchterne Menschen, fürchtet, von der Gruppe übergangen zu werden

Water Violet **B** Stille, souveräne Menschen, denen die Auseinandersetzung mit anderen einfach zu anstrengend ist

Zinnia Unterstützt die Kommunikation mit Kindern

Konflikt

Agrimony **B** Vermeidet Konflikte und problematische Situationen, zwanghafte Fröhlichkeit

Basil Konflikt zwischen Sexualität und Spiritualität, hilft, wenn es in Beziehungen um Gegensätzliches geht

Calendula K. durch harte, mißverständliche Ausdrucksweise, fördert wahres Zuhören

Holly **B** K. durch Neid, Eifersucht und Haß

Pomegranate K. zwischen Karriere und Familie, Unterstützung einer positiven Weiblichkeit

Quaking Grass K. in einer Gruppe, unterstützt Teamwork

Quince Karrieremenschen, die Rücksichtnahme und Flexibilität für Schwäche halten

Saguaro K. mit Autoritäten jeder Art, lebt im Kampf mit der ganzen Welt

Scleranthus **B** Unentschlossenheit, sehr starke Stimmungsschwankungen, K. zwischen zwei oder mehreren Möglichkeiten

Sunflower K. mit dem Vater, unausgewogene Identitätsfindung

Sweet Pea K. mit Gemeinschaften und Gruppen, vermeidet soziale Verantwortung

Konfrontation

Mountain Pride Vermeidet K. und Auseinandersetzung, Opportunist

Saguaro Ewiger Revoluzzer, kann zwischen verschiedenen Autoritäten nicht unterscheiden

Kontaktschwierigkeiten

Mallow   Hat Schwierigkeiten, die Kontaktbarrieren zu anderen abzubauen, sehnt sich nach Freundschaft, kann aber keine Zuneigung zeigen

Violet   Ist schüchtern und zurückgezogen, fürchtet, von der Persönlichkeit anderer überrannt zu werden

Water Violet **B**   Stolze, souveräne Menschen, die lieber alles allein machen

Konzentration

Clematis **B**   Tagträumer, driften in ihren Gedanken ab

Corn   Bei Gefühl von Verwirrung und Desorientierung in der Großstadt

Filaree   Bei Neigung, sich zu verzetteln, macht sich unnötige Sorgen um Kleinigkeiten

Honeysuckle **B**   Lebt in der Vergangenheit, kann sich nicht auf die Gegenwart konzentrieren

Hornbeam **B**   Antriebsschwäche, Mangel an Motivation

Indian Paintbrush   Konzentrationsmangel im schöpferischen Ausdruck

Indian Pink   Fühlt sich verwirrt und desorientiert in einer chaotischen Umgebung, Konzentrationsmangel bei erhöhter Aktivität, Streß

Madia   Zerstreutheit und hohe Ablenkbarkeit

Peppermint   Für K. und geistige Frische, gut für Studenten

Rabbitbrush   Erweitert den geistigen Horizont, Überblick im Detail und für den großen Zusammenhang

Scleranthus **B**   Unkonzentriert und unentschlossen, wechselhaft in seinen Stimmungen

Shasta Daisy   Fördert Ordnung und Organisation, Synthese von vielen Einzelinformationen

White Chestnut **B**   Bei ewig kreisenden Gedanken, kann nicht abschalten

Körper

Aloe Vera Mißachtet das Ruhebedürfnis seines Körpers, verausgabt seine schöpferischen Kräfte, fühlt sich körperlich und seelisch ausgebrannt

Arnica Bei Schock und massiven Schmerzen, erhält den Lebenswillen aufrecht

California Pitcher Plant Für Menschen, die ihre körperlichen Triebe und Instinkte unterdrücken

Corn Stellt die Verbindung zur Erde und zur Natur her, hilft, wenn man unter dem Großstadtleben leidet

Crab Apple **B** Zur seelischen und körperlichen Reinigung, bei Hautunreinheiten

Dandelion Bei körperlichen Verspannungen und Verkrampfungen, die durch unterdrückte Emotionen verursacht werden

Dogwood Bei fahrigen und kantigen Bewegungen, wenn man den Körper als minderwertig betrachtet, bei Neigung zur Selbstzerstörung

Garlic Nervöse Ängste, die sich negativ auf die Abwehrkräfte auswirken

Manzanita Bei starker Ablehnung gegenüber allem Körperlichen, bei religiös asketischer Lebenshaltung

Nasturtium Bei körperlicher Müdigkeit aufgrund einer rein intellektuellen Tätigkeit

Penstemon Bei körperlichen Behinderungen und schweren Krankheiten, bringt Durchhaltevermögen und Kraft

Pomegranate Unterstützt den weiblichen Zyklus, fördert eine harmonische Entwicklung des weiblichen Körpers

Self Heal Regt die Selbstheilungskräfte an, weckt das Vertrauen, aus eigener Kraft heraus gesund zu werden

Shooting Star Bei fehlendem Bezug zum Körper, fühlt sich fremd auf der Welt, bei drohender Früh- oder Fehlgeburt

Tansy Bei Trägheit und Bequemlichkeit, meidet große Anstrengungen

Kreativität

Aloe Vera   Für Menschen, die ihre schöpferische Energie völlig verausgaben und sich erschöpft und leer fühlen

Blackberry   Hilft bei der Umsetzung von Vorhaben und Ideen

California Poppy   Wenn die inneren Bilder und die Phantasie ausgetrocknet sind, bei Überflutung und Abhängigkeit von Reizen und Eindrücken von außen

Indian Paintbrush   Unterstützt jede Art der K., gibt Durchhaltevermögen und frische Energie

Iris   Fördert die Inspiration, öffnet für die Strömungen der Kunst, für alle, die sich in ihrer K. frustriert fühlen

Larch **B**   Bei mangelndem Selbstvertrauen, gebremste K. und Erwartung von Fehlschlägen

Pomegranate   Fördert die weiblicher K., in Familie oder Beruf

Kritik

Beech **B**   Für Menschen, die überkritisch und intolerant sind

Calendula   Bei scharfer, verletzender Ausdrucksweise, wenn man nicht den richtigen Ton trifft

Impatiens **B**   Für ungeduldige, perfektionistische Menschen, die es nicht ertragen können, wenn andere langsamer arbeiten

Pine **B**   Für Menschen, die sich selbst beschuldigen und anklagen, überkritisch gegenüber sich selbst, kann sich selbst nicht vergeben

Rock Water **B**   Für alle mit hohen Idealen und starren Prinzipien, kritisch und streng mit sich selbst und anderen

Kummer

Agrimony **B**   Bei inneren Qualen und Ruhelosigkeit, die nicht nach außen dringen dürfen

Bleeding Heart Bei »Herzschmerzen« und K. um einen geliebten Menschen

Borage Bei Niedergeschlagenheit und K., bei emotionalen Krisen

Filaree K. und Sorgen um alltägliche Kleinigkeiten, bei Neigung, sich in Alltäglichkeiten zu verlieren

Fuchsia Für Menschen, die ihren K. hinter einer Fassade aus gespielten und übertriebenen Gefühlen verbergen

Honeysuckle **B** Bei Sehnsucht nach der Vergangenheit aus K. über die Gegenwart

Red Chestnut **B** Bei großer Sorge und Angst um geliebte Menschen

Star of Bethlehem **B** Bei tiefer Seelennot, bei seelischem Schock

Sweet Chestnut **B** Bei grenzenloser Verzweiflung und dem Gefühl, die Grenzen des Erträglichen überschritten zu haben

Wild Rose **B** Bei Resignation und dem Gefühl der Sinnlosigkeit und Leere

Yerba Santa Bei verinnerlichter Traurigkeit und Melancholie, bei verdrängten Gefühlen, die die Atmung belasten

L

lachen

Zinnia　Fördert Fröhlichkeit und Humor, hilft, die Probleme spielerisch zu bewältigen und das Geben leichter zu nehmen

Lampenfieber

Garlic　Bei L. und nervösen Ängsten

Larch **B**　Bei mangelndem Selbstvertrauen, hilft, überzeugend aufzutreten

Mimulus **B**　Bei Ängsten mit bekannter Ursache, Prüfungs- und Versagensangst

Mountain Pride　Fürchtet sich vor offenen Auseinandersetzungen, fördert positive Kampfbereitschaft

Läuterung

Black-Eyed Susan　Gibt die Fähigkeit, zu den Schattenseiten der Seele vorzudringen, für Einsicht in Schlüsselprobleme

Cayenne　L. von alten Gewohnheiten und Trägheit

Fuchsia　L. verdrängter Emotionen, die mit dramatisierten Gefühlen überspielt werden

Golden Ear Drops　L. von schmerzlichen Kindheitserlebnissen

Scarlet Monkeyflower　L. heftiger Emotionen wie Zorn und Wut, Fähigkeit, in konstruktiver Weise mit diesen Gefühlen umzugehen

Lebendigkeit

Aloe Vera   Für »Arbeitstiere«, die körperlich und emotional völlig erschöpft sind

Morning Glory   Gibt Vitalität und L., bei unstetem, suchtstrukturiertem Lebenswandel

Nasturtium   Für körperliche L. und Erdverbundenheit, bei Menschen, die ihren Intellekt überbetonen

Rock Water **B**   Bringt L. und Flexibilität in starre Prinzipien und festgefahrene Ansichten

Lebensaufgabe

Wild Oat **B**   Hilft, die L. zu finden, bei Unentschlossenheit und Ziellosigkeit

Lebensfreude

Borage   Bei Niedergeschlagenheit und bei Mutlosigkeit, bringt innere Heiterkeit und Zuversicht

California Wild Rose   Bei fehlender L. und Begeisterung, bei Gleichgültigkeit und Apathie

Mustard **B**   Bei Depressionen, die sich wie eine »dunkle Wolke« auf die Menschen legen und scheinbar keine erkennbare Ursache haben

Zinnia   Für ernste, freudlose Menschen, fördert Freude, Spiel und Ausgelassenheit

Lebensführung

Buttercup   Bei starken Minderwertigkeitsgefühlen, hilft, den Wert des eigenen Berufs und Lebensstils zu erkennen

Larch **B**   Hilft, die eigenen Vorstellungen mit Selbstvertrauen zu verwirklichen und sich durchzusetzen

Pomegranate   Unterstützt die weibliche Kreativität, sei es in der Familie oder im Beruf

Scleranthus **B**   Bei Unentschiedenheit, wenn man zwischen zwei Möglichkeiten hin und her gerissen ist

Walnut **B**   Nimmt die Angst vor dem Neubeginn und verhilft zum Durchbruch

Wild Oat **B**   Für Zielstrebigkeit und für Entschiedenheit, wenn man viele Möglichkeiten hat

Wild Rose **B**   Weckt die Lebensfreude und läßt Verantwortung für das eigene Leben übernehmen

Leichtigkeit

Bleeding Heart   Für L. und Unabhängigkeit in der Partnerschaft, wenn man sich zu sehr an einen Menschen bindet

Borage   Fördert L. und Zuversicht, bei emotionalen Krisen

Dogwood   Für harte Menschen, die vom Leben nichts Gutes erwarten, bringt L. und Anmut in das Seelenleben

Hound's Tongue   Für materialistische Menschen, die im Geist schwerfällig und inflexibel sind

Larkspur   Für Gelassenheit und Großzügigkeit in einer Führungsposition

Peppermint   Für L. und Beweglichkeit im Denken, fördert Wachheit und Aufmerksamkeit

Saint John's Wort   Für L. und Unbeschwertheit, bei nächtlichen Angstzuständen und Alpträumen

Zinnia   Fördert L. und Fröhlichkeit, für ernste Menschen

lernen

Chestnut Bud **B**   Bei Weigerung, aus Fehlern und schlechten Erfahrungen zu l., macht immer wieder die gleichen Fehler

Madia   Für Konzentration und Durchhaltevermögen, hilft, die Gedanken auf den Punkt zu bringen

Nasturtium Bei körperlicher Müdigkeit durch einseitige intellektuelle Tätigkeit

Peppermint Für geistige Klarheit und Frische, erweitert die Aufnahmefähigkeit

Shasta Daisy Für Ordnung und Synthese von vielen Einzelinformationen

Lethargie

Blackberry Bei Unfähigkeit, seine Ideen und Ziele in die Realität umzusetzen, mangelnde Risikobereitschaft

Cayenne Bei L. und Stagnation in alten Verhaltensmustern

Clematis **B** Für Menschen, die in ihrer Traumwelt leben und nicht aktiv am Leben teilnehmen

Gorse **B** Bei Hoffnungslosigkeit über den eigenen Zustand, die zu L. und Untätigkeit führt

Hornbeam **B** Bei L. und Antriebslosigkeit, fühlt sich von der Last des Tages überfordert

Nasturtium Bei L. und Müdigkeit nach einseitiger »Kopfarbeit«

Scotch Broom Bei Hoffnungslosigkeit über die Weltsituation, Weltschmerz

Tansy Bei Faulheit und Trägheit, für Menschen, die jede Anstrengung meiden

Wild Rose **B** Für Menschen, die das Leben als sinnlos empfinden, bei Apathie und Teilnahmslosigkeit

Liebe

Bleeding Heart Fördert die Erkenntnis, daß L. nur in Freiheit existieren kann, für alle, die sich zu sehr an einen Partner klammem, erleichtert Liebeskummer

Chicory **B** Für bedingungslose Liebe, für Menschen, die sich aufopfern und Dankbarkeit erwarten

Holly **B** Für alles, was im weitesten Sinne mit der L. zu tun hat: Neid, Eifersucht, Haß, Mißgunst

Mallow Für die Fähigkeit, L. und Zuneigung zu zeigen, Freundschaftsblüte

Mariposa Lily Für mütterliche L. und Wärme, bei dem Gefühl, ungeliebt zu sein

Quince Wenn man Liebesfähigkeit und Kompromißbereitschaft als Schwäche und Nachgiebigkeit ansieht

Sticky Monkeyflower Bei Angst vor Intimität, stellt die Verbindung von L. mit Sexualität her

Linderung

Arnica L. bei Schock und großen Schmerzen, stärkt die Lebenskraft

Calendula Harmonisiert den sprachlichen Ausdruck, bei scharfer, verletzender Wortwahl

Chamomile L. bei emotionalen Anspannungen, bei Hyperaktivität und krampfhaftem Wollen

Lavender L. bei großer Nervenbelastung und Streß, für Menschen, die ihre spirituelle Entwicklung krampfhaft vorantreiben wollen

Star of Bethlehem **B** L. bei Schock und traumatischen Erlebnissen, bei tiefer Seelennot

Yerba Santa Lindert die Wirkung anderer Essenzen, die viel Unbewußtes zu Bewußtsein bringen

loslassen

Bleeding Heart L. eines geliebten Menschen, Entwicklung von Eigenständigkeit

Cayenne L. von eingefahrenen Verhaltensmustern und Stagnation

Cherry Plum **B** L. von innerer Kontrolle, bei ständiger Angst durchzudrehen

300

Chicory **B**   L. von geliebten Menschen, andere ihren eigenen Weg gehen lassen

Dandelion   L. von emotionalen Spannungen, die sich im Muskelgewebe festgesetzt haben

Dogwood   L. von schlimmen Kindheitserfahrungen und verhärteten Gefühlen

Filaree   L. von übermäßigen Sorgen um Kleinigkeiten

Fuchsia   L. von verdrängten Emotionen

Golden Ear Drops   L. von schmerzlichen Kindheitserfahrungen, deren Wiederkehr man fürchtet

Morning Glory   L. von Suchtverhalten und ungesundem Lebensstil

Mountain Pennyroyal   L. von negativen Gedankenkonzepten

Pine **B**   L. von Schuldgefühlen und Selbstanklagen

Sagebrush   L. eines alten, überholten Selbstbildnisses

Sticky Monkeyflower   L. von traumatischen sexuellen Erlebnissen

White Chestnut **B**   L. von immerzu kreisenden Gedanken

Yerba Santa   L. von alter Traurigkeit und Melancholie

M

Machtstreben

California Pitcher Plant Für Menschen, die ihre Triebe und Gelüste sofort umsetzen wollen, die sich von ihrem Instinkt beherrschen lassen

Chicory **B** Für solche, die andere durch dauerndes Kümmern dominieren und leiten wollen

Quince Für Menschen, die nach Macht und Karriere streben und dabei hart und lieblos geworden sind

Saguaro Lehnt sich gegen alle Arten von Autoritäten und Machtträgern auf, ewiger Revoluzzer

Scarlet Monkeyflower Wenn es in Beziehungen Konflikte über Macht und Besitz gibt

Sunflower Für extrem egozentrische, aggressive Menschen

Tiger Lily Für kampflustige, streitsüchtige Menschen, Machoverhalten

Trillium Für machtbesessene Menschen, die ihre Interessen ohne Rücksicht auf andere durchsetzen

Vine **B** Für tyrannische Menschen, die anderen ihren Willen aufzwingen

Magersucht

Golden Ear Drops Bei Magersucht, die durch ein traumatisches Kindheitserlebnis ausgelöst wurde

Manzanita Bei Ablehnung des Körpers und Vernachlässigung der körperlichen Bedürfnisse

Rock Water **B** Bei asketischer, dogmatischer Lebenseinstellung, bei Selbstkasteiung

Manager

Chamomile Bei Streß, der sich auf den Magen legt, für ehrgeizige, überaktive Menschen

Dandelion Bei starken Verspannungen, die durch unterdrückte Emotionen entstehen

Elm **B** Bei dem vorübergehenden Gefühl der Überforderung

Impatiens **B** Für ungeduldige, leicht gestreßte Menschen

Larkspur Führungspersonen, die von anderen die gleiche übertriebene Pflichterfüllung erwarten, fördert Führung durch positives Vorbild und Großzügigkeit

Oak **B** Für »Arbeitstiere«, die sich aus übertriebenem Pflichtbewußtsein überarbeiten

Vervain **B** Bei übertriebener Begeisterung und Fanatismus, macht alles 150prozentig

Manifestation

Blackberry Um die Ideen und Vorstellungen zu manifestieren

Indian Paintbrush Fördert die Kreativität, hilft, wenn die Ideen ausbleiben und man mit der Qualität seiner Arbeit nicht zufrieden ist

Iris Fördert die Inspiration und die M. von Kunst

Wild Oat **B** Hilft, den Lebensweg zu finden und Entscheidungen zu treffen

Männlichkeit

Goldenrod Bei betont rüpelhaftem, abstoßendem Verhalten, um die innere Unsicherheit zu überspielen

Mountain Pride Fördert eine positive M., für kämpferischen Mut und Konfrontationsbereitschaft

Quince Für harte Männer, die alles Weibliche für Schwäche und Nachgiebigkeit halten

Saguaro Für Menschen die mit der ganzen Welt im Kampf leben, bei Konflikten mit Autoritäten

Star Tulip Für Männer, die mit ihrer weiblichen Seite Kontakt aufnehmen wollen

Sunflower Bei Konflikt mit dem Vaterbild, fördert die Entwicklung einer harmonischen M.

Tiger Lily Bei Machoverhalten und übersteigerter Aggressivität

Vine **B** Für tyrannische, rücksichtslose Männer

Märtyrerhaltung

Centaury **B** Bei Helfersyndrom, Menschen, die ihre eigenen Bedürfnisse mißachten und dann in Selbstmitleid fallen

Chicory **B** Für Menschen, die in eine M. fallen, wenn sich die Mitmenschen als undankbar erweisen

Penstemon Wenn man sich vom Leben ungerecht behandelt fühlt, bei ungewöhnlich schwierigen Lebensumständen

Rock Water **B** Für strenge, asketische Menschen, die sich selbst kasteien

Willow **B** Für Menschen, die mit ihrem Schicksal hadern und sich selbst leid tun, ohne die Verantwortung für sich selbst zu übernehmen

Maske

Agrimony **B** Für Menschen, die hinter einer fröhlichen M. ihre inneren Qualen verbergen

Fuchsia Für Menschen, die verdrängte schmerzliche Gefühle mit übertrieben dramatisierten Emotionen überspielen

Goldenrod Für Menschen, die ihre Unsicherheit hinter einem betont auffallenden, teils abstoßenden Verhalten verbergen

Mullein Für Menschen, die sich selbst nicht kennen und anderen »falsche Tatsachen« vorspielen

Sagebrush Wenn man einem alten Selbstbild anhängt und eine nicht mehr zeitgemäße Rolle spielt

Massage

Aloe Vera Kann äußerlich zur M. der Herzgegend angewendet werden, bei Herzbeschwerden

Chamomile Beruhigt und lindert Anspannungen, die sich im Bereich der Verdauung äußern

Dandelion Als Massageöl, löst tiefsitzende Verspannungen und öffnet für andere Körpertherapien

Dogwood Löst Verhärtungen im Gewebe, die Ausdruck verhärteter Gefühle sind

Impatiens **B** Zur Entspannung als Massageöl

Mugwort Bringt die Mondkräfte zum Fließen, erleichtert auch äußerlich Menstruationsbeschwerden und den Geburtsverlauf

Saint John's Wort Kann äußerlich als Haut- und Sonnenschutzessenz eingesetzt werden

Self Heal Kann äußerlich allgemein zur Unterstützung der Heilung angewendet werden

Yerba Santa Bei Atembeschwerden, löst Verkrampfung im Brustbereich

Materialisten

Hound's Tongue Für materialistische Menschen, deren Denken sich rein auf die sichtbare und meßbare Welt beschränkt

Star Thistle Für habgierige, geizige Menschen, die aus Angst vor Mangel unfähig sind zu teilen

Trillium Für Menschen, die gierig nach Macht und Besitz sind und rücksichtslos ihre Interessen durchsetzen

Meditation

California Poppy Für Menschen, die spirituelle Erfahrungen nur außerhalb ihrer selbst suchen, regt die inneren Bilder an

Lavender Bei Überreizung durch spirituelle Praktiken, bei zuviel M.

Lotus Fördert die Selbsterkenntnis, öffnet den Zugang zu innerer Führung

Mugwort Erleichtert den Übergang in einen Entspannungszustand, schafft den Zugang zu den unterbewußten Vorgängen in der Nacht

Nasturtium Wenn man sich nach der Meditation müde und ausgelaugt fühlt

Star Tulip Erleichtert die Fähigkeit zur M. für verstandesbetonte Menschen, stellt den Kontakt zu den Träumen her

White Chestnut **B** Wenn man den Kopf nicht zur Ruhe bringen kann, fördert Stille der Gedanken

Midlife-crisis

Gentian **B** Bei Enttäuschung und Pessimismus

Mallow Bei Unfähigkeit, Nähe und Zuneigung zum Ausdruck zu bringen, fördert Freundschaften

Mustard **B** Bei Depressionen ohne benennbare Ursache

Tiger Lily Bei Einsamkeit, wenn Machoverhalten und »Ellbogenmentalität« keinen Erfolg mehr haben

Wild Oat **B** Bei Ziellosigkeit und Unklarheit über den weiteren Lebensweg

Minderwertigkeitsgefühl

Buttercup Für Menschen, die sich selbst und ihre Arbeit als minderwertig ansehen, bei Schüchternheit

Indian Paintbrush Bei M. in bezug auf die Kreativität, bei mangelnder schöpferischer Energie

Iris Wenn man sich in seinen schöpferischen Fähigkeiten frustriert und ausgetrocknet fühlt

Larch **B** Bei fehlendem Selbstvertrauen und bei eingeschränkter Kreativität, erwartet Fehlschläge

Pine **B** Für jene, die sich selbst anklagen und sich ihre Fehler nicht vergeben können

Mißbrauch, sexueller

Aspen **B**   Bei verdrängten Ängsten und dunklen Ahnungen, Angst, die man sich nicht eingesteht

Dogwood   Bei seelischer Härte und Neigung zu Selbstzerstörung durch Mißbrauch in der Kindheit

Golden Ear Drops   Bei traumatischen, schmerzlichen Kindheitserlebnissen

Star of Bethlehem **B**   Bei seelischem und bei körperlichem Schock, bei schwerem Trauma

Sticky Monkeyflower   Nach sexuellem Mißbrauch und bei Furcht vor Sexualität

Mißtrauen

Dogwood   Für jene, die aufgrund ihrer Kindheitserfahrungen nur Schlechtes vom Leben erwarten

Holly **B**   Bei Neid, Eifersucht und M.

Mountain Pennyroyal   Wenn man sich nicht von negativen Gedanken lösen kann

Oregon Grape   Für Menschen, die anderen böse Absichten unterstellen, fühlt sich von den Mitmenschen bedroht, Paranoia

Willow **B**   für Menschen, die sich selbst leid tun und mißtrauisch gegenüber allen Veränderungen sind

mißverstehen

Calendula   Fördert wahres Zuhören, bei mißverständlichem Gebrauch von Sprache

Holly **B**   Fördert gegenseitiges Verständnis in Beziehungen, für Liebe und Annahme

Oregon Grape   Wenn man die Absichten anderer mißversteht und sich von seiner Umwelt bedroht fühlt

Saguaro   M. von Autoritäten und Traditionen

Mitgefühl

Beech **B**   Bei fehlendem M. und überkritischer Haltung

Calendula   Für M. und Wärme im Sprachgebrauch

Centaury **B**   Bei übergroßem M. und übertriebener Hilfsbereitschaft, kann nicht nein sagen

Holly **B**   Bei fehlendem M. und mangelndem Verständnis für andere

Mariposa Lily   Hilft, mütterliche Wärme zu entwickeln

Red Chestnut **B**   Bei Sorge und Überängstlichkeit um geliebte Menschen

Mond

Mugwort   Stellt die Verbindung zu den Träumen und den unbewußten Vorgängen während der Nacht her, bringt die Mondkräfte zum Fließen, unterstützt Geburt und hilft bei Menstruationsbeschwerden

Saint John's Wort   Bei nächtlichen Angstzuständen, bei Schlafwandeln

Yarrow   Wenn man durch die Mondphasen beeinflußt wird und darunter leidet

Montag-morgens-Gefühl

Hornbeam **B**   Bei Antriebsschwäche und fehlender Motivation für die Aufgaben des Tages

Morning Glory   Gibt Frische und Stehvermögen für den Tag, bei unstetem Lebenswandel

Moral

Mullein   Bei fehlendem Verständnis für M. und Ehrlichkeit, bei Unaufrichtigkeit und Wechselhaftigkeit

Pine **B**   Bei übertriebenem Sinn für M. und Schuld, bei dauernden Schuldgefühlen

Rock Water **B**   Für dogmatische Menschen und »Moralapostel«

Motivation

Blackberry   M. und Zielstrebigkeit, um die eigenen Vorstellungen umzusetzen

California Wild Rose   Fördert M. und Begeisterung, läßt einen Sinn im Leben finden

Cayenne   Fördert M. und Willenskraft, längst nötige Veränderungen im Leben anzustreben

Gorse **B**   M., sein Leben in die Hand zu nehmen trotz Hoffnungslosigkeit über den eigenen Zustand

Mountain Pride   M. zu Auseinandersetzung und Konfrontation, für positive Kampfbereitschaft

Scotch Broom   Für M., seine Aufgabe im großen Weltgeschehen zu übernehmen

Tansy   Bei Faulheit und Bequemlichkeit

Müdigkeit

Aloe Vera   Bei Erschöpfung und M., weil die Energien völlig verbraucht sind

Elm **B**   M. durch vorübergehenden Streß, reagiert mit M. auf Überforderung

Gorse **B**   Bei langwierigem Leiden, Therapiemüdigkeit

Hornbeam **B**   Geistige M., verursacht durch anspruchslose Routinearbeit

Nasturtium   Körperliche M. durch einseitige Beanspruchung der intellektuellen Fähigkeiten

Olive **B**   Völlige seelische und körperliche Erschöpfung

Mut

Aspen **B**   Bei diffusen Ängsten und dunklen Ahnungen

Black-Eyed Susan   M., sich mit seinen Schattenseiten auseinanderzusetzen

Borage   Für fröhlichen Herzensmut und Zuversicht

Garlic   Um Lampenfieber und Nervosität zu überwinden

Mimulus **B**   M., sich mit den alltäglichen Ängsten ausein-anderzusetzen

Mountain Pride   M. für Auseinandersetzungen und Kon-frontation

Penstemon   Gibt M. und Durchhaltevermögen in schwieri-gen Lebensumständen

Rock Rose **B**   Für »Heldenmut«, bei Todesangst und Panik

Scarlet Monkeyflower   M., sich mit seinen heftigen Emotio-nen auseinanderzusetzen

Mutter

Chicory **B**   Bei »overprotecting«, wenn man sich zu sehr kümmert und andere nicht ihre eigenen Wege gehen lassen kann

Mariposa Lily   Für eine harmonische Mutter-Kind-Bezie-hung, bei fehlender Mutterliebe

Pomegranate   Bei Konflikt zwischen Karriere und Familie

Quince   Für Alleinerziehende, bei Konflikt zwischen Härte im Beruf und Elternrolle

Red Chestnut **B**   Bei übergroßer Besorgnis und Ängstlich-keit um geliebte Menschen

Star Tulip   Für intuitiven Zugang zum ungeborenen Kind

Negativität

Beech **B**   Menschen, die nur das Schlechte sehen und überkritisch sind

Gentian **B**   Für Pessimisten und Menschen, die schnell
aufgeben

Holly **B**   Bei Unfähigkeit, Liebe zu empfinden

Iris   Bei negativer Einstellung gegenüber den eigenen
kreativen Fähigkeiten

Mountain Pennyroyal   Wenn man durch negative Gedanken belastet ist

Pine **B**   Bei Selbstanklage und großen Schuldgefühlen

Pink Yarrow   Wenn man die negativen Stimmungen anderer übernimmt

Willow **B**   Wenn die Umwelt an allem schuld ist, wenn man
mit seinem Schicksal hadert

Yarrow   Als Schutz vor negativen Umwelteinflüssen

Neid

Holly **B**   Bei N. und Eifersucht

Star Thistle   Bei N. um den Besitz anderer, bei Geiz

Trillium   Bei N. und Habsucht, bei Rivalität und Macht-
kämpfen

Nervosität

Agrimony **B**   Bei innerer Unruhe und dem Gefühl, getrie-
ben zu sein

Chamomile   Bei emotionaler Anspannung, gesteigerter
Unruhe und Hyperaktivität

Cherry Plum **B**   N. durch die Furcht vor dem Durchdrehen

Corn   Wenn man unter vielen Menschen unter N. oder Aggressivität leidet

Garlic   Bei nervösen Ängsten und Lampenfieber

Impatiens **B**   für nervöse, ungeduldige Menschen, die leicht unter Streß geraten

Indian Pink   Bei N. unter erhöhtem Leistungsdruck

Lavender   Bei extremer Nervenanspannung durch übersteigerte spirituelle Praktiken

Morning Glory   Bei N. durch starken Konsum von Nikotin, Alkohol, Drogen etc.

Neugeborene

Shooting Star   Bei drohender Früh- oder Fehlgeburt

Star of Bethlehem **B**   Bei Schock und Geburtstrauma

Walnut **B**   Hilft bei der Umstellung nach der Geburt

Wild Rose **B**   Für schwache N. mit wenig Lebenskraft

Niedergeschlagenheit

Borage   Bei Mutlosigkeit und N. durch emotionale Konflikte

Gentian **B**   Bei Enttäuschung über nicht erfüllte Erwartungen

Gorse **B**   Bei Hoffnungslosigkeit über den eigenen Zustand

Scotch Broom   Bei N. über die Weltsituation

Wild Oat **B**   Bei Ratlosigkeit über den Lebensweg

Nostalgie

Honeysuckle **B**   Für Menschen die sich zurück in die Vergangenheit sehnen, weil sie mit der Gegenwart nicht zurechtkommen

Notfall

Arnica Bei Schock und Schmerzen, steigert die Lebenskraft

Chamomile Beruhigt und besänftigt überdrehte Emotionen

Cherry Plum **B** Bei Angst durchzudrehen, bei Hysterie

Crab Apple **B** Zur seelischen und körperlichen Reinigung, bei Vergiftungserscheinungen

Impatiens **B** Bei extremem Streß

Red Clover Bei Massenhysterie und übersteigerten Emotionen

Rock Rose **B** Bei Todesangst und Panik

Saint John's Wort Bei traumatischen Erlebnissen in Zusammenhang mit Feuer, stärkt das innere Licht

Self Heal Unterstützt die Selbstheilungskräfte

Yarrow Gibt Schutz vor negativen Einflüssen und stärkt die Aura

O

Oberflächlichkeit

Agrimony **B**   Bei Furcht, emotional in die Tiefe zu gehen, vermeidet Ernsthaftigkeit

Calendula   Bei O. und Lieblosigkeit in der Sprache

Heather **B**   Für Menschen, die sich nur mit sich selbst beschäftigen und schlecht zuhören können

Impatiens **B**   Wenn alles möglichst schnell gehen soll

Indian Paintbrush   Bei O. im kreativen Ausdruck

Mallow   Bei O. in Freundschaften und Unfähigkeit, Zuneigung zum Ausdruck zu bringen

Offenheit

Corn   Bei Unfähigkeit, sich im Stadtleben und unter vielen Menschen abzugrenzen

Lotus   Fördert O. für spirituelle Einflüsse und Meditation

Mugwort   O. für die unbewußten nächtlichen Vorgänge und für das Traumleben

Pink Yarrow   Bei zu großer O. für die Gefühle anderer, wenn man sich emotional nicht abgrenzen kann

Saint John's Wort   Bei zu großer psychischer O. und Sensibilität für außerkörperliche Wahrnehmung

Star Tulip   Bringt O. für Intuition und innere Führung

Violet   Bei Schüchternheit und Furcht, in Gruppen unterzugehen

Ordnung

Crab Apple **B**   Bei übertriebenem Bedürfnis nach O. und Sauberkeit

Elm **B**   Bei dem Gefühl der Überforderung, bringt O. und Überblick in die Tätigkeit

Shasta Daisy   Schafft O. und Synthese für angehäuftes Wissen und einzelne Fakten

P, Q

Panik

Red Clover   Bei Massenhysterie, hilft, die Ruhe zu bewahren

Rock Rose **B**   Bei P. und Todesangst, für Unfallopfer

Paranoia

Crab Apple **B**   Bei Angst vor Bakterien und Unreinheit, bei Waschzwang

Oregon Grape   Für Menschen, die sich von ihren Mitmenschen bedroht und verfolgt fühlen

Pink Yarrow   Bei psychischer Überempfindlichkeit, wenn man sich durch die Stimmungen anderer beeinträchtigt fühlt

Pessimismus

Beech **B**   Für negative, kritische Menschen, die überall zuerst die Fehler sehen

Gentian **B**   Pessimisten, die immer schon im voraus das Negative ahnen

Gorse **B**   Bei P. über den eigenen Zustand, bei langwierigen seelischen oder körperlichen Leiden

Oregon Grape   Wenn man seine Umwelt als böse und feindselig erlebt

Penstemon   Für Menschen, die sich von den Schwierigkeiten des Lebens überwältigt fühlen, bei schweren Krisen

Scotch Broom   Bei P. angesichts der großen Probleme in der Welt

Wild Rose **B**   Für Menschen, die das Leben als sinnlos empfinden, bei Resignation und Gleichgültigkeit

Willow **B**   Bei P. und Selbstmitleid, man fühlt sich vom Schicksal vernachlässigt

Pflichtbewußtsein

Centaury **B**   Fühlt sich verpflichtet zu helfen, läßt sich ausnützen

Larkspur   Bei starkem P. in einer Führungsposition, ist kleinlich und übergenau

Oak **B**   Bei übertriebenem P., überarbeitet sich, kann keine Schwäche zugeben

Rock Water **B**   Fühlt sich gegenüber den selbst auferlegten Prinzipien verpflichtet, für strenge, dogmatische Menschen

Phantasie

Blackberry   Hilft, die Phantasien und Ideen in die Realität umzusetzen

California Poppy   Regt die inneren Bilder und die P. an, bei Abhängigkeit von äußerer Ablenkung

Clematis **B**   Hilft, aus seinen Träumen aufzuwachen und aktiv am Leben teilzunehmen

Indian Paintbrush   Für alle Arten von kreativer Tätigkeit, unterstützt die P. und den schöpferischen Ausdruck

Iris   Öffnet für Inspiration und die Strömungen der Kunst

Professor, zerstreuter

Rabbitbrush   Fördert die gleichzeitige Aufmerksamkeit im Detail und für die großen Zusammenhänge, erweitert den geistigen Horizont

Prüfung

Elm **B**   Bei dem vorübergehenden Gefühl der Überforderung, wenn man nicht weiß, wo man anfangen soll

Larch **B**   Fördert ein gesundes Selbstvertrauen

Mimulus **B**   Bei Prüfungsangst und »Blackout«-Reaktionen

Penstemon   Bei schwierigen Lebensumständen und harten Prüfungen im Leben

Pubertät

Agrimony **B**   Für den Gruppenclown, wenn die Sorgen und Probleme hinter einer Maske aus Fröhlichkeit verborgen werden

Cherry Plum **B**   Bei Neigung zu Hysterie und zwanghaftem Verhalten

Crab Apple **B**   Wenn man sich als abstoßend empfindet, bei Hautunreinheiten und Akne

Manzanita   Ermöglicht die Annahme der körperlichen Veränderungen, bei Magersucht

Saguaro   Bei übersteigerter Ablehnung gegenüber Autoritätspersonen, wenn man sich von niemandem etwas vorschreiben läßt

Sticky Monkeyflower   Fördert eine positive Entwicklung der Sexualität, bei Furcht vor Intimität

Sunflower   Für eine positive Entwicklung der Ich-Kräfte, bei Konflikt mit dem Vater

Walnut **B**   Hilft, mit den Veränderungen der Pubertät besser zurechtzukommen

Wild Oat **B**   Bei Unsicherheit über Ausbildung und Berufsfindung, bei Ziellosigkeit

Qual

Agrimony **B**   Bei inneren Qualen und Sorgen, die nicht nach außen dringen dürfen

Cherry Plum **B**   Bei ständiger Angst, wahnsinnig zu werden

Penstemon   Gibt Mut und Kraft in schweren Krisen wie Krankheit oder Behinderung

Sweet Chestnut **B**   Bei grenzenloser Verzweiflung, für die »dunkle Nacht der Seele« (Bach)

Rastlosigkeit

California Poppy Für den »Seminar-Junkie«, der spirituelle Erfahrungen nur außerhalb seiner selbst sucht

Dill Für Menschen, die sich vom Tempo des Lebens überwältigt fühlen

Impatiens **B** Für ungeduldige, genervte Menschen

Lavender Bei Nervenüberreizung durch einseitige spirituelle Aktivität

Morning Glory Bei wechselhaftem Lebenswandel und innerer Unruhe

White Chestnut **B** R. im Kopf durch permanente kreisende Gedanken

Wild Oat **B** Für Menschen, die von allem etwas machen müssen

Reinigung

Chaparral Für psychische R. über das Traumerleben, nach Drogenmißbrauch und Okkultismus

Crab Apple **B** Allgemeine Reinigungsessenz, für seelische und körperliche R.

Deer Brush Fördert die Reinheit der Absichten und Motive, bei Konflikt zwischen Herz und Verstand

Golden Ear Drops R. und Loslassen von schmerzlichen Kindheitserlebnissen

Mountain Pennyroyal R. von negativen Gedankenmustern

Sagebrush R. von einem falschen Selbstbild, um Verhaltensweisen, die nicht mehr nötig sind, abzulegen

Self Heal Regt die Selbstheilungskräfte und die innere R. an

Reisen

Dill Hilft, viele verschiedene Eindrücke zu verarbeiten und zu »verdauen«

Scleranthus **B** Bei Reisekrankheit und Gleichgewichtsstörungen

Walnut **B** Hilft, mit veränderten Umständen zurechtzukommen und sich auf Neues einzustellen

Reizüberflutung

California Poppy Bei Faszination durch viele spirituelle Angebote und Abhängigkeit von immer neuen Reizen

Dill Wenn man sich vom Tempo des Lebens überwältigt fühlt und unfähig ist, die Vielzahl der Eindrücke zu verarbeiten

Yarrow Dient als Schutz vor negativen Einflüssen

Reserviertheit

Calendula Für R. und Kühle im sprachlichen Ausdruck, hilft, Wärme und Liebe in die Worte zu legen

Mallow Hilft, die Barrieren zu anderen abzubauen und Zuneigung zeigen zu können

Violet Für sehr sensible Menschen, die sich aus Furcht vor anderen zurückziehen, bei Schüchternheit

Water Violet **B** Für stolze, selbständige Menschen, die sich anderen gegenüber reserviert und zurückhaltend verhalten

Resignation

California Wild Rose Bei R. und Gleichgültigkeit, bei mangelnder Begeisterungsfähigkeit

Centaury **B** Für Menschen, die sich nicht durchsetzen können und das Gefühl haben, zu kurz zu kommen

Gentian **B** Für Menschen, die schnell aufgeben und resignieren

Gorse **B**   R. über eine langwierige Krankheit

Scotch Broom   R. angesichts der großen Probleme in der Welt, bei »Weltschmerz«

Wild Rose **B**   R. über das Leben, für Menschen, die das Leben sinnlos finden und auch keine Anstrengungen unternehmen, daran etwas zu ändern

Ruhe

California Poppy   Für R. und Besinnung auf den inneren Reichtum der Seele

Chamomile   Beruhigt und besänftigt bei emotionalen Anspannungen und extremer Unruhe

Dandelion   Für innere R. und Entspannung, für ehrgeizige Menschen, die ihre Emotionen vernachlässigen

Dill   Für innere R., hilft bei der Verarbeitung vieler Eindrücke und Erlebnisse

Elm **B**   Für R. und Überblick bei vorübergehender Überlastung

Garlic   Für R. und Gelassenheit bei nervösen Ängsten und Lampenfieber

Indian Pink   Für innere R. trotz erhöhten Leistungsdrucks und angespannter Aktivitäten

Lavender   Für die Fähigkeit des »Geschehenlassens«, wenn man seine geistige Entwicklung krampfhaft vorantreiben will

Morning Glory   Bei unruhigem, chaotischem Lebensstil, gibt Vitalität und löst Nervosität

Red Clover   Für R. und Gelassenheit in chaotischen, emotional ausufernden Situationen

Sammlung, innere

Corn S. und Stabilität inmitten von großen Menschenansammlungen

Dill Bei Unfähigkeit, viele Eindrücke und Erlebnisse zu verarbeiten, fördert deren »Verdauung«

Indian Pink S. trotz hoher Anforderung, Hektik und Chaos in der Umgebung

Red Clover S. in Panik und Hysterie, gibt die Fähigkeit, Menschen aus gefährlichen Situationen herauszuführen

Schattenseiten

Black-Eyed Susan Gibt die Kraft, zu den S. der Persönlichkeit vorzudringen, um dort verdrängte Probleme zu lösen

Fuchsia Hilft, die verdrängten Emotionen aufzudecken, damit sie nicht mehr überspielt werden müssen

Scarlet Monkeyflower Gibt Mut, sich seinen heftigen Emotionen zu stellen und einen positiven Umgang mit Zorn und Wut zu finden

Schlaf

Aspen **B** Bei Angst vor dunklen Mächten

Chamomile Bei Schlafstörungen durch emotionale Überlastung und Unruhe

Chaparral Reinigt die Psyche von bedrohlichen Bildern und Eindrücken über das Traumerleben

Dill Bei Schlaflosigkeit durch Reizüberflutung

Impatiens **B**   Bei Nervosität und Streß, wenn man keine Ruhe finden kann

Lavender   Bei Schlaflosigkeit durch Nervenüberlastung

Mugwort   Erleichtert den Übergang in einen Entspannungszustand, für Menschen, die sich nicht an ihre Träume erinnern können

Saint John's Wort   Bei nächtlichen Angstzuständen und Alpträumen, bei Bettnässen

White Chestnut **B**   Ermöglicht Stille der Gedanken, bei kreisenden Gedanken

Schmerzen

Agrimony **B**   Bei quälenden S., über die der Betroffene nicht spricht

Bach-Notfalltropfen **B**   Bei starken S., für den akuten Fall

Dandelion   Bei S. durch Verspannung und Verkrampfung als körperliche Äußerung verdrängter Emotionen

Impatiens **B**   Bei S. durch Verspannungen und Überdehnung, bei Streß

Lavender   Bei Nervenüberreizung

Scleranthus **B**   Bei ständig wechselnden S. und Symptomen

Schock

Arnica   Bei S. und starken Schmerzen, zur Aufrechterhaltung der Lebenskraft

Rock Rose **B**   Bei Todesangst und Panik

Self Heal   Zur Unterstützung der Heilung, stellt die Verbindung zur inneren Quelle der Kraft her

Star of Bethlehem **B**   Bei S. und Trauma, bei tiefer Seelennot

Sticky Monkeyflower   Nach sexuellem Mißbrauch

Schüchternheit

Buttercup   Bei S. und dem Gefühl, minderwertig zu sein

Larch **B**   Bei mangelndem Selbstvertrauen, bei Zurückhaltung aus Angst, zu scheitern oder abgewiesen zu werden

Mallow   Für Menschen, die sich nicht trauen, auf andere zuzugehen, weil sie sich nicht liebenswert finden

Mimulus **B**   Bei Angst vor anderen Menschen

Violet   Für offene, schüchterne Menschen, die fürchten, in einer Gruppe ihre Persönlichkeit zu verlieren

Schuldgefühle

Centaury **B**   Für Menschen, die sich schuldig fühlen, wenn sie nicht tun, was von ihnen erwartet wird

Deer Brush   Bei Konflikt zwischen Herz und Verstand, bei unklaren Motiven

Mullein   Für Menschen, die keine S. kennen, bei mangelndem Bezug zu Moral und Gewissen

Pine **B**   Bei starken Schuldgefühlen, bei Selbstanklage und übertrieben schlechtem Gewissen

Schulschwierigkeiten

Agrimony **B**   Für den Klassenclown, der die eigenen Fehlleistungen mit Witz und Fröhlichkeit überspielt

Chestnut Bud **B**   Hilft, aus Fehlern zu lernen, bei Unachtsamkeit

Clematis **B**   Für Tagträumer, die geistig nicht am Schulgeschehen teilnehmen

Larch **B**   Fördert ein gesundes Selbstvertrauen

Madia   Fördert Konzentration und Aufmerksamkeit im Detail

Trumpet Vine   Bei Sprachstörungen und Schwierigkeiten im Selbstausdruck

Water Violet **B**   Für den Außenseiter, dem der Umgang mit anderen zu anstrengend ist

Schutz

Garlic   Bei Anfälligkeit für Infektionskrankheiten

Mariposa Lily   Gibt mütterliche Wärme und S.

Mountain Pennyroyal   S. vor negativen Gedanken anderer

Pink Yarrow   S. im emotionalen Bereich, bei Neigung, die Stimmungen anderer zu übernehmen

Yarrow   S. vor negativen Umwelteinflüssen

Red Clover   Emotionaler S. und innere Ruhe in hysterischen, panischen Situationen

Saint John's Wort   Stärkt das innere Licht und die Schutzfunktion der Haut

Walnut **B**   S. vor dominanten Einflüssen durch andere, S. in neuen Lebensphasen

Schwäche

Aloe Vera   Bei Überbeanspruchung der schöpferischen Kräfte, fühlt sich ausgebrannt und erschöpft

Centaury **B**   Helfersyndrom! Für Menschen, die ihre eigenen Bedürfnisse vernachlässigen

Elm **B**   S. durch Überforderung und Überlastung

Garlic   Bei S. und Infektanfälligkeit

Oak **B**   Für Menschen, die sich keine S. eingestehen und bis zur totalen Erschöpfung arbeiten

Olive **B**   Bei seelischer und körperlicher Erschöpfung und S.

Saint John's Wort   Bei S. und mangelnder Verbindung zum Körper

Wild Rose **B**   Bei mangelndem Lebenswillen und Apathie

Yarrow   Bei starker Reaktion auf die Umweltbedingungen, als Schutz vor negativen Umwelteinflüssen

Schwangerschaft und Geburt

Bach-Notfalltropfen **B**   Erleichtern die Schmerzen und den Streß während der Geburt

California Wild Rose Bei komplizierter S., für apathische, teilnahmslose Babys

Cayenne Bei Stagnation während der Geburt

Manzanita Hilft, die körperlichen Veränderungen während der S. anzunehmen

Mariposa Lily Hilft, sich auf die Mutterschaft einzustellen, ermöglicht eine harmonische Beziehung zwischen Mutter und Kind

Mimulus **B** Für ängstliche Frauen, bei Angst vor der Geburt, vor Komplikationen etc.

Mugwort Bei übertragener S., bringt die Energien zum Fließen

Mullein Bei Unklarheit und Zweifel über die S., stellt den Kontakt zur inneren Führung her

Olive **B** Bei totaler Schwäche und Erschöpfung

Pink Yarrow Bei Überempfindlichkeit gegenüber den Stimmungen der Mitmenschen

Pomegranate Unterstützt die weiblichen kreativen Energien, hilft beim Konflikt zwischen Kind und Karriere

Red Chestnut **B** Für überbesorgte Frauen, die große Angst um ihre Kinder haben

Scleranthus **B** Bei stark wechselnden Stimmungen und Launenhaftigkeit

Shooting Star Bei drohender Fehl- oder Frühgeburt, hilft dem Ungeborenen, sich im Körper der Mutter wohl zu fühlen

Star Tulip Stellt den intuitiven Kontakt zum Ungeborenen im Mutterleib her

Tansy Bei Trägheit und Bequemlichkeit, für Frauen, die sich während der Geburt nicht anstrengen wollen

Walnut **B** Unterstützt den Neuanfang für Mutter und Kind, verhilft zum Durchbruch

Yarrow Als Schutz für Mutter und Kind

Schwerfälligkeit

Cayenne Hilft, eingefahrene Verhaltensmuster und Gewohnheiten zu durchbrechen

Hornbeam **B** Bei Antriebsschwäche und fehlender Motivation, wenn die Arbeit endlich begonnen ist, wird sie jedoch auch zu Ende gebracht

Hound's Tongue Für materialistische Menschen, deren Denkmuster schwerfällig und inflexibel sind

Peppermint Bei geistiger S., bringt Frische und Aufmerksamkeit in den Intellekt

Tansy Bei S. und Trägheit, für faule Menschen, die jede unnötige Anstrengung vermeiden

Schwermut

Borage Bei Niedergeschlagenheit und S., die sich auf das Herz legt

Gorse **B** Bei S. und Hoffnungslosigkeit über lang anhaltendes Leiden

Mustard **B** Bei Depression und S., die ganz plötzlich erscheinen und keine erkennbare Ursache haben

Scotch Broom Bei »Weltschmerz« und Hoffnungslosigkeit über die Weltprobleme

Wild Rose **B** Für Menschen, die das Leben als sinnlos empfinden und darüber resigniert haben

Selbstbewußtsein

Buttercup Für Menschen, die sich und ihre Arbeit als minderwertig empfinden

Centaury **B** Für Menschen, die sich ausnutzen und unterdrücken lassen

Cerato **B** Für die ewigen Zweifler, die keine eigenen Entscheidungen treffen können

Crab Apple **B** Wenn man sich abstoßend und ekelhaft findet

Larch **B**   Wenn man manchen Versuch unterläßt aus Angst vor Fehlern und Zurückweisung

Mallow   Wenn man sich in Beziehungen zu anderen nicht traut, Zuneigung und Nähe zu zeigen

Pine **B**   Bei übertriebener Selbstanklage und Schuldgefühlen

Sunflower   Bei Neigung zu Selbstverleugnung und Selbstauslöschung, bei Konflikt mit dem Vater

Trumpet Vine   Bei mangelndem Selbstausdruck und bei Sprachschwierigkeiten

Selbstaufgabe

Buttercup   Bei Minderwertigkeitsgefühlen und Schüchternheit

Centaury **B**   Bei S. und übertriebener Hilfsbereitschaft, läßt sich ausnutzen

Sunflower   Bei Neigung zu Selbstverleugnung und geringer Ausprägung der Individualität

Wild Rose **B**   Für Menschen, die sich und ihr Leben aufgegeben haben

Selbstausdruck

Buttercup   Hilft, sich selbst aktiv einzubringen und Schüchternheit zu überwinden

Calendula   Für positiven, warmherzigen Gebrauch der Sprache

Iris   Bei frustriertem kreativen S., fördert die Inspiration

Larch **B**   Bei schlechtem Selbstvertrauen und Versagensängsten

Pomegranate   Für harmonischen Ausdruck der weiblichen Kreativität, bei Konflikt zwischen Familie und Beruf

Trumpet Vine   Bei Unsicherheit in Sprache und Selbstausdruck

Violet Bei Schüchternheit und Sensibilität, bei Unfähigkeit, sich aktiv am Gruppenprozeß zu beteiligen

Selbstgefälligkeit

Larkspur S. in einer Führungsposition

Quaking Grass Bei S. und Unfähigkeit, sich in eine Gruppe einzugliedern

Rock Water **B** Für dogmatische, selbstgefällige Menschen, verlangt von anderen strenge Einhaltung starrer Prinzipien

Sunflower Bei S. und extremem Egoismus, bei Konflikt mit der Vaterfigur

Trillium Bei Machtgier und Selbstsucht, denkt nur an die eigenen Interessen

Selbstheilungskräfte

Garlic Stärkt die seelische Abwehrkraft, bei Nervosität und Ängsten, die das Immunsystem beeinträchtigen

Olive **B** Stärkt Seele und Körper, unterstützt die Abwehrkräfte

Self Heal Regt die Selbstheilungskräfte an und bringt Vertrauen, aus eigener Kraft gesund zu werden

Selbstmitleid

Chicory **B** Für Menschen, die sich aufopfern, bei ausbleibender Gegenleistung verfallen sie in S.

Heather **B** Für Menschen, die sich nur um sich selbst drehen und sich selbst bemitleiden

Willow **B** Für jene, die mit ihrem Schicksal hadern, jammern und sich selbst leid tun

Selbstsucht

Bleeding Heart Für Menschen, die sich zu sehr an den Partner klammern mit eigennützigen Absichten

Chicory **B** Für besitzergreifende Menschen, die sich um andere kümmern, um sie zu lenken und zu dominieren

Heather **B** Für Menschen, die sich nur um sich und ihre eigenen Probleme drehen

Holly **B** Bei Unfähigkeit, anderen Verständnis und Liebe entgegenzubringen

Sunflower Für egozentrische, selbstsüchtige Menschen, bei unausgewogener Entwicklung der Persönlichkeit

Tiger Lily Für aggressive Menschen, die sich mit Machoverhalten und Ellbogentaktik durchsetzen

Trillium Für habgierige, machthungrige Menschen, die rücksichtslos ihre Interessen durchsetzen

Selbstverwirklichung

Blackberry Hilft, die Ziele und Ideen in die Tat umzusetzen

Buttercup Hilft, Schüchternheit und Minderwertigkeitsgefühle zu überwinden

Centaury **B** Stärkt die Willenskraft und hilft, die eigenen Bedürfnisse durchzusetzen

Mullein Hilft, sich selbst besser einzuschätzen und zu sich selbst zu stehen, fördert Ehrlichkeit und Aufrichtigkeit

Pomegranate Hilft, weibliche Kreativität zu verwirklichen, und beim Konflikt zwischen Kind und Karriere

Quince Bei Konflikt zwischen Weiblichkeit und Sanftmut und dem berechtigten Anspruch auf Macht und Karriere

Self Heal Gibt Vertrauen in die inneren Selbstheilungskräfte und hilft, Verantwortung für die eigene Gesundheit zu übernehmen

Sunflower Bei unausgewogener Entwicklung der Indivi-

dualität, entweder Selbstverleugnung oder Selbstgefälligkeit

Wild Oat **B**   Bei Unentschlossenheit über den Lebensweg,
bei Ziellosigkeit

Selbstzerstörung

Dogwood   Bei Neigung zu S. durch traumatische Kindheitserlebnisse

Manzanita   Bei Wunsch, den Körper zu vernichten, bei
religiös-asketischer Lebenseinstellung

Pine **B**   Bei zermürbenden Selbstvorwürfen und Schuldgefühlen

Saguaro   Bei Auflehnung und Kampf bis zur S.

Sunflower   Bei Neigung zu Selbstauslöschung, weil man
neben dem Vater nicht existieren kann

Sexualität

Basil   Bei Konflikt zwischen Sexualität und Spiritualität

California Pitcher Plant   Bei Konflikt zwischen Instinkt und
Intellekt, wenn man Sklave seiner Triebe ist

Crab Apple **B**   Wenn man sich und seine S. als unrein empfindet

Dogwood   Bei Verhärtung der Gefühle und Ausbeutung
des Körpers

Fuchsia   Wenn sexuelle Gefühle verdrängt und überspielt
werden

Manzanita   Hilft, den eigenen Körper anzunehmen und
sich damit wohl zu fühlen

Pomegranate   Für einen harmonischen Ausdruck weiblicher Kreativität und Fruchtbarkeit

Sticky Monkeyflower   Bei Furcht vor S. und Intimität, verbindet Liebe und S. auch bei exzessivem Sexualleben

Sunflower   Für eine ausgewogene Entwicklung der Männlichkeit

Sicherheit

Cerato **B** Bei Unsicherheit und Zweifel über eigene Entscheidungen, hilft, auf die innere Stimme zu hören

Goldenrod Für Menschen, die ihre Unsicherheit mit auffallendem, abstoßendem Verhalten überspielen

Mallow Gibt S. im Umgang mit Freunden und hilft, die Barrieren zu lösen

Mullein Gibt innere S. und Aufrichtigkeit, schafft Zugang zu Moral und Gewissen

Saint John's Wort Schützt und stärkt die Aura, bei nächtlichen Angstzuständen, bringt S. in einem höheren Sinn

Wild Oat **B** Bei Unsicherheit über den zukünftigen Lebensweg

Skrupellosigkeit

Tiger Lily Für aggressive Menschen, die mit Ellbogenmentalität ihre Interessen erkämpfen

Trillium Für machthungrige Menschen, die nur an ihre Bedürfnisse und Interessen denken und diese skrupellos durchsetzen

Vine **B** Für tyrannische, dominante Menschen, die anderen ihren Willen aufzwingen

Sorgen

Agrimony **B** Wenn man seine Sorgen hinter einer Maske aus Fröhlichkeit verbirgt

Borage Bei Niedergeschlagenheit, wenn man keinen Zugang mehr zur eigenen Kraftquelle hat

Filaree Bei Sorgen um Kleinigkeiten, wenn man »aus einer Mücke einen Elefanten macht«

Gentian **B** Für Enttäuschung und Traurigkeit mit bekannter Ursache, für jene, die leicht aufgeben

Red Chestnut **B** Bei Sorgen und Überängstlichkeit um geliebte Menschen

soziale Verantwortung

Quaking Grass Gruppenessenz! Verbindet viele Indivi-
duen für eine gemeinsame Aufgabe

Sweet Pea Für Menschen, die soziale Bindung und Verantwortung meiden

Trillium Hilft, in einer sozialen Aufgabe zu dienen und
die eigenen Machtinteressen zu überwinden

Spiel

California Poppy Für Kinder, die nicht mehr spielen können, weil sie dauernd Unterhaltung (Fernsehen) brauchen

Zinnia Für ernste Menschen, die nicht mehr spielen und
fröhlich sein können, hilft, den Alltag auf eine heitere,
spielerische Weise zu bewältigen

Spontaneität

Cayenne Für S. und Willenskraft, um alte Gewohnheiten
zu durchbrechen

Larch **B** Für S. und Freiheit im Selbstausdruck, für ein
gesundes Selbstvertrauen

Rock Water **B** Für S. und Flexibilität, für festgefahrene und
dogmatische Menschen

Zinnia Fördert S. und Fröhlichkeit, für Menschen, die
sich und das ganze Leben zu ernst nehmen

Sprachstörungen

Larch **B** Bei fehlendem Selbstvertrauen, das häufig mit S.
einhergeht

Trumpet Vine Bei S. und Stottern, bei Unsicherheit im
gesamten Selbstausdruck sowie in Mimik und Gestik

Sprechen

Calendula   Hilft, Sprache auf eine liebevolle, heilende Weise einzusetzen

Garlic   Bei Furcht und Lampenfieber bei öffentlichen Auftritten und Vorträgen

Larch **B**   Bei Unsicherheit und Zurückhaltung im S.

Mimulus **B**   Bei Angst, sich zu Wort zu melden

Trumpet Vine   Bei Sprachstörungen und Unsicherheit im Selbstausdruck

Sprunghaftigkeit

Impatiens **B**   Bei Ungeduld und leichter Erregbarkeit, für impulsive Menschen

Indian Pink   Wenn man sich durch äußeren Druck und Hektik aus der Ruhe bringen läßt

Morning Glory   Bei unstetem, arrhythmischem Lebensstil

Scleranthus **B**   Für Menschen mit einem sprunghaften Wesen und stark wechselnden Stimmungen

Stabilisierung

Chamomile   Stabilisiert und beruhigt bei emotionalen Anspannungen und Unruhe

Garlic   S. bei nervösen Ängsten und Lampenfieber

Indian Pink   S. inmitten von Chaos und Hektik, bringt innere Ruhe bei erhöhtem Leistungsdruck

Mustard **B**   S. des Gemüts, bei plötzlich auftauchenden Depressionen

Pink Yarrow   Für emotionale Stabilität, bei Neigung, die Stimmungen anderer zu übernehmen

Sweet Pea   Für S. in einer Gruppe, bei einem tiefen Gefühl von Heimatlosigkeit und Entwurzeltsein

Yarrow   Für allgemeine S. der Seele, stärkt die Aura

Stadtleben

Corn Bei Desorientierung und Verwirrung unter vielen Menschen, stellt die Beziehung zur Mutter Erde her

Dill Wenn man sich durch die vielen Eindrücke in der Stadt verwirrt und überfordert fühlt

Indian Pink Bei Streß und Verwirrung durch Hektik und Chaos in der Umgebung

Pink Yarrow Wenn man die Stimmungen aus seiner Umwelt zu sehr aufnimmt

Tiger Lily Wenn man auf den Streß in der Stadt mit Aggressionen (etwa im Straßenverkehr) reagiert

Yarrow Als Schutz vor negativen Umwelteinflüssen wie Luftverschmutzung etc.

Stärke

California Pitcher Plant Wenn man der Sklave seiner Instinkte ist, gibt Stärke für höhere Energien

Centaury **B** Für Willensstärke und Abgrenzung, hilft, nein zu sagen und sich nicht unterdrücken zu lassen

Garlic Für S. der seelischen Abwehrkraft

Mountain Pennyroyal Für S. und Klarheit der Gedanken

Mountain Pride Gibt Stärke und Mut, um sich aktiv den Problemen des Lebens zu stellen, für positive Kampfbereitschaft

Oak **B** Für Menschen, die nie aufgeben und bis zum Zusammenbruch kämpfen

Olive **B** Bei totaler seelischer oder körperlicher Erschöpfung und Schwäche

Penstemon Für S. und Ausdauer angesichts großer Probleme und Krisen

Pink Yarrow Für emotionale S., hilft, sich von den Gefühlen und Stimmungen anderer abzugrenzen

Quince Hilft, Weiblichkeit und Empfänglichkeit als Stärke und Kraft zu erleben

Scotch Broom   Hilft, Mut und S. angesichts der Weltprobleme zu entwickeln

Sunflower   Für innere S. und harmonische Individualität

Walnut **B**   Für S. der eigenen Persönlichkeit, Schutz vor dominanten zwischenmenschlichen Einflüssen

Yarrow   Für S. der Aura, bei Schwäche durch starke Reaktion auf die Umwelt

Starrheit

Dandelion   Für S. und Verspanntheit der Muskeln als Ausdruck von verdrängten und vernachlässigten Emotionen

Hound's Tongue   Für Unbeweglichkeit im Denken, bei rein materialistischer Lebenseinstellung

Rock Water **B**   Für S. und Inflexibilität in den Ansichten, bei starren Prinzipien

Stille

Indian Pink   Für S. inmitten von Hektik und Chaos, für innere Gelassenheit trotz erhöhtem Leistungsdruck

Madia   Für S. und Konzentration der Gedanken

Star Tulip   Für S., um auf die innere Stimme zu hören

White Chestnut **B**   Für S. der Gedanken und Ruhe im Kopf

Stimmung

Agrimony **B**   Bei zwanghafter Fröhlichkeit

Chamomile   Bei schlechter Laune und Griesgrämigkeit, auch bei überdrehter S.

Gentian **B**   Bei pessimistischer S. und Enttäuschung

Mustard **B**   Bei Depressionen, die plötzlich auftreten

Pink Yarrow   Bei Neigung, die Stimmungen anderer zu übernehmen

Scleranthus **B**   Bei stark wechselnden S.: »himmelhoch jauchzend – zu Tode betrübt«

Stolz

Beech **B**   Bei S. und Intoleranz, kritisiert dauernd die Fehler anderer

Sunflower   Bei S. und Selbstgefälligkeit

Water Violet **B**   Bei S. und Überheblichkeit, wenn man alles allein machen will

Strahlenschutz

Saint John's Wort   Stärkt die Haut und die innere Abwehr, bei feurigen Energien

Walnut **B**   Schützt vor starken Einflüssen

Yarrow   Als Schutz vor Strahlen, stärkt die Aura

Strenge

Beech **B**   Für überkritische Menschen, die sofort die Mängel und Fehler an anderen entdecken

Chicory **B**   Für Menschen, die erwarten, daß ihre Ratschläge befolgt werden

Larkspur   S. und kleinliche Kontrolle in einer Führungsposition

Rock Water **B**   Für Menschen, die streng und hart gegenüber sich selbst und anderen sind

Vervain **B**   Für missionarischen Eifer

Zinnia   Für ernste, strenge Menschen, die wenig Freude im Leben empfinden

Streß

Chamomile   Bei emotionaler Anspannung und Unruhe

Corn   Bei Streß im Stadtleben und unter vielen Menschen

Dandelion   Für ehrgeizige Menschen, die ihre Emotionen zurückdrängen und unter Verspannungen leiden

Dill   Man fühlt sich überwältigt vom Tempo des Lebens und kann viele Eindrücke nicht verarbeiten

Elm **B**   Bei vorübergehender Überforderung

Impatiens **B**   Bei extremem Streß und Anspannung

Indian Pink   Bei Streß durch erhöhte Aktivität in der Umgebung, für innere Gelassenheit

Lavender   Bei Streß durch spirituellen Leistungsdruck, bei Überlastung der Nerven

Oak **B**   Für »Arbeitstiere«, die sich aus übertriebenem Pflichtbewußtsein unter Streß setzen

Vervain **B**   Bei Streß durch übersteigerte Begeisterungsfähigkeit

studieren

Chestnut Bud **B**   Hilft, aus Fehlern zu lernen und wenn die gleichen Schwierigkeiten immer wieder auftreten

Elm **B**   Bei dem Gefühl der Überforderung durch viel Lernstoff

Hound's Tongue   Macht das Denken flexibler und hilft, auch höhere Wahrheiten in die Denkstrukturen zu integrieren

Madia   Verhilft zu Konzentration und Fokussierung der Gedanken

Nasturtium   Bei Müdigkeit nach einseitiger intellektueller Beschäftigung

Peppermint   Für geistige Frische und Aufnahmefähigkeit

Rabbitbrush   Erweitert den geistigen Horizont, ermöglicht Aufmerksamkeit im Detail und gleichzeitigen Überblick über das große Ganze

Shasta Daisy   Für Ordnung und Synthese von Einzelinformationen

Suche

California Poppy   Für Menschen, die nur in der Außenwelt nach Glück und spirituellen Erfahrungen suchen, »Seminar-Junkie«

California Wild Rose Für S. nach Sinn im Leben und lebenswerten Idealen

Cerato **B** Bei S. nach Ratschlägen und Verhaltensregeln, für Menschen, die sich nicht trauen, eigene Entscheidungen zu treffen

Goldenrod Für S. nach Aufmerksamkeit durch auffälliges, negatives Verhalten

Self Heal Bei S. nach Heilung und Therapien, ohne Vertrauen in die innere Heilkraft

Sweet Pea Für S. nach Heimat und Gemeinschaft

Wild Oat **B** Für S. nach dem richtigen Weg, bei Unentschlossenheit

Sucht

Agrimony **B** Bei übertriebener Fröhlichkeit, Suchtverhalten, um die eigenen Probleme darin zu ersticken

Arnica Bei Trauma durch Drogenmißbrauch, lindert die Entziehungserscheinungen

California Poppy Bei Suche nach spirituellen und psychischen Erfahrungen in Drogen, bei Flucht vor der Realität

Chamomile Beruhigt und harmonisiert bei Entzugserscheinungen

Chaparral Zur psychischen Reinigung nach Drogenmißbrauch, harmonisiert aufwühlende, innere Bilder

Cherry Plum Wenn die Sucht dazu dient, die dauernde innere Spannung zu nehmen, bei Angst durchzudrehen

Chestnut Bud **B** Hilft, aus dem Teufelskreis der Sucht auszubrechen, wenn man immer wieder die gleichen Fehler macht

Larch **B** Hilft bei der Angst zu scheitern und stärkt das Selbstvertrauen während eines Entzugs

Lavender Bei Überreizung der Nerven und Schlaflosigkeit

Manzanita   Bei Magersucht, bei Neigung, die Bedürfnisse des Körper zu mißachten

Morning Glory   Hilft, die Sucht als Entwicklungsbremse zu erkennen, gibt Vitalität und Willenskraft, um sich von krankmachenden Gewohnheiten zu lösen

Sagebrush   Hilft, sich von einem alten Selbstbild zu trennen, das die Sucht rechtfertigt

Scarlet Monkeyflower   Wenn die Sucht die innere Wut eindämmen soll

Self Heal   Fördert die Heilung von innen heraus, kann eine Therapie unterstützen

Walnut **B**   Verhilft zum Durchbruch und nimmt die Angst vor dem Neubeginn

Wild Oat **B**   Für Zielstrebigkeit und Konsequenz, hilft, einen neuen Weg zu finden

Sünde

Aspen **B**   Bei religiösen und irrationalen Ängsten, bei Furcht vor dem Bösen, vor dunklen Mächten und vor Sünde

Basil   Bei Konflikt zwischen Sexualität und Spiritualität, wenn man Sexualität mit Sünde gleichstellt

Crab Apple **B**   Für Menschen, die sich innerlich als unrein empfinden, bei übertriebenem Bedürfnis nach Reinheit und Läuterung

Manzanita   Wenn man den Körper als unrein und sündig erlebt, bei religiös-asketischer Haltung, die alles Körperliche auslöschen soll

Tagträumer

Clematis **B**   Bei Neigung zu Tagträumen und geistiger Abwesenheit

Honeysuckle **B**   Wenn man sich in die Vergangenheit zurücksehnt und diese wieder herbeiwünscht

Madia   Bei mangelnder Konzentration und Ablenkbarkeit

Saint John's Wort   Bei dem Bedürfnis, seinen Körper zu verlassen

teilen

Calendula   Hilft, sich anderen mitzuteilen und Wahrheit und Liebe in die Worte zu legen

Centaury **B**   Bei übermäßiger Hilfsbereitschaft, für Menschen, die sich ausnutzen lassen und sich nicht abgrenzen können

Chicory **B**   Für bedingungslose Liebe, für Geben, ohne auf Gegenleistung zu warten

Holly **B**   Für liebevolles Teilen in Beziehungen, bei Eifersucht und Neid

Mallow   Für die Fähigkeit, anderen Menschen seine Zuneigung zu zeigen

Star Thistle   Bei Geiz und Habgier, fördert Großzügigkeit und die Fähigkeit, seinen Besitz zu teilen

Violet   Für schüchterne Menschen, die sich nicht in einer Gruppe einbringen können

Water Violet **B**   Für Einzelgänger, die lieber alles allein machen und sich niemandem mitteilen

Therapieresistenz

Lotus Kann Barrieren aufbrechen, die die Wirkung anderer Blütenessenzen behindern

Star of Bethlehem **B** T. durch unverarbeitete Schockerlebnisse

Wild Rose **B** T. durch innere Kapitulation: (»Es hat ja doch keinen Sinn«)

Tod

Black-Eyed Susan Hilft, sich mit der negativen Seite des Lebens zu konfrontieren und Verdrängtes zu bearbeiten

Bleeding Heart Bei Herzenskummer um den Verlust eines geliebten Menschen

Borage Bei Niedergeschlagenheit und Kummer über den Tod eines geliebten Menschen

Holly **B** Bringt in Einklang mit der universellen Liebe, schenkt Vergebung

Mariposa Lily Bei Verlust der Mutter, für Mütter, die ein Kind verloren haben, versöhnt mit dem Muttersein

Mountain Pride Für Mut, sich mit dem Tod auseinanderzusetzen und die letzte Herausforderung anzunehmen

Penstemon Bei extremen Schmerzen und schwerer Krankheit, gibt Kraft und Durchhaltevermögen

Pink Yarrow Für emotionalen Schutz in Krisensituationen

Red Clover Schützt, wenn die Emotionen in einer Familie außer Kontrolle geraten

Rock Rose **B** Bei Todesangst und Panik

Saint John's Wort Stärkt das innere Licht und erleichtert den Übergang zwischen Leben und Tod

Scarlet Monkeyflower Hilft, Zorn und Wut über den Tod zu überwinden, alten Groll loszulassen

Star of Bethlehem **B** Bei Schock über den Tod eines geliebten Menschen

Sunflower Hilft, den Verlust des Vaters zu verarbeiten

Sweet Chestnut **B**   Bei grenzenloser Verzweiflung

Walnut **B**   Nimmt die Angst vor dem Übergang, hilft, starke Bindungen zu lösen

Willow **B**   Bei Verbitterung und der Weigerung, selbst Verantwortung für sein Leben zu übernehmen

Toleranz

Beech **B**   Für intolerante, überkritische Menschen, für T. gegenüber den Fehlern und Unzulänglichkeiten anderer

Calendula   Für Menschen mit ironischer, verletzender Ausdrucksweise, für Liebe und T. in der Wortwahl

Holly **B**   Fördert gegenseitiges Verständnis und liebevollen Umgang miteinander

Impatiens **B**   Für ungeduldige Menschen, die es nicht ertragen können, wenn andere langsamer arbeiten

Quaking Grass   Für T. und Rücksichtnahme in einer Gruppe

Rock Water **B**   Für strenge, dogmatische Menschen, die keine Abweichung von ihren Prinzipien tolerieren

Vine **B**   Für tyrannische Menschen, fördert Rücksichtnahme und T. gegenüber den Wünschen anderer

Trägheit

Blackberry   Bei Unfähigkeit, seine Ideen und Vorstellungen in die Realität umzusetzen

Cayenne   Hilft, T. und alte Gewohnheiten zu durchbrechen

Chestnut Bud **B**   Bei Unfähigkeit, aus Fehlern zu lernen, bei Stagnation in negativen Verhaltensweisen

Clematis **B**   Bei Verträumtheit und Interesselosigkeit

Hound's Tongue   Bei T. im Denken, für materielle, körperbezogene Menschen

Impatiens **B**   Für Menschen, die unter der T. anderer leiden und selbst sehr ungeduldig sind

Morning Glory Bei mangelnder Vitalität und T. durch unsteten Lebensstil und Suchtverhalten

Tansy Für faule, bequeme Menschen, die jede unnötige Anstrengung vermeiden

Wild Rose **B** Bei T. und Apathie, für Menschen, die das Leben als sinnlos empfinden

Trauer

Bleeding Heart Bei »blutendem Herzen« über den Verlust eines geliebten Menschen

Borage Bei Trauer und Kummer, man fühlt sich niedergeschlagen und hat den Zugang zur inneren Kraft verloren

Honeysuckle **B** Bei Trauer um vergangene Erlebnisse, bei Neigung zu Nostalgie

Star of Bethlehem **B** Bei Schock über den Verlust eines Menschen

Sweet Chestnut **B** Bei grenzenloser Verzweiflung und Ausweglosigkeit

Yerba Santa Bei verinnerlichter Traurigkeit und Melancholie

Träume

Aspen **B** Bei Angst vor dem Dunklen und Unheimlichen, bei Furcht vor dunklen Mächten

Chaparral Ermöglicht die Reinigung von »psychischem Müll« durch Verarbeitung während des Träumens

Mugwort Bringt Zugang zu den Träumen für jene, die sich nicht daran erinnern können

Rock Rose **B** Bei panischer Angst vor dem Schlafengehen, bei schweren Alpträumen

Saint John's Wort Bei nächtlichen Angstzuständen und Alpträumen

Star Tulip Eröffnet die Sprache der Träume und der Intuition

U

Überaktivität

Aloe Vera   Für »Workaholics«, die nur ihre Arbeit kennen und alles andere vernachlässigen

Chamomile   Bei emotionaler Anspannung und extremer Unruhe, bei Hyperaktivität

Impatiens **B**   Für ungeduldige, hektische Menschen, die alles schnell und perfekt erledigen wollen

Oak **B**   Für »Arbeitstiere«, die aus nie endender Pflichterfüllung bis zur Erschöpfung arbeiten

Vervain **B**   Bei übertriebener Begeisterungsfähigkeit – wenn man tausend Ideen und Projekte gleichzeitig verwirklichen will

Überblick

Corn   Für Ü. und Gelassenheit in der Großstadt und unter vielen Menschen

Dill   Für Ü. über viele verschiedene Eindrücke und Erlebnisse

Elm **B**   Fördert Ü. und Organisation in Situationen, in denen vieles gleichzeitig erledigt werden muß

Filaree   Für Ü. in der täglichen Arbeit, für die Fähigkeit, mit Gelassenheit die richtigen Prioritäten zu setzen

Quaking Grass   Für Ü. in der Gruppenarbeit

Rabbitbrush   Gleichzeitiger Ü. über die einzelnen Details und das große Ganze

Red Clover   Für innere Ruhe und Gelassenheit inmitten von Massenhysterie und Panik

Shasta Daisy   Für Ordnung und Verständnis für viele Einzelinformationen, Synthese aus angesammeltem Wissen

Überempfindlichkeit

Beech **B** Ü. gegenüber Kritik von anderen

Centaury **B** Ü. gegenüber den Bedürfnissen anderer, bei übersteigerter Hilfsbereitschaft

Lavender Ü. gegenüber spirituellen Energien, starke Nervenbelastung

Pink Yarrow Ü. gegenüber den Stimmungen der Mitmenschen

Yarrow Bei Überreaktion auf Umwelteinflüsse

Überforderung

Centaury **B** Für Menschen, die sich ausbeuten lassen und nicht nein sagen können

Corn Bei dem Gefühl der Ü. im Stadtleben und unter vielen Menschen

Dill Ü. von zu vielen Eindrücken, die nicht mehr verarbeitet werden können

Elm **B** Bei vorübergehender Ü., für Menschen, die viel Verantwortung tragen

Filaree Wenn man sich von den alltäglichen Problemen überfordert fühlt und Wichtiges nicht von Unwichtigem unterscheiden kann

Hornbeam **B** Wenn man sich von der Last des Tages überfordert fühlt, bei Antriebsschwäche

Indian Pink Bei Ü. von Chaos und Hektik in der Umgebung

Lavender Für Menschen, die ihre spirituelle Entwicklung krampfhaft vorantreiben wollen und sich dabei stark überfordern

Madia Bei Zerstreutheit und Unkonzentriertheit

Olive **B** Bei Kraftlosigkeit und Erschöpfung durch Ü. und Überanstrengung

Rabbitbrush Für den »zerstreuten Professor«, bei Ü. durch zu viele Einzelheiten

Unbeweglichkeit

Blackberry Bei Unfähigkeit, seine Ziele zu verwirklichen, bei fehlender Risikobereitschaft

Cayenne Bei Stagnation in festgefahrenen Verhaltensmustern

Hound's Tongue Für Menschen mit rein materialistischer Lebenseinstellung, ermöglicht eine freie und bewegliche Denkweise

Rock Water **B** Für Menschen mit starren Prinzipien und inflexibler Lebenseinstellung

Tansy Bei Faulheit und Bequemlichkeit

Uneigennützigkeit

Chicory **B** Fördert die bedingungslose Liebe, für Geben, ohne Gegenleistung und Dankbarkeit zu erwarten

Larkspur Für Großherzigkeit und U. in einer Führungsposition

Quaking Grass Um im Team zum Wohle des Ganzen zu arbeiten

Star Thistle Für geizige Menschen, fördert Großzügigkeit und Uneigennützigkeit

Tiger Lily Für Menschen, die übertrieben aggressiv reagieren, fördert Einfühlungsvermögen

Trillium Hilft machthungrigen Menschen, ihre Energie zum Wohle anderer einzusetzen

Ungeduld

Chestnut Bud **B** Für Menschen, die in ihren Gedanken immer schon zwei Schritte voraus sind

Dandelion Für ehrgeizige Menschen, die ihre Gefühle vernachlässigen

Impatiens **B** Für ungeduldige, nervöse Menschen

Vervain **B** Für fanatische Menschen, die mit Eifer und U. ihre Projekte verwirklichen

ungeliebt

Dogwood Bei katastrophaler Kindheit, wenn man sich selbst nichts wert ist, bei Neigung zu Unfällen und zu Selbstzerstörung

Holly **B** Wenn man sich vernachlässigt und ungeliebt fühlt, bei Eifersucht und Neid

Manzanita Wenn man seinen Körper ablehnt und sich darin nicht wohl fühlt

Mariposa Lily Wenn man sich ungeliebt und entfremdet fühlt, bei fehlender Mutterliebe

Unkonzentriertheit

Clematis **B** Für Tagträumer, die sich bei Schwierigkeiten in eine Traumwelt flüchten

Corn Wenn man unter vielen Menschen mit Verwirrung und U. reagiert

Madia Bei Zerstreutheit und Ablenkbarkeit, hilft, die Gedanken zu sammeln

Peppermint Für geistige Frische und Aufnahmefähigkeit

Scleranthus **B** Bei U. und Unentschlossenheit, bei ständig wechselnden Stimmungen

Shasta Daisy Um konzentriert und systematisch zu arbeiten

White Chestnut **B** Bei U. aufgrund ständig kreisender Gedanken, wenn man nicht abschalten kann

Unsicherheit

Aspen **B** Bei Angst vor dem Unbekannten, bei diffusen Ängsten

Cerato **B** Bei Unsicherheit und Zweifel über die eigenen Entscheidungen

Deer Brush Bei Unklarheit über die wahren Absichten, bei Konflikt zwischen Herz und Verstand

Garlic   Bei U. und nervösen Ängsten, bei Lampenfieber

Gentian **B**   Für Menschen, die beim kleinsten Widerstand sofort ihr Vorhaben aufgeben

Goldenrod   Bei rüpelhaftem, abstoßendem Verhalten, um Unsicherheit zu überspielen

Mallow   Bei U. und Schüchternheit im Umgang mit Freunden

Mimulus **B**   Bei Ängstlichkeit mit bekannter Ursache

Saint John's Wort   Bei U. und Angst in der Nacht, bei gestörtem Urvertrauen

Scleranthus **B**   Wenn man zwischen zwei Möglichkeiten hin und her gerissen ist

Walnut **B**   Hilft, die U. in einem neuen Lebensabschnitt zu überwinden

Wild Oat **B**   Bei U. über den Lebensweg, fördert Zielstrebigkeit

Unzulänglichkeit

Buttercup   Wenn man sich selbst und seine Fähigkeiten als minderwertig einstuft

Elm **B**   Bei dem Gefühl, einer bestimmten Aufgabe nicht mehr gewachsen zu sein

Filaree   Bei dem Gefühl, den täglichen Aufgaben nicht gewachsen zu sein, bei Überbewertung von Kleinigkeiten

Iris   Wenn man sich in seinen kreativen Fähigkeiten frustriert und leer fühlt

Larch **B**   Bei mangelndem Selbstvertrauen und Überbewertung der eigenen U.

Sticky Monkeyflower   Bei dem Gefühl, sexuell unzulänglich und unattraktiv zu sein

Sunflower   Bei Neigung, sich selbst zu verleugnen, weil man sich neben dem Vater unfähig fühlt

Urteilsvermögen

Beech **B** Wenn ein gutes U. nur auf destruktive Weise benutzt wird, für überkritische Menschen mit einer stark ausgeprägten Ästhetik

Cerato **B** Für jene, die sich selbst kein U. zutrauen und immer erst bei anderen Rat holen

Deer Brush Fördert die Erkenntnis seiner wahren Motive und Absichten, für Einklang von Herz und Verstand

Mullein Für Menschen, die sich und anderen etwas vormachen, fördert eine ehrliche Selbsteinschätzung

Scleranthus **B** Wenn man ständig hin und her gerissen ist, bei fehlendem U.

Vaterbild

Saguaro Bei allgemeiner Auflehnung gegen Autoritätspersonen und Institutionen wie Vater, Lehrer, Staat

Sunflower Bei Konflikt mit dem Vater, bei fehlender Vaterfigur

Veränderung

Cayenne Wirkt als Katalysator für längst nötige V., hilft,
alle Muster zu durchbrechen

Honeysuckle **B** Wenn man an der Vergangenheit hängt
und V. meidet

Morning Glory Hilft, suchtartige Gewohnheiten zu erkennen, und unterstützt die Willenskraft, um dies zu verändern

Tansy Bei Trägheit und Bequemlichkeit, wenn erst unter
starkem Druck V.en verwirklicht werden

Walnut **B** Nimmt die Angst vor dem Neuen und stärkt die
Persönlichkeit

Verantwortungsbewußtsein

Elm **B** Für Menschen mit großem V., die sich manchmal
überfordert fühlen

Larkspur Bei Pflichtbewußtsein, das man auch seinen Mitarbeitern aufzwingen will, bei falsch verstandenem V.

Mountain Pride Bei Scheu vor Verantwortung und Konfrontation, fördert eine positive Kampfbereitschaft

Oak **B** Bei übertriebenem Pflichtgefühl, für unermüdli-
che Kämpfer, die bis zur Erschöpfung weitermachen

Pine **B**   Bei starken Schuldgefühlen, wenn man sich auch für die Fehler anderer verantwortlich fühlt

Sweet Pea   Bei fehlendem V., bei Furcht vor Bindung an eine Gemeinschaft

Willow **B**   Für wehleidige Menschen, die keine Verantwortung für ihr eigenes Leben übernehmen

Verbundenheitsgefühl

Quaking Grass   Für Verbundenheit in einer Gruppe, gut für Teamwork

Shooting Star   Bei dem Gefühl, auf der Welt fremd und ausgestoßen zu sein, für V. mit der Erde und mit anderen Menschen

Sweet Pea   Bei Angst vor sozialer Verantwortung, dem Gefühl der Heimatlosigkeit, fördert die Verbundenheit mit einer Gemeinschaft

Water Violet **B**   Für stolze Menschen, die lieber allein sind, unterstützt die Kommunikation mit anderen

Verdrängung

Black-Eyed Susan   V. der Schattenseiten der Persönlichkeit

Dandelion   V. und Vernachlässigung von Emotionen, die als Verspannung zum Ausdruck kommen

Fuchsia   V. von schmerzlichen Emotionen durch Übertreibung und Dramatisieren

Golden Ear Drops   V. von schmerzlichen Kindheitserlebnissen

Manzanita   V. alles Körperlichen, bei religiös-asketischer Lebenseinstellung

Rock Water **B**   V. der eigenen Schwächen und Unzulänglichkeiten

Scarlet Monkeyflower   V. von Zorn und Wut

Sticky Monkeyflower   V. von traumatischen sexuellen Erlebnissen

Yerba Santa V. und Verinnerlichung von Traurigkeit und Schmerz, bei blockierten Emotionen, die die Atmung behindern

Vergeben

Beech **B** Hilft anderen, ihre Fehler zu v., fördert Toleranz

Golden Ear Drops Hilft, traumatische Kindheitserfahrungen loszulassen, und ermöglicht Vergebung

Holly **B** Bringt mit der universellen Liebe in Berührung, läßt Verständnis und Vergebung für andere empfinden

Pine **B** Hilft, sich selbst zu verzeihen und Schuldgefühle loszulassen

Willow **B** Für verbitterte Menschen, die mit ihrem Schicksal hadern, hilft, sich mit der Welt zu versöhnen

Verkrampfung

Agrimony **B** Bei innere Unruhe und Getriebensein, bei krampfhafter Fröhlichkeit

Chamomile Bei V. durch emotionalen Streß, der sich auf den Magen legt, bei krampfhaftem Wollen

Cherry Plum **B** Bei ständiger innerer Kontrolle aus Angst, jemandem etwas Schlimmes anzutun oder durchzudrehen

Dandelion Bei V. aufgrund eines vernachlässigten Gefühlslebens

Impatiens **B** Bei V. durch extremen Streß und Ungeduld

Vervain **B** Bei Überanstrengung durch fanatische Begeisterungsfähigkeit

Verlustängste

Bleeding Heart Wenn man sich emotional völlig vom Partner abhängig macht und ohne ihn nicht mehr leben kann

Chicory **B**   Bei Unfähigkeit, den Partner oder die Kinder loszulassen und sie ihre eigenen Wege gehen zu lassen

Golden Ear Drops   Hilft, alte Ängste aus der Kindheit zu verarbeiten

Mariposa Lily   Wenn sich Mutter und Kind zu sehr aneinander klammern

Mimulus **B**   Bei allen Ängsten, deren Ursache bekannt ist, auch bei V.n

Vermeidung

Agrimony **B**   Für jene, die die Konfrontation mit ihren eigenen Problemen vermeiden

Black-Eyed Susan   Vermeidet die Begegnung mit der dunklen Seite der Persönlichkeit

Clematis **B**   Für Menschen, die in Krisensituationen in eine geistige Traumwelt fliehen

Fuchsia   Vermeidet die Auseinandersetzung mit seinen wahren Gefühlen durch übertriebene Emotionalität

Honeysuckle **B**   Vermeidet die Begegnung mit der Gegenwart, für Menschen, die in der Vergangenheit leben

Scarlet Monkeyflower   Vermeidet Gefühle wie Zorn und Wut

Sweet Pea   Vermeidet die Bindung an eine Gemeinschaft und die Übernahme von sozialer Verantwortung

Water Violet **B**   Vermeidet die Auseinandersetzung mit anderen Menschen

Verständnis

Beech **B**   Fördert V. und Toleranz für die Fehler anderer

Chestnut Bud **B**   Fördert ein tieferes V. der eigenen Erfahrungen, hilft, aus Fehlern zu lernen

Holly **B**   Für V. und Liebe gegenüber anderen Menschen

Hound's Tongue   Für V. von geistigen Wahrheiten, für Integration nichtmaterieller Tatsachen

Oregon Grape   Für richtiges V. der wahren Absichten seiner Mitmenschen

Shasta Daisy Für V. und Synthese vieler Einzelinformation, für innere und äußere Ordnung

Vertrauen

Cerato **B** Für V in die eigene Entscheidungsfähigkeit

Cherry Plum **B** Für Gottvertrauen, hilft, die innere Anspannung loszulassen

Gorse **B** Für V. und Hoffnung auf Heilung, bei langwierigen seelischen oder körperlichen Leiden

Larch **B** Für V. in die eigenen Fähigkeiten, für ein gesundes Selbstvertrauen

Mariposa Lily Für mütterliche Wärme und Geborgenheit, bei fehlender Mutterliebe

Oregon Grape Für V. in die guten Absichten der Mitmenschen

Penstemon Für Zuversicht und V. in schwierigen Lebensumständen

Saint John's Wort Für Geborgenheit und Urvertrauen, bei Angstzuständen in der Nacht und Alpträumen

Self Heal Für V. in die innere Heilungskraft

Sunflower Für eine harmonische Entwicklung der Individualität und V. in die eigenen Kräfte

Trumpet Vine Für Selbstvertrauen und Sicherheit im verbalen Ausdruck

Violet Für V., in einer Gruppe sicher und geborgen zu sein

Verwundbarkeit

Centaury **B** Für Menschen, die sich nicht abgrenzen und die Leiden anderer auf sich nehmen

Pink Yarrow Bei Überempfindlichkeit gegenüber den Stimmungen und Gefühlen anderer

Red Clover Bei überschlagenden Emotionen, die sich in Gewalttätigkeit entladen können

Saint John's Wort Für »dünnhäutige« Menschen, die leicht verwundbar sind

Violet Für sensible Menschen, die sich fürchten, in einer Gruppe unterzugehen

Yarrow Bei Empfindlichkeit gegenüber den Umwelteinflüssen

Verzweiflung

Borage Bei emotionalen Krisen, bei Niedergeschlagenheit und Kummer

Cherry Plum **B** Bei Angst durchzudrehen und krampfhafter innerer Kontrolle

Gorse **B** Bei V. über den eigenen Gesundheitszustand, bei lang anhaltenden Leiden

Scotch Broom Bei V. über die Weltsituation, man fühlt sich überwältigt von den Problemen der Welt

Star of Bethlehem **B** Bei Schock und Trauma, bei tiefer Seelennot

Sweet Chestnut **B** Bei grenzenloser Verzweiflung, wenn die Grenzen des Erträglichen überschritten werden

Wachheit

California Poppy Bei Wirklichkeitsflucht durch Drogen, bei Abhängigkeit von Außenreizen

Clematis **B** Für verträumte Menschen, die nicht am Geschehen teilnehmen, fördert Wachheit und geistige Anwesenheit

Hornbeam **B** Bei Antriebsschwäche, bei »Montags-morgen-Gefühl«

Morning Glory Für Vitalität und Stehvermögen für den Tag

Peppermint Für geistige Frische und wache Aufmerksamkeit

Saint John's Wort Bei Neigung zu außerkörperlichen Erfahrungen

Wärme

Calendula Für Wärme und Mitgefühl in der Sprache

Holly **B** Fördert Warmherzigkeit und liebevollen Umgang mit anderen Menschen

Mallow Hilft, Wärme und Zuneigung in Freundschaften zum Ausdruck zu bringen

Mariposa Lily Für mütterliche Wärme und Geborgenheit

Sticky Monkeyflower Um Wärme und Liebe mit Sexualität zu verbinden

Violet Um sich in einer Gruppe geborgen und sicher zu fühlen

Weiblichkeit

Manzanita Hilft, den eigenen Körper anzunehmen und sich darin wohlzufühlen

Pomegranate Verleiht der weiblichen Kreativität und Fruchtbarkeit Ausdruck, bei Konflikt zwischen Familie und Beruf, harmonisiert den weiblichen Zyklus

Quince Bei Konflikt zwischen Weiblichkeit und Machtansprüchen, um mit der Härte im Berufsleben zurechtzukommen

Star Tulip Für rationale Frauen, die mehr Zugang zu ihrer Intuition haben möchten

Sunflower Für Frauen, die mit ihren männlichen Persönlichkeitsanteilen in Kontakt kommen wollen, bei Konflikt mit dem Vater

Tiger Lily Bei männlicher Aggressivität, fördert Einfühlungsvermögen und Hilfsbereitschaft

Weichheit

Calendula Bei verletzender und ironischer Ausdrucksweise, für Wärme und Heilung in der Sprache

Dogwood Bei Härte und Zynismus aufgrund einer traumatischen Kindheit, fördert Sanftmut und Anmut

Rock Water **B** Für Menschen mit starren Prinzipien, für Weichheit und Flexibilität

Wetterfühligkeit

Pink Yarrow Als emotionaler Schutz vor den Stimmungen anderer

Walnut **B** Schützt und stärkt die Persönlichkeit vor starken Einflüssen

Yarrow Als Schutz vor Umwelteinflüssen, stärkt die Aura

Willenskraft

Blackberry Für Zielstrebigkeit und W. bei Umsetzung seiner Ideen und Wünsche

Cayenne Bringt Feuer und W. in Blockaden und Stagnation

Centaury **B** Für W. und Durchsetzungskraft, für Menschen, die nicht nein sagen können

Morning Glory Für W., sich von Suchtverhalten zu lösen, bringt Vitalität und Frische

Mountain Pride Gibt Mut und W., um sich mit Problemen und Konflikten aktiv auseinanderzusetzen

Tansy Bei Trägheit und Bequemlichkeit, für W., sein Leben aktiv zu gestalten

Vine **B** Bei übersteigerter W. und Tyrannei, wenn man anderen seinen Willen aufzwingt

Wut

Black-Eyed Susan Hilft, sich mit der Schattenseite der Persönlichkeit auseinanderzusetzen und verdrängte Wut zu bearbeiten

Centaury **B** Wenn die Wut unterdrückt wird, um sich nicht unbeliebt zu machen

Chamomile Bei krampfhaftem Wollen, wenn man sich in Wut und Zorn hineinsteigert, beruhigt und harmonisiert

Cherry Plum **B** Bei angestauter Wut, die man so stark zurückhält, bis man meint durchzudrehen, bei Hysterie

Fuchsia Bei verdrängter Wut, die mit falscher Emotionalität überspielt wird, bei Übertreibung und Dramatisierung von Gefühlen

Holly **B** Bei angestauten Aggressionen, bei Neid, Haß und Eifersucht

Impatiens **B** Für ungeduldige, impulsive Menschen, die leicht wütend werden

Scarlet Monkeyflower Bei unterdrückter und nicht eingestandener Wut, die zu unkontrollierbaren Zornesausbrüchen führen kann

Willow **B** Bei Groll und Bitterkeit auf die ganze Welt, bei Selbstmitleid

Z

Zentriertheit

Corn   Für Z. unter vielen Menschen und in der Stadt, für Kontakt zur Erde

Deer Brush   Bei Konflikt zwischen Herz und Verstand, für Klarheit der Absichten und Motivation

Indian Pink   Für Z. bei erhöhtem Leistungsdruck, für innere Ruhe in einer hektischen und nervösen Umgebung

Madia   Für Z. der Gedanken, bei Zerstreutheit und Ablenkbarkeit

Red Clover   Für Z. bei unkontrollierbaren Emotionen und Massenhysterie

Yarrow   Für Z. und Schutz trotz einer belastenden Umweltsituation

Zerrissenheit

Pomegranate   Bei Z. zwischen Karriere und Familie, für harmonische Entwicklung weiblicher Kreativität

Quince   Bei Konflikt zwischen Härte und Machtstreben und weiblicher Kompromißbereitschaft

Scleranthus **B**   Bei Z. und Unentschlossenheit, bei stark wechselnden Stimmungen

Zerstreutheit

Chestnut Bud **B**   Für Menschen, die in ihren Gedanken immer zwei Schritte voraus sind und nicht auf die Gegenwart achten

Clematis **B** Für Menschen, die geistig abwesend sind und dann mit Z. auf die täglichen Anforderungen reagieren

Filaree Bei Z. und Überforderung durch die alltägliche Arbeit, für Menschen, die sich um Kleinigkeiten sorgen

Madia Bei Z. und Ablenkbarkeit, fördert Sammlung und Konzentration

Rabbitbrush Für den »zerstreuten Professor«, für Überblick über das große Ganze und gleichzeitige Aufmerksamkeit im Detail

Scleranthus **B** Bei Z. und Unentschlossenheit, bei Launenhaftigkeit und stark wechselnden Stimmungen

Shasta Daisy Bei Z. über angehäuftes, ungeordnetes Wissen, für Ordnung und Organisation

Zielstrebigkeit

Cayenne Als Katalysatoressenz, für Z. und Bereitschaft für Veränderungen

Indian Paintbrush Für Z. und Durchhaltevermögen im kreativen Ausdruck

Quaking Grass Fördert Gemeinschaftsarbeit, für Z. zugunsten des Gemeinwohls

Tansy Bei Trägheit und Bequemlichkeit

Wild Oat **B** Für vielseitig begabte Menschen, die sich nicht entscheiden können, was sie davon verwirklichen sollen

Zuhören

Calendula Unterstützt die Fähigkeit, den wahren Sinn der gesprochenen Worte zu hören

Heather **B** Für Menschen, die nur mit den eigenen Problemen beschäftigt sind und nicht z. können

Impatiens **B** Für ungeduldige Menschen, die sich keine Zeit zum Z. nehmen

Mullein Für Zugang zu Gewissen und innere Werte, fördert Aufrichtigkeit und Ehrlichkeit

Quaking Grass Für Z. in einer Gruppe, für Kooperation und Flexibilität

Star Tulip Hilft, auf die innere Stimme zu hören, schafft Zugang zur Intuition

Vervain **B** Für Menschen, die sich nur mit ihren eigenen Ideen und Projekten befassen und nicht z. können

Zurückhaltung

Mallow Bei Z. und Schüchternheit in freundschaftlichen Beziehung, hilft, Zuneigung und Wärme auszudrücken

Mimulus **B** Bei Z. aus Angst vor bestimmten Dingen oder Situationen

Sunflower Bei Neigung zu Selbstverleugnung und übertriebener Z.

Trumpet Vine Bei Z. und Unsicherheit im sprachlichen Ausdruck, bei Sprachstörungen

Violet Bei Schüchternheit und Z. in Gruppen, bei Furcht, von der Gruppe übergangen zu werden

Water Violet **B** Für stolze, zurückhaltende Menschen, denen die Auseinandersetzung mit anderen häufig zu anstrengend ist

Zusammenarbeit

Deer Brush Fördert Aufrichtigkeit und Zuverlässigkeit bei der Z., hilft bei Konflikt zwischen Herz und Verstand

Quaking Grass Gruppenessenz! Fördert Z. und Integration vieler individueller Beiträge

Rabbitbrush Um bei Zusammenarbeit den Überblick zu behalten und keine Details zu übersehen

Sweet Pea Läßt soziale Verantwortung übernehmen und hilft, seine Aufgabe in einer Gemeinschaft zu finden

Tiger Lily Bei Machoverhalten und Ellbogenmentalität, fördert Rücksichtnahme und Einfühlungsvermögen

Trillium Für machthungrige Menschen, die nur an die Durchsetzung der eigenen Interessen denken, fördert die Fähigkeit, anderen zu dienen

Violet Hilft sich aktiv am Gruppengeschehen zu beteiligen und die eigenen Interessen zu vertreten

Zwangsvorstellungen

Aspen **B** Bei Furcht vor dunklen Mächten, bei religiösen Z.

Cherry Plum **B** Bei der Z. wahnsinnig zu werden, bei zwanghafter Vermeidung bestimmter Situationen

Crab Apple **B** Bei Waschzwang, bei zwanghafter Angst vor Schmutz und Bakterien

Filaree Bei zwanghafter Überbewertung von alltäglichen Problemen, bei Unfähigkeit, richtige Prioritäten zu setzen

Heather **B** Bei zwanghafter Beschäftigung mit sich selbst

Red Chestnut **B** Bei zwanghafter Sorge und Angst um geliebte Menschen

White Chestnut **B** Bei zwanghaft kreisenden Gedanken, bei Unfähigkeit, den Kopf zur Ruhe zu bringen

Zweifel

Buttercup Bei Z. an den eigenen Fähigkeiten und Minderwertigkeitsgefühlen

Cerato **B** Bei Unfähigkeit, eigene Entscheidungen zu treffen, und ständigem Z.

Gorse **B** Bei Z. über die Heilungschancen, bei langwierigen Leiden

Larch **B** Bei fehlendem Selbstvertrauen und Z. am Gelingen der eigenen Projekte

Penstemon In schwierigen Lebensumständen, bei Z. an der eigenen Kraft

Red Chestnut **B** Bei Z. über die Fähigkeit der anderen, auf sich aufzupassen

Scotch Broom Bei Z. über die Weltsituation, bei Z. über die eigene Bedeutung angesichts der großen Probleme der Welt

Scleranthus **B** Bei Unentschlossenheit und Hin-und-her-gerissen-Sein zwischen zwei Möglichkeiten

Self Heal Bei Z. über die Fähigkeit, aus eigener Kraft gesund zu werden

Wild Oat **B** Bei Z. über den Lebensweg und Ziellosigkeit

Zynismus

Beech **B** Für überkritische Menschen, die zynisch und intolerant sind

Calendula Bei Z. und Ironie in der Wortwahl, für Wärme und Heilung in der Sprache

Dogwood Bei verhärteten Gefühlen und Zynismus, man erwartet nur das Schlimmste vom Leben

Zinnia Für ernste, humorlose Menschen, die nicht fröhlich sein können

Literaturverzeichnis

Kalifornische Blütenessenzen und Pflanzen:
Dirk Albrodt: Gesund durch Blütenessenzen, Laredo Verlag, München 1990
I. E. Bowers: One Hundred Roadside Wildflowers of the Southwest Uplands, Tucson, Arizona 1987
Gurudas: Flower Essences and Vibrational Healing, Cassandra Press 1982
Beate Helm: Die Heilkräfte der kalifornischen Blütenessenzen, Aquamarin Verlag, Grafing 1990
Richard Katz und Patricia Kaminski: Flower Essence Repertory, Revised and Expanded Edition, Nevada City 1992
–: Helping Today's Child, The Magic of Flowers Essences, Nevada City 1989
–: Flower Essences and Homeopathy, Nevada City 1987
The Mother: Flowers and their Messages, Auropress, Pondicherry, India 1979
Munz & Keck: A California Flora, University of California Press, Berkeley 1959
Welsh & Ratcliffe: Flowers of the Canyon Country, Utah 1986

Bachblütentherapie:
Edward Bach: Blumen, die durch die Seele heilen, Hugendubel, 1978
–: Gesammelte Werke, Aquamarin Verlag, Grafing 1988
Bach/Petersen: Heile dich selbst mit den Bachblüten, Knaur Verlag, München 1988
Julian Barnard: Blüten für die Seele, Integral Sachbuch, Wessobrunn 1987
–: Das Bachblüten-Wunder, Heyne Verlag, München 1989
Dr. Götz Blome: Mit Blumen heilen, H. Bauer Verlag, Freiburg
–: Das neue Bach-Blüten-Buch, H. Bauer Verlag, Freiburg 1992
Philipp M. Chancellor: Handbuch der Bach-Blüten, Aquamarin Verlag, Grafing
Dietmar Krämer/Helmut Wild: Neue Therapien mit Bach-Blüten, Bd. 1–3, Ansata Verlag, 1990
Ilse Maly: Blüten als Chance und Hilfe, Salzburg 1991

Beatrice C. Müller/Siegfried Köpfer: Blütenbilder – Seelenbilder,
Aurum Verlag, Braunschweig 1991
Mechthild Scheffer: Bach-Blütentherapie. Hugendubel, München
1981
–: Erfahrungen mit der Bach-Blütentherapie, Hugendubel, München
1984
Scheffer/Wolf-Dieter Storl: Die Seelenpflanzen des Edward Bach,
Hugendubel, München 1991
Nora Weeks: Edward Bach, Hugendubel, München 1988

Bildnachweis

Mit freundlicher Genehmigung von Flower Essence Society, Kalifornien, wurden folgende Bilder verwendet:
Aloe Vera, Chaparral, Dogwood, Golden Ear Drops,
Hound's Tongue, Indian Paintbrush, Larkspur, Lotus, Madia, Manzanita, Mariposa Lily, Oregon Grape, Quaking
Grass, Quince, Rabbitbrush, Saguaro, Scarlet Monkeyflower, Scotch Broom, Star Thistle, Star Tulip, Sticky Monkeyflower, Trillium, Trumpet Vine, Yerba Santa

Von Peter Ekl, Edling, wurden folgende Bilder verwendet:
Bleeding Heart
Von Brigitte Thema, Gröbenzell, wurden folgende Bilder
verwendet:
Iris, Shooting Star

Für alle übrigen Bilder liegen die Rechte bei Anette Frankenberger.